名师名校名校长

凝聚名师共识
回应名师关怀
打造名师品牌
培育名师群体

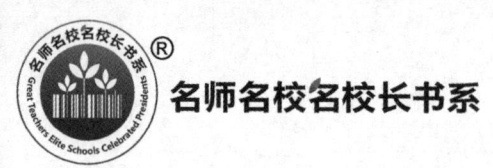

名师名校名校长书系

教海拾贝

彭建伦高中英语名师工作室
教育教学思考和实践

彭建伦 / 主编

民主与建设出版社
·北京·

© 民主与建设出版社，2019

图书在版编目（CIP）数据

教海拾贝：彭建伦高中英语名师工作室教育教学思考和实践 / 彭建伦主编. —北京：民主与建设出版社，2019.7
ISBN 978-7-5139-2523-5

Ⅰ.①教… Ⅱ.①彭… Ⅲ.①英语课—教学研究—高中 Ⅳ.①G633.412

中国版本图书馆CIP数据核字（2019）第121330号

教海拾贝：彭建伦高中英语名师工作室教育教学思考和实践
JIAOHAI SHIBEI: PENGJIANLUN GAOZHONG YINGYU MINGSHI GONGZUOSHI JIAOYU JIAOXUE SIKAO HE SHIJIAN

出 版 人	李声笑
主　　编	彭建伦
责任编辑	刘　芳
封面设计	姜　龙
出版发行	民主与建设出版社有限责任公司
电　　话	（010）59417747　59419778
社　　址	北京市海淀区西三环中路10号望海楼E座7层
邮　　编	100142
印　　刷	北京虎彩文化传播有限公司
版　　次	2022年6月第1版
印　　次	2022年6月第1次印刷
开　　本	710毫米×1000毫米　1/16
印　　张	17.25
字　　数	311千字
书　　号	ISBN 978-7-5139-2523-5
定　　价	45.00元

注：如有印、装质量问题，请与出版社联系。

编委会

主　编：彭建伦

副主编：何明辉

编　委：（按姓氏笔画排列）

刘永良　陈必胜　匡　芳　胡　辉

晏金香　谢　芳　谭　聪

参考書

目录 CONTENTS

第一部分　学科德育

在高中英语教育中培养学生的责任感 / 彭建伦 …………………………… 2
谈谈高中学生英语学习自信心的培养 / 胡　辉　李国兵 …………………… 6
论教养教育在中学德育教育中的重要作用 / 胡　辉　李国兵 ……………… 11
高中英语阅读教学中德育渗透的案例及思考 / 陈　展 ……………………… 15

第二部分　教学策略

高三模块复习同课异构探索 / 何瑾文　饶彩缤　胡姣梅 ………………… 20
浅议初高中英语教学的衔接 / 刘意芬 ………………………………………… 23
普通高中如何实施高中英语分层次教学 / 周红平 …………………………… 26
图表式策略在英语教学中的相关运用 / 周　健 ……………………………… 29
"中学英语相互式积极学习"实验中的信息差策略 / 彭建伦 ……………… 34
试论如何提高高中英语课堂教学的有效性 / 何金花 ………………………… 39
浅谈集体备课在英语教学中的经验及其重要性 / 龙　勇 …………………… 42

第三部分　教学方法

The Application of Task-based Approach in the High School English Teaching / 黄劭璇 … 48
情境教学在高中英语教学中的作用 / 周红平 ………………………………… 63
基于学科核心素养的高中英语语法教学探究 / 阳　烨 ……………………… 68

Minimizing is Maximizing / 谢 芳 ·· 73

核心素养下语篇训练之内化与外化 / 张红梅　张灵梅 ············ 78

第四部分　教学手段

多媒体是把双刃剑 / 谢 芳 ·· 86

高中英语微课教学之我见 / 王 艳 ·· 91

微课用于高中英语词汇教学之初探 / 王 佩 ······························ 93

高中英语教学中运用多媒体的几点体会 / 张利群 ······················ 98

运用现代教育手段，优化高中英语课堂教学 / 晏金香 ············ 101

多媒体教学中师生与多媒体的角色定位 / 陈必胜 ···················· 105

第五部分　语言能力

巧设任务，实施创新阅读 / 彭建伦 ·· 110

提高英语阅读能力的几个尝试 / 刘艳红 ·································· 120

浅谈如何提高农村学生的英语阅读理解能力 / 文永红 ············ 124

如何优化高中生的英语写作 / 喻慧玲 ······································ 129

寄情于课堂，让学生爱上写作 / 庞有田 ·································· 132

在英语写作教学中重高输入，促优输出 / 曾向锋 ···················· 137

英语词汇教学中的新尝试 / 李 莉 ·· 145

高中英语词汇教学策略探析 / 唐红波 ······································ 150

高一英语写作中谓语部分 be 动词错误分析 / 向书桂 ············ 153

第六部分　文化意识

中学英语教学中跨文化意识的培养 / 邹鸿鹰 ·························· 162

中学英语教学中汉语迁移现象浅析 / 黄京亚 ·························· 169

高中英语文化意识的培养困境 / 邹莹洁 ················· 173
高一英语写作中汉语负迁移现象分析及教学提示 / 向书桂 ········· 177

第七部分　思维品质

营造创新环境，培养创新思维 / 刘卫明 ················· 188
论如何在高中英语教学中实施创造教育 / 匡 芳 ············· 191
农村高中英语阅读教学中学生思维品质提升策略的探索 / 吴 灿 ····· 196

第八部分　学习能力

英语作业布置艺术 / 谢 芳 ······················ 202
谈如何把时间还给学生 / 王晓利 ···················· 207
课堂话语与学习效率初探 / 周 荃 ··················· 211
也谈如何激发学生学习英语的兴趣 / 袁妙玲 ··············· 216
借助语言观察能力的微课教学探究 / 谭 聪 ··············· 221
运用策略，培养高中学生英语自主学习能力 / 张灵梅　张红梅 ····· 226
将研究性学习融入牛津高中英语教学的实践与反思 / 陈 蓉 ······· 233

第九部分　教学案例

在对话课中重视创新 / 彭建伦 ····················· 240
语言点课堂教学新模式探讨 / 何明辉 ·················· 245
运用语言观察能力以读促写的教学案例 / 谭 聪 ············· 255
高中英语语法课任务型教学模式设计教学案例分析 / 蒋 敏 ······· 260

第一部分

学科德育

在高中英语教育中培养学生的责任感

彭建伦

责任感是自觉主动做好分内分外有益事情的精神状态，由责任认识、责任情感、责任意志、责任行为四个部分构成，包含自我发展责任感、他人发展责任感、家庭发展责任感、集体发展责任感、社会和谐发展责任感和国家民族发展责任感六个层次。责任感的培养是高中德育的重要任务之一，在学科教育中渗透德育是贯彻德育的必要途径。本文拟探讨在高中英语教育中培养学生责任感的必要性和主要实施方式。

一、在高中英语教育中培养学生责任感的必要性

首先，培养学生责任感是当前国际发展趋势。三十多年来，欧美等国家已将责任感教育纳入德育范畴，定为人才培养的基本策略。美国强调把学生培养成"责任公民"；英国要求学生勇于承担责任；德国要求"培养学生对自己的行为负责的意识"；新加坡的德育目标是"培养学生成为有国家意识，有社会责任感和正确价值观，即能及时对自己、家庭、邻居和国家尽自己义务，能明辨是非的良好而有用的公民"。由此可见，在高中教育中培养学生责任感是国际教育的发展趋势。

其次，培养学生责任感是国家的要求。在高中教育中培养学生责任感也是《国家中长期教育改革和发展规划纲要（2010—2020年）》（以下简称《纲要》）提出的要求。《纲要》指出，坚持以人为本、推进素质教育是教育改革发展的战略主题；核心是解决好"培养什么人、怎样培养人"的问题；重点是提高学生服务国家人民的社会责任感、勇于探索的创新精神和解决问题的实践能力。其中，社会责任感摆在教育三大重点培养目标中的首位。

最后，培养学生责任感是高中英语教育的重要使命。教育部《普通高中英语课程标准（实验版）》确定了高中英语学科情感态度方面的具体标准：

"在学习过程中逐渐形成祖国意识和国际视野",这是培养学生"社会和谐发展责任感"和"国家民族发展责任感"要求的具体表述。《普通高中英语课程标准(2017年版)》要求培养学生文化意识,让学生学会做人做事,成长为有文明素养和社会责任感的人。

英语科目是高中阶段的主要学科之一,而且,作为语言学科,英语学科本身蕴含着大量责任感教育资源。因此,在学科教学中培养学生的责任感是高中英语教师义不容辞的责任。高中英语教师要坚持立德树人的教育理念,选准素材、时机、方法和内容,在英语教育中自然融入责任感教育。

二、培养学生责任感的主要实施方式

1. 在课堂教学中培养学生的责任感

一是充分利用英语教材中的素材。任何版本的英语教材都要体现思想性,《普通高中英语课程标准(2017年版)》对英语教材编写的硬性要求为:"英语教材应渗透思想品德教育,应有利于学生形成正确的人生观、世界观和价值观。"

英语教材题材丰富,涵盖学生喜闻乐见的学校生活、当代社会、环境保护、人际关系、人生规划等现实生活各个方面的内容。中学生对抽象知识,特别是价值观层面的内容认知能力比较欠缺,但是,对高中英语教材这样具体的、带有感情色彩的内容比较感兴趣。

因此,高中英语教师应该充分利用教材内容,挖掘教材内涵,组织教学活动,培养学生责任感。以译林出版社的《牛津高中英语》第五模块第二单元为例,单元主题为"环境",通过教学活动,教师应正确引导学生关注自然环境,形成忧患意识,探讨解决办法,落实改善行为,提升学生对家乡、对国家、对人类的责任感。

二是深度挖掘教材的思想内涵。教师可以设计出既具有思想高度,又生动自然的教学活动。例如,《牛津高中英语》第一模块第二单元的主题为"成长中的痛苦",关注的是父母与孩子的代沟。该单元阅读材料是一个小型剧本,大致剧情是:父母外出期间,艾瑞克和丹尼尔两兄弟忙着照顾病犬,无暇顾及家务,导致家里一团糟。父母提前回家,武断地责备两兄弟,两代人之间产生强烈冲突。

在阅读延伸环节,教师可以组织学生讨论:艾瑞克和丹尼尔两兄弟是否具有责任感？支持者会列出两兄弟花整天时间陪宠物犬治病的事实，反对者会列出家里垃圾成堆的事实，还会列出丹尼尔拒绝与父母沟通的细节，认为这是缺乏家庭责任感的表现。教师进一步提出"如果你是艾瑞克或者丹尼尔，该怎么做"的话题，在阅读教学延伸活动中增强学生的责任感。

三是充分利用教材上的内容，发挥语言教学的优势，开发责任感教育的隐性课程要素。隐性课程要素是指那些非正式的、没有书面文本的课程要素，是潜藏在课内外、校内外教育活动中的教育因素。

英语教师可以利用网络、报纸、杂志等资源，结合社会热点，确定主题，组织讨论、辩论、写作等教学活动，正面引导，增强学生的社会责任感。比如，指导学生写出酒后驾车现象的危害，组织学生就"扶起老人被讹诈"现象进行讨论等。

四是在课堂教学中引入分组竞争机制，提高学生集体责任感。在分组对抗中，所有学生都会在意本组的表现，高度关注，积极参与，集体意识在活动中得到加强。但值得注意的是，教师在设计这种活动时，要强调全体参与，不能够全部以抢答形式进行，否则就会导致部分学生置身事外。教师应该事先申明，将随机抽点学生参与，确保每个学生积极思考和准备，落实责任行为，促使学生形成个人担当意识。

这样组织英语教学活动，不但使学生参与大量的英语听、说、读、写实践，促进用英语思考的能力，而且学生在活动中也提升和加强了责任感。

2. 在指导学习方式中培养学生的责任感

一方面，《普通高中英语课程标准（2017年版）》倡导"优化学生英语学习方式，通过观察、体验、探究等积极主动的学习方法，充分发挥自己的学习潜能，形成有效的学习策略，提高自主学习的能力"。高中英语教师要指导学生学会运用自主探究的学习方式，通过主动观察、探究、模仿和体验，每天自觉完成英语学习的任务，自觉检查学习效果。采用这种高度自觉的学习方式，学生会形成良好的学习策略，具备极高的自主学习能力，更会形成强烈的"自我发展责任感"。

另一方面，教师倡导学生采取自主探究式的学习，但不能忽视学生在学习过程中的合作与交流，"发展自主学习和合作学习的能力"是《普通高中英语课程标准（2017年版）》在学习方式上的课程目标。高中教师有必要将学生分成若干学习小组，鼓励小组成员之间进行讨论、答疑等活动，让学生相互监督和鼓励。小组成员的表现将决定小组整体的优劣，学生的言行将会影响小组的评价结果，从而培养学生对集体负责的意识，促进"他人发展责任感"和"集体发展责任感"的形成。

凭借课堂教学和学习方法两个主要抓手，高中英语教师可以在学科教育中实施责任感教育。高中英语教师只有具备高尚的师德、正确的育人理念、深厚的学科知识背景、灵活的课堂驾驭能力以及良好的师生关系，才能在英语学科教育中选择恰当的素材，制订适宜的目标，自然切入主题，在保障学科知识学习的同时，开展好责任感教育。

参考文献

[1] 王有鹏.中学生社会责任感状况的调查与思考［J］.教学与管理（中学版），2013（7）.

[2] 贺百花.中学生社会责任感教育存在的问题及对策研究［J］.基础教育研究，2013（8）.

[3] 中华人民共和国教育部.普通高中英语课程标准（实验版）［S］.北京：人民教育出版社，2003.

[4] 任友群.隐性课程的国际研究及其教育社会学意义［J］.上海教育，2001（22）.

（作者简介：彭建伦，湖南省宁乡市第一高级中学党委委员、副校长、英语教研组组长）

谈谈高中学生英语学习自信心的培养

◎ 胡 辉 李国兵 ◎

"领马河边易，逼马饮水难。"教师费心费力，期望学生学好英语，学生却可能存在畏难情绪，缺乏自信心，不能很好地配合。在教学过程中，教师有必要多渠道、多层面提高学生学习英语的自信心。通过平时的教学观察及和学生的交流谈心，笔者认为可从以下几个方面来激发学生的学习兴趣，培养学生学习英语的自信心。

一、热爱教育，热爱学生，让学生沐浴在关怀与爱的氛围里

教师对教育的热爱是完成教育的基础。对教师来说，观念更新、知识丰富固然重要，但是它无法取代人格的力量；技艺高超、方法熟练也很重要，但是它不能同人格相抗衡。教育要产生功能，必须让受教育者对教育者所给予的教育认可，只有这样，教育才能产生其巨大的功能。孔夫子曾说过，"其身正，不令而行；其身不正，虽令不从。"这里的"身"不仅指教师以身作则，也包括教师应具备追求至善的人格。热爱教育事业是教师从事育人这一职责的前提。忠诚党的教育事业，坚定不移地贯彻党的教育方针，把全部心血无私地奉献给青少年一代，这是教师这一崇高职业对教师的要求。教育家陶行知先生曾说过"捧着一颗心来，不带半根草去"，充分体现了他那种为教育事业无私奉献的精神。

热爱学生是教育爱的核心。热爱学生就是教师要用自己博大的胸怀去无私地热爱他们。其中包含两层含义：一是热爱所有的学生。这是最通常的理解，即教师不仅要热爱成绩好的学生，也要热爱成绩不好的学生；既要热爱出身富贵的学生，也要热爱出身寒门的学生……总之，热爱学生要面向学习的全体，而不是个别和部分。二是热爱学生的所有方面。即教师热爱的不仅是学生好的、优秀的方面，还应该包容学生不良的、不好的方面，用师者的爱心帮助

学生改掉习惯，使他们成长为优秀人才。只有怀着对教育事业的无限热爱，并且给予我们所教的每一位学生以无私而温暖的在乎与看重，让他们沐浴在爱与关怀的氛围中，他们才能找到一种最基本的安全感，才会有努力学习的动力。

二、刻苦钻研，创设情境，让学生感受英语学习的魅力，爱学乐学

教育家朱熹强调"教人未见意趣，必不乐学"。俄国大文豪托尔斯泰也曾说过："成功的教学所需要的不是强制，而是激发学生的喜好。"由此可见，激发学生的喜好在教学活动中起着非常重要的功能。学习喜好是学生基于自己的学习需要而表现出来的一种熟悉倾向。影响学习喜好的因素主要包括教学方法、师生关系、教学效果、教学策略、对学生的注重和了解程度、赏罚情况等。一旦对学习失去了喜好，学习就会成为他们的负担。他们或者对学习产生抵触或对抗情绪，或者对学习产生焦虑，或者对学习产生惧怕，或者会由于连续的失败而逃避或回避学习，由此学业就会下降甚至学业不良。因此，在学习过程中，教学方法的恰当使用，能激发学生学习英语的激情，帮助他们形成高昂的学习情绪。

我们生活在一个飞速发展、日新月异的时代，教师应该成为这个社会中最典型的终生学习者，应该是与时俱进的创新引领人。首先，教师应该转变知识灌输者的角色。学生厌倦教师枯燥、啰唆的说教，希望教师不仅学识渊博，而且还有高超的教学艺术，运用丰富多样的方式将知识在不经意间呈现，寓教于乐。笔者认为，新时代的教师应该能够熟练操作电脑，制作出精美的课件，使用多媒体教学，扩充课堂容量，降低材料难度，充分刺激学生的各种感官，调动他们的学习积极性，让他们情不自禁地投入到学习中来。另外，教师应该博览群书，充分利用丰富的网络资源，在适当的时机向学生展示与时代脉搏共呼吸的时事话题，让他们觉得自己虽然身在教室，但是对这个世界并不陌生。同时还要鼓励学生利用一切机会自己去探寻、研究、了解这个世界。教师应充分利用业余时间，观赏英文电影，阅读原版英语阅读材料。然后，在潜移默化中，让学生在学英语的同时，也能体会到英语不单是学语法这样呆板的事，它还是顺应时代潮流，时刻与时代脉搏共呼吸的一个鲜活的存在。在教师执着努力与精心打造的教学氛围中，让学生感受英语学习的魅力，全身心投入到学习中来。

三、孜孜不倦，授人以渔，让学生找准前行的导航灯

有句古话"授人以鱼不如授人以渔"，这句话告诉我们，要帮助学生掌握学习方法。只有掌握了学习方法，学生才会自主学习，才能更自信地驾驭学习，找到学习的乐趣。比如，晨读时，单一的背诵单词很枯燥，遗忘得也快，所以笔者给学生定了一个"一二十"方针，即利用早自习时间背诵一个段落，二个句子，十个单词。变换的形式不仅扩大了背诵的范围，还可帮助学生集中注意力，克服单一朗读所引起的疲劳。另外，笔者还汇总了自己的学习经验和网上的英语学习的方法，整理好后打印发放给每一位学生，并在教学中经常提醒，以引起他们的重视。在教学中，笔者还重视指导学生正确的阅读解题方法。绝大部分学生喜欢逐词逐句读文章，然后再去解题；有的学生喜欢将文章大致看一遍，然后凭印象解题；有的学生看完题之后，喜欢凭经验解题，而不忠实于原文。为此，笔者精心准备了阅读理解解题指导课，让学生了解忠实于原文阅读的重要性，理解带着问题读文章的必要性，让学生养成阅读划分段落和标记关键词句的好习惯。只要我们用心去关注学生，了解他们的学习动态和学习中存在的问题，循循善诱，授人以渔，在他们找到了前行的导航灯之后，他们一定会爱学乐学，并且会努力地去自主学习。

四、因人而异，因势利导，让学生体会到学习的成就感

现实生活中，学生在智力因素、非智力因素及个人能力发展方面都存在差异，所以教师用同一把尺子衡量所有学生是行不通的。在教学设计中，教师可以设计引导性的题目，创设最近发展区，使学生在原有的知识水平基础上前进一步，将发展的可能性变为现实。由于学生个性倾向不太稳定，具有自尊心强、心理闭锁性强的特征，因此在讨论时，教师既要消除学生因怕羞怕错而受到教师批评或被同学嘲笑的顾虑，鼓励他们勇于发表意见，又要启发和引导学生围绕中心话题积极发言。假如学生有不同的见解并且需要教师给予评价时，教师切不可急于作出定论，而要因势利导，启发学生积极思索，大胆发言，阐明自己的观点。并且，在教学中，根据平时对学生的观察和了解，不同的学生应给予不同的评价，让学生在积极参与的过程中，享受到学习英语带给他们的成就感。比如，对于基础较差的学生，教师不能一再要求他们写出一篇流畅、地道的英语作文；对于平时口语欠佳的学生，不能总是让他们在公众场合下大

声秀口语；对于书写有待提高的学生，不能总是叫他们将长串的句子板书到黑板上。正确的做法是，当这些学生取得进步之后，教师再找准机会让他们展示自己的进步。教师只有深入了解学生，对他们因材施教，因势利导，就一定看到他们的进步，从而激发他们的成就感。

五、肯定成绩，客观评价，让学生一步一步踏实前行

"数子十过，不如赞许一声。"恰到好处的赞美永远都不多余。有时候一句赞美的话，能改变一个学生一生的命运。赞扬和鼓励是世界上最具有感染力的"催化剂"。其实每个人都喜欢听赞扬的话，对于学生来说更是如此。有时教师随意的一句表扬或鼓励的话会使一个学生产生巨大的转变，甚至可以从一个后进生变成一个优等生。为什么赞扬有着如此大的威力呢？因为赞扬能使人心情愉快，使人自信，让人感受到自身的价值，激发人的斗志，促进人不断地努力奋斗。英语教学中正需要这样的"催化剂"。在教学中，笔者从不吝啬鼓励与表扬，也从未给过学生模糊的评价。在他们做错事的时候，笔者会根据学生的个性，或直接，或委婉地对他们进行批评教育。笔者很喜欢利用作业本和学生交流。有时，如果没有足够的时间和他们面谈时，笔者喜欢把对他们的看法写到作业本上，或表扬，或鼓励，或建议，所以笔者发现学生都特别喜欢作业本发下去的那一瞬间。"这阵子你上课的精神状态好多了，加油哦！""亲爱的，在练书法吧，字越来越漂亮了！""今天你的课堂发言真精彩，坚持阅读，你一定会做得更好！"诸如此类的句子，学生看了都会很欣喜，脸上洋溢着被肯定，被关注后的快乐与满足。真的，只要你去发现，身边的每一个学生都值得我们去欣赏，去赞美，去鼓励，他们身上总是洋溢着青春年少的可爱天真，率性坦诚，只要我们善于去发现，每一个学生身上都有可贵的闪光点。让我们的学生在老师的肯定与赞扬中各尽其能，展示他们最精彩的那一面。

没有教不好的学生，只有不善教的教师。这句话虽有些言过其实，但是，如果教师能善教，乐教，诚心去教，尊重学生，因材施教，努力培养学生学习英语的自信心，我们的英语课堂学习氛围一定会更浓，学生的学习能力也一定会更强，自信的种子也定会在他们的心灵中生根发芽，茁壮成长，自信之花定会开得绚丽夺目。

参考文献

[1] 李伯黍，燕国材.教育心理学[M].上海：华东师范大学出版社，2001.

[2] 燕国材，马加乐.非智力因素和学校教育[M].西安：陕西人民教育出版社，1992.

[3] 联合国教科文组织.教育——财富蕴藏其中[M].北京：教育科学出版社，1996.

[4] 马桂英.点燃学生心中的火炬[M].重庆：重庆出版社，2002.

[5] 孙宏安.教师人文素养的新修炼[M].西安：陕西师范大学出版社，2008.

（作者简介：胡辉、李国兵，湖南省宁乡市第一高级中学教师）

论教养教育在中学德育教育中的重要作用

☒ 胡辉 李国兵 ☒

"教养"一词在《教育大辞典》中有三种解释：1.教育抚养。如《三字经》谓："养不教，父之过。"2.文化道德修养。言行文明有礼貌为有教养，粗野无知为无教养。3.苏联教育学者把教养理解为掌握知识、技能和熟练技巧，以及在此基础上发展学生的认识能力和形成学生的世界观基础。现在许多专家对教养提出了新的看法，如肖川博士认为，人的隐性知识，也就是我们待人待事的态度、价值观、习惯和信念等，即所谓的教养。作家毕淑敏认为有教养的表现是：热爱大自然，能够自如地运用公共的语言，表达自己的内心和同他人交流，并能妥帖地付诸文字；对历史有恰如其分的了解，知道身为人，我们走过了怎样曲折的道路；除了眼前的事物和得失以外，还会不同程度地想到他远大的目标；对自己的身体有着亲切的了解和珍惜之情；对人类各种优秀的品质，比如忠诚、勇敢、信任、勤勉、互助、舍己救人、临危不惧、吃苦耐劳、坚贞不屈……充满敬重、敬畏、敬仰之心；有教养的人知道害怕；有教养的人知道仰视高山和宇宙，知道仰视那些伟大的发现和价值，知道对于自己无法企及的高风亮节表达尊重，而不是糊涂地闭上眼睛或是居心叵测地嘲讽。健康网公布的10个有教养的特征为守时、谈吐有节、态度和蔼、语气中肯、尊重他人的观点和看法、不自傲、信守诺言、关怀他人、大度、富有同情心。

教养不是与生俱来的，良好的个人教养不仅反映个人的修养，也反映了整个民族的素质。教养应该从基础教育抓起，让学生在学习知识的同时得到教养的熏陶，提高精神境界，思考人的价值和意义，启迪思维，培养人格与情感，孕育创新能力。

教育工作者有义务、有责任携手家长和社会，对学生进行教养教育，让他们成长为真正意义上的人，为我们民族教育的复兴打下坚实的基础。教师可以从以下几个方面着手。

一、以身作则,让学生有镜可鉴

在教学过程中,教师总是在育人,这是由教育自身的规律性所决定的。教师的政治观点、思想品德、治学态度,甚至言语、仪表都会对学生产生潜移默化的影响。苏霍姆林斯基说:"教师成为学生的道德指路人,并不在于他时时刻刻都在讲大道理,而在于他对于人的态度,对学生对未来公民的态度,能为人表率,在于他有高度的道德水平。"用美好人生理想和信念去启迪学生,用纯洁的品行去感染学生,用美好的心灵去塑造学生。教师还必须注意"从我做起""从小事做起",让自己每一个细小的言行都成为学生的榜样,比如,主动捡起纸屑,上课不接听手机,待人接物彬彬有礼,言行一致等。教师良好的言行能让学生感受到人性的光环,有利于学生形成良好的品行。

二、范例牵头,让学生时常耳濡目染

生硬的理论听多了会让人厌烦,只有活生生的事例才能感染学生,甚至触及他们的灵魂,使他们深刻体会到良好教养的无穷魅力。教师在日常生活中要善于发现和收集这样的范例。有一则这样的例子,在一家中日合资企业,日方董事的电话铃声时刻设为振动,因为铃声会对旁人造成不必要的噪声污染,不在公共场合下制造噪声是日本公民的基本素养。

三、榜样领路,让学生拥有前行的领航灯

每个时代、每个行业都有榜样。比尔·盖茨、巴菲特和鲍尔森是世人很好的学习榜样,他们对市场的判断,对未来发展趋势的判断,对整个社会,对无数的商人,甚至对在校的学生都有着很大的影响。他们更影响到全世界许许多多人的工作、生活,甚至思维方式。

但现在比尔·盖茨和巴菲特把自己绝大部分财富捐献给了社会,比尔·盖茨成立了"比尔·盖茨慈善基金";巴菲特和比尔·盖茨一样,也做了同样的事情。他们的行为让所有的商人突然发现,其实再也不用攀比谁拥有多少社会财富,谁对这些财富支配的权利更大,谁是全世界的首富了,重要的是把这些财富回馈给社会,回馈给那些迫切需要帮助的人。美国财政部前部长鲍尔森把自己家庭中99%的财富捐给了一个环保基金。当别人问他为什么不把这些财富留给自己的孩子时,他说:"我非常爱我自己的孩子,正因为我非常爱

他们，所以不能把钱留给他们。"让孩子们自食其力，在劳动和创造的过程中获得充实和幸福才是真正的、长久的幸福。有报道说鲍尔森去云南时，住的是每天20元人民币的小旅馆。以他们为榜样，让学生知道这个世界上还有些品质比钱更重要，比如善良、大度、仁慈等美好品行。

当然，我们身边的学生也有很多可以成为我们的榜样。懂得谦让，尊老爱幼的学生；乐于助人，善于合作的学生；爱护环境，保护环境的学生等，他们都是我们的榜样。在教学中，除了评选出"学习之星"外，我们完全有必要评选出高标准的"教养之星"。

四、家校共管，搭建学生快乐成长的广阔平台

体验比一切说教更有魅力，引导比一切强制更乐于让人接受。父母是孩子的第一任老师，家长的一言一行，对孩子的教养起着举足轻重的作用。学校在对学生进行教养教育的同时，应通过家访、家长会、联系卡、家长来访、家长签字等方式保持与家长的密切联系，掌握学生不在学校时的表现。通过多种渠道对他们进行引导。比如，督促家长鼓励孩子在家进行经典阅读，提高孩子的文学素养，并向家长阐明和孩子一起阅读的必要性与可行性；督促家长引导孩子登录健康网站，有效地利用互联网，提高他们的学识，开阔他们的视野，努力培养他们拥有健全的人格；督促家长不要一味强制孩子不得看电视，好的电视节目对于增长孩子的知识和视野，积累生活常识都有很好的正面作用；督促家长鼓励孩子和同龄人正常交往，让他们拥有健康的心理，而不是时刻将他们收在父母的保护伞下；督促家长让孩子积极参与到家务活动中去，体会到劳动的光荣；督促家长带孩子经常去看望家里的老一辈，让他们明白尊老爱幼是一种优秀的传统美德。倘若家长和教师积极配合，对学生正确引导，他们一定可以成长为一个综合素养很高的现代人。

日本有一句名言，"教养比门第更为重要"。作为教育工作者，我们肩负培养学生良好教养的责任，因此，作为教师，应想方设法利用德育教育平台，通过多种渠道培养出有教养有素质的学生，要让学生懂得欲成才先成人的道理。

参考文献

［1］教育大辞典编撰委员会.教育大辞典［S］.上海：上海教育出版社，1989.

［2］赫尔曼·黑塞.获得教养的途径［J］.杨武能，译.读书，1991（3）.

［3］公民道德建设实施纲要编撰委员会.公民道德建设实施纲要［S］.北京：学习出版社，2001.

（作者简介：胡辉、李国兵，湖南省宁乡市第一高级中学教师）

高中英语阅读教学中德育渗透的案例及思考

陈 展

《普通高中英语课程标准（2017年版）》要求教师在英语教学的同时关注学生的情感成长，充分挖掘和利用英语教材中的德育因素，对学生进行人际关系、思想品质、爱国主义等方面的德育渗透。高中英语课本中的阅读素材大多经过精心挑选，包含着丰富的思想文化内容，课文所涉及的题材比较广泛，与我们的生活密切相关，具有很强的时代感、思想性、知识性和真实性。这些教材的内容涵盖了名人传记、自然灾害、环境保护、生态平衡、能源与交通、行为规范、人际关系、音乐体育、妇女权利等诸多方面，其中都渗透了丰富的德育因素。在阅读教学中渗透德育时，教师应当"将思想教育融于各种教学活动中，使学生在耳濡目染、潜移默化中受到教育"。让学生在教师的启发和诱导下，联系自己的实际去思考和讨论，使其思想得到升华。

本文以《牛津高中英语》第六模块第二单元"What is happiness to you"的"The research for happiness"文章阅读教学设计为案例，进行分析和反思，阐述了阅读课文既是实现英语课程目标的有效载体，也是德育渗透课堂的重要依托。同时本文也借助案例探讨了在英语阅读教学中进行德育渗透的方式。

一、主题

幸福是一种持续时间较长的对生活满足和感到生活有巨大乐趣并自然而然地希望持续久远的愉快心情。幸福因人而异，善于抓住幸福的人比较容易体会幸福的感觉。这既是每个人追求的目标，也是整个人类追求的终极目标。

"The research for happiness"是一档电视节目采访报道，主持人邀请了著名博士、心理专家Dr. Brain来谈论幸福。Dr. Brain引用了中国前著名体操运动员桑兰身残志坚的例子。事故发生之前，桑兰乐观、自信，一直活跃在体坛上，是一个年轻有为并很有潜力的体操员，在跳马等项目上多次获得各类大奖，她的脸上常常挂着微笑。发生事故后，桑兰身心备受折磨，然而，痛苦、绝望并没有将她打倒，反而让她变得更坚强，并对人生重新定位，燃起了生活的希望。文章展示了桑兰的顽强意志和勇于奋斗的精神，学生深受鼓舞。

二、背景

在本单元的Welcome部分，笔者设计的问题是"What is happiness to you？"，学生们很踊跃，回答得很积极，有回答"Having enough sleep"的，也有回答"Having more money"或"Having time to go shopping"或"Hoping holidays come earlier"等，然而这些答案都是他们当时心里的愿望，并非真正意义上的幸福。不同的人在不同的阶段对幸福有不同的理解，他们此时对幸福的理解就是建立在个人迫切需要实现的事情之上，事实上，这是一种短暂的幸福感，并非真正的幸福。显然，学生们对此从未进行过思考，当然，这与他们的人生阅历有关。

当代中学生多为独生子女，从小衣食无忧，自我意识强、抗挫能力差，笔者希望借这篇阅读文能与学生一起体会、学习桑兰的事迹，让学生从中有所启迪，感悟幸福的真谛。

三、过程

在本堂课的Lead-in部分，笔者让学生欣赏歌曲《If you are happy》，其目的有两个：一是为了活跃课堂气氛。这首歌曲比较活泼，中间也有一些动作，可以拍手，也可以跺脚，也可以欢呼。二是引出阅读主题happiness。听完歌曲后，笔者马上就歌曲提问，"Are you happy？"然后顺势导入，介绍自己也有一个朋友一直很开心快乐，然后向学生展示一些桑兰的图片，之后笔者问了两个问题，"Do you know who this girl is？"和"What do these pictures have in common？"第一个问题有几个学生猜出来图中的女孩是桑兰，而大部分学生不认识；第二个问题大家观察得都很仔细，发现每张图片上的桑兰都是面带微笑，当然印象最深的一张是桑兰坐在轮椅上的照片。从图片上学生就可以猜出桑兰不能走路，但是借助句子"She is always smiling"学生大概能够猜出桑兰的身体情况和性格特征，因而对她开始心生敬佩。接着笔者再介绍今天阅读的人物是一篇与桑兰有关的报道。

第二个环节是reading部分，分为快速阅读和细节阅读两个步骤。在快速阅读步骤，我给学生设置了三个问题：

1. What's the topic of the TV interview?

2. What is the name of the guest?

3. What does the example of Sang Lan show us?

本任务的目的是让学生通过第一遍阅读，能够理解文章的体裁、主题，并能从整体上把握桑兰的优秀品质，对她有初步的认识，知道她是一个身残志坚的人。细节阅读步骤，笔者将文章拆分成三部分，层层深入。第一部分，学生通过阅读文章完成桑兰的资料卡，掌握桑兰的出生日期、出生地、擅长项目及比赛经历等细节。第二部分，学生回答三个问题：

1. What is happiness to people? （To some..., to others...; To those ...)

2. How does Sang Lan search for happiness? （Before the accident..., While injured and in hospital... Now...)

3. What is happiness to Sang Lan?

通过阅读寻找答案，学生可以了解不同的人对幸福有不同的看法，可以看出桑兰对幸福的认知和其他人是不同的，也可以将桑兰在事故发生前、事故发生时受伤住院和现在的生活情况从心境上进行对比。从对比中学生发现，无论何时，桑兰总是保持一种乐观积极的心态，学生被她的顽强和乐观打动，然后笔者再引出桑兰的座右铭"从你摔倒的地方爬起来，努力成为生活中的赢者"，不断地对学生进行德育渗透，学生得到了很大的鼓舞。第三部分是一个随堂检测，让学生对文章主要内容进行填空，每空一词。第一自然段主要复习桑兰的经历，第二自然段主要复习对桑兰的评价，让学生从整体上感知文章。

第三个环节是Post-reading部分，此环节也是分三个步骤进行，是本课的主题升华部分。首先笔者让学生用尽可能多的形容词来总结桑兰的个性特征，这些个性特征也是学生需要学习的，希望学生能够从中学习桑兰的坚强、勇敢，从而更加坚定自己的意志。然后让学生两两合作就给定的三种情况编对话，提出建议怎样保持乐观幸福。最后是report环节，让学生就"What is happiness to students"主题来进行讨论并做一个report。学生重新思考并讨论，这一次大家的答案及想法比Welcome部分的要成熟、深刻得多。

最后一个环节为Summary，是对本堂课的总结。笔者再一次对学生进行德育渗透，由桑兰的例子转到他们本身，也是对学生的report的总结。笔者用了三个句子来进行总结：

1. Happiness can be created by ourselves.

2. Happiness means kindness, love and good health.

3. Happiness means achieving our goals and bringing happiness to others.

强调幸福是由自己创造的，不要把幸福寄托在别人身上；幸福意味着善良、友爱及健康，而并不是意味着金钱、权利、懒散等；幸福是实现自己的目标，也可以说是让自己的幸福给他人带去幸福。

四、反思

本节课从内容上笔者采用了"阅读桑兰→了解桑兰→评价桑兰→学习桑兰"的教学流程，既完成了课程标准要求的教学任务，又让学生在学习过程中不时地产生感悟，对幸福有了新的诠释。在阅读过程中，学生被桑兰的顽强和乐观精神所打动，并体会她的座右铭"Get up from where you fall and work hard to be a winner in life"的意义，学习她顽强的意志、乐观的态度。在讨论中学生换位思考，更能体会残疾人的不易及他们要获得成功所付出的努力，也能感受自己是如何幸福，作为一个学生，自己的幸福感应该是什么及如何去追求幸福。

英语阅读教学题材广泛、素材丰富，为英语学科德育渗透提供了便利。但是，除了教材的文章可以进行德育渗透外，我们还可以借助各种各样的习题来进行教育，而不仅仅是建立在讲解习题的基础之上，因为阅读理解和完形填空中的习题经常会出现各种英语小故事，介绍各界名人的成功故事，或励志，或感动。英语学科作为一门兼具工具性与思想性的人文学科，蕴含着大量的德育因素，除了阅读外，还有听力、语法、书面表达等。英语中的德育教育无处不在，学习英语不仅是学习语言语法知识，同时，学习英语的过程也是学生认知世界、培养价值观、完善自我的过程。把德育渗透在高中英语教学活动的每一个环节，既能履行英语教师的德育责任，挖掘英语学科在德育方面的潜力，弥补传统学校德育方式的不足，又能促进素质教育的推行和学生的全面发展。

参考文献

[1] 王乔.高中英语阅读教学中进行德育渗透的研究——以武汉市弘桥中学为例[D].武汉：华中师范大学，2015.

[2] 张燕.浅议高中英语阅读课教学中的德育渗透[J].高考·综合版，2015.

（作者简介：陈展，湖南省宁乡市第四高级中学教师）

第二部分 教学策略

高三模块复习同课异构探索

◎ 何瑾文　饶彩缤　胡姣梅 ◎

我们高三英语备课组一直在进行高三阶段模块复习同课异构的探索，研究如何整合教材和复习资料，在模块复习中形成新的复习课型，提高复习效率。两种模块复习课型，对于不同基础、不同准备状态的学生可以选择使用，能更好地调动学生的学习积极性，确保高效课堂。本文结合两位英语老师复习模块二第一单元词汇的课堂实录，对同课异构课型进行了初步阐述。

一、问题的提出

阶段模块复习是高三英语课堂教学的重要课型之一。为了迎接高二学考，很多教师在高二时已经进行了第一轮的模块复习，高三阶段往往沦为旧知识的简单再现或机械重复。农村高中学生英语基础差，学生学习不够积极，显然，这样的模块复习不能达到最佳效果。

二、模块复习课型同课异构案例

本文教学实例的内容是牛津版英语必修模块二 Unit1 Tales of Unexplained 高考词汇的复习。

1. 饶彩缤老师的课堂

呈现电影《战狼2》中的某些情节，设置 puzzle, witness, assume, occur, convince 五个单词的语境，然后通过 Let's conclude, Let's practice 两个环节来巩固运用。如：convince一词的展示。

（1）Leng and his fellows＿＿＿＿＿＿＿＿＿＿＿＿＿＿＿＿（convince）the armies that they were Chinese and not offensive.

Let's practice

（2）They convinced the armies＿＿＿＿＿＿＿＿＿＿their honesty.

（3）They convinced the armies＿＿＿＿＿＿＿＿＿＿（let）them pass.

Let's conclude：

adj.＿＿＿＿＿＿＿＿＿＿＿感到信服的。

＿＿＿＿＿＿＿＿＿＿＿＿令人信服的。

（4）In conclusion，we are＿＿＿＿＿＿＿＿＿＿（convince）that this movie is very＿＿＿＿＿＿＿＿＿＿（convince）.

2. 胡姣梅老师的课堂

学生课前进行预习，完成词汇练习，教师已检查作业正误。课堂上教师把学生分成几个小组，分别对每个单词相关练习题的错误进行讨论，然后请每个小组的学生踊跃解释学生所提出的相关问题。如occur，过去式形式的变化occurred，相关的短语有：

occur vt._____; _____; _____

（1）sth occurs_____ sb.　某人想到某事。

（2）_____occurs to sb. that ...　某人想到……

（3）_____occurs to sb_____　某人想到要做某事。

接着，学生做综合练习。

Mavis told me the aliens from outer space took her away a few years ago. They did some research on her. The whole experience was very_____（frighten），just like a nightmare，but at least they returned her home. I believe they will return Justin soon...

最后，要求学生将本节课所学词汇，运用到完成作文的部分，词、句、篇一步到位。

三、模块复习课型的策略

两种模块复习课型，对于不同基础、不同准备状态的学生可以选择使用。对于英语基础差、学习积极性低的班级，有必要利用图片、视频或者游戏来激发他们的学习积极性，寓学于乐。对于基础好、学风厚、习惯好的班级，可以充分发挥他们的主观能动性，课前预习，课堂解决难题，教师主要引导学生思考，学生通过小组合作探究，锻炼学生的归纳能力、发散思维及创新能力。

在农村高中英语模块复习中灵活运用两种课型，可以有效培养和激发学生学习英语的兴趣，增强学生的学习能力，让老师教得得心应手，学生学得轻松愉快，这样课堂会更高效，学生也会更乐意去学。

（作者简介：何瑾文、饶彩缤、胡姣梅，湖南省宁乡市第二高级中学教师）

浅议初高中英语教学的衔接

◁ 刘意芬 ▷

一、影响因素

1. 英语教材的差异

初高中教材都重视语言的交际功能，教学材料大都选自学生熟悉的各种话题。但许多初高中教材的版本不同，如初中使用人教版，高中使用牛津版，导致教学要求、词汇和语法教学的不配套、教法与学法不衔接等问题。

2. 授课方式的变化

高中教师注重培养学生的阅读理解和语篇分析能力，大都使用英语口语教学。高一新生在短时间内难以适用这种课堂教学模式，容易产生畏难情绪。

3. 教学目标的跳跃

高中英语新教材更加强调以学生为主体，倡导体验、实践、参与、合作与交流的学习方式，提倡通过任务型语言教学途径发展学生综合运用英语的能力。此外，新教材还要求学生能进行自我评价，要求学生能在学习英语的过程中不断反思，找出问题，发现问题，解决问题。

二、采取的措施

（一）树信心

1. 使用民主的情感性评价，增强学习的信心

在实施课堂教学评价的时候，教师对学生的评价要民主、正确、恰当。学生回答后，教师要给予及时的积极肯定，如 "Excellent" "Wonderful" "you are very clever" 等。如果学生的回答不完全正确，教师也应该给予肯定和鼓励，如 "Better than last time/Good" 等。如果回答错误，教师不要急于否定他们的答案，不要挖苦学生，而应该用鼓励性的话语尽可能地挖掘他们的闪光

点，如"You are active, but your answer is not the right one. Think it over, and thank you all the same"等。这样学生就会获得情感上的鼓励，从而减少恐惧心理，增强学习英语的信心。

2. 建立和谐、融洽的师生关系，激发学习的兴趣

高一的学生刚刚进入高中，面对的是陌生的环境，有些学生可能还没完全适应过来，此时他们更需要教师的关注与关心。因此，教师一定要把自己的心灵世界向学生敞开，让他们感受到老师是好接近的，是他们的朋友，这样，他们就不会感到老师是居高临下，难以理解的人。在课堂上，教师的专业素养、表达能力、上课的提问、板书的设计都会影响学生对教师的态度，进一步影响他们学习英语的兴趣；在课后，学生面前的教师应该是和蔼可亲，笑容可掬，落落大方的。这样学生便会感到充实快乐，从而形成良好的学习风气和学习心向。

（二）养习惯

俄国著名教育家乌申斯基说过："良好的习惯乃是人在他的神经系统中存放的资本，这个资本会不断增值，而存放者一生中都享受着它的利息。"据有关统计显示，学习成绩好的各种因素的比重分别是：学习习惯占30%，兴趣占25%，智力占15%，家庭影响占5%，其他占25%。初进高中，学生对一切感到陌生和新鲜，容易接受新知识，因此有利于他们养成好的学习习惯。所以，教师要善于引导学生养成良好的学习习惯，在最短的时间内适应高中的学习与生活。

1. 课前及时预习

就英语学科而言，学生在课前可预习新课的单词和词组，确保能正确朗读词汇，明确词义，并了解该单元的话题，对阅读内容进行一定的预习。对预习过程中的难点、疑点，学生可用笔注出，以便带着问题听课，提高听课效率。

2. 课堂上积极参与

课堂是英语教学的主阵地。在课堂上，学生要紧跟教师的上课节奏，主动积极地参与课堂的每一个环节，做一个勤奋的听众，全面提高听课效率。此外，要学会记笔记。有的学生不用笔记本，到处乱记。有时记在书上，有时记在练习册上，复习时无法看到完整的笔记内容。有了专用的笔记本可随时查阅、系统复习知识点。另外，记笔记也有一定的技巧，比如，要适当。"适当"，指的是记笔记不要过密，要有选择，要留点空白处，便于浓缩和加工。要掌握详记和略记方法，可采用提纲式或摘要式，若听课和记笔记产生矛盾，应先听讲解，然后记录。详记归纳的语言知识，概括的略记所给例句和材料。

板书的内容要记，没板书的内容，自己觉得难掌握的或重要的内容也要记。课堂上来不及记的，课后应补上。总之听课时，尽量寻求一种平衡，既要记好笔记，又要认真听课。

3. 课后及时复习巩固

高中知识比初中知识更广、更深，教师在课堂上的讲解不一定很详细。因此学生在课后要认真整理笔记，对所学的知识进行复习、归纳和总结。高中英语知识内容庞大，需要平时扎实的积累和训练才能消化。高中课堂容量大，课后学生要通过一定的练习，以巩固所学知识。定期复习，温故而知新。

4. 课外多练习

英语学习中的"多练"包括多读、多背、多听、多写。英语作为一门语言学科，学生要多加强语言实践以提高英语成绩。利用早晨时间大声朗读课文，培养语感。背诵课文中重要的段落或重点句子，或背诵英语美文。创造各种条件加强听力训练，包括听力专项测试，听经典英语歌曲，看经典原版英文电影，听英语新闻、广播等。除每单元要上一节写作课外还要坚持写英语周记或英语日记及读后感等。

5. 进行课外阅读

英语学习的内容是包罗万象的。作为一名高中生，要广泛阅读，涉猎各种知识，以扩大知识面，优化知识结构。此外，要多开展课外英语阅读，选看一些英语刊物，采用精读和泛读相结合的方法。在阅读中学习阅读技巧，培养预测上下文，推断隐含筛选信息和归纳总结能力。在阅读中，还应注重汲取文化背景知识，拓宽知识面，开阔视野。

（三）重合作

新课程标准倡导"以人为本"，倡导自主、合作、探究的学习方式。合作学习是一种非常有效的学习方法，教师在教学中采取小组合作学习，能更好地调动学生的积极性。

总之，为了帮助学生更好地适应高中英语学习，教师要加强对新课程标准理论的学习，更新教学理念，努力创新教法，了解影响教学效率的因素，并及时采取措施。如果教师能在课堂教学中呈现民主、自由的课程理念，并构建平等、新型的师生关系，那么初高中英语衔接教学就能顺利进行。

（作者简介：刘意芬，湖南省宁乡市第十三高级中学教师）

普通高中如何实施高中英语分层次教学

☒ 周红平 ☒

一、分层次教学的理论依据

孔子提出了育人要"深其深，浅其浅，益其益，尊其尊"，即主张"因材施教，因人而异"。"分层次教学"是在班级授课制下按学生实际学习程度施教的一种重要手段。苏联教育学家赞可夫在《教学与发展》中提出"使包括后进生在内的全体学生都得到一般发展"的原则。"分层次教学"是尊重学生的个性、促进包括后进生在内所有学生发展的有效措施。新课程标准突出了"以人为本"的教育思想，其核心是以学生为中心，以学生的发展为本，注重学生的全面发展与个性差异的统一。高中英语课程的教育教学要面向全体学生，要特别注重培养学生英语获取信息、处理信息和传达信息的能力，分析问题和解决问题的能力以及用英语思维和表达的能力。由于学生现有的语言能力和学习方式等方面的差异，教师要充分考虑到不同学生的生理、心理特点。只有尊重学生的差异并满足不同学生的不同学习需求，才能真正实现面向全体学生，为学生的终身发展奠定基础的目标。

二、分层次教学的具体实施步骤

1. 学生分层

根据对学生能力的掌握以及学生个体对英语语言的感悟并结合学生个体发展的需要，笔者把全班学生分成三个层次：

A层为特长发展生，基础扎实，接受能力强，学习自觉，方法正确，成绩优秀，占班级人数的20%。

B层为能力发展生，知识基础和智力水平一般，学习比较自觉，有一定的上进心，成绩中等，占班级人数的60%。

C层为基础层，知识基础、水平智力较差，接受能力不强，学习积极性不高，成绩欠佳，占班级人数的20%。

2. 学习目标分层

A层：由于A层学生自学能力强，可以鼓励他们超前学习，掌握课本单词表中打"*"号的单词，要求他们课前预习课文，掌握单词及词组，找出课文的重难点，上课能用英语就所学句型进行交流，能流利地背诵课文。在掌握课本知识的基础上，扩大知识面，多看英文读物，如*Students Times*，*Crazy English*，*English World*，多听英文广播，多接触不同题型，多总结，多积累。

B层：要求学生逐步提高自学能力，课前要预习单词、词组及课文，对课文中较难理解的内容做标记，主动请教老师和同学。掌握课本基础知识，对于重点句型和句子能熟练识记，并尝试运用，课后能复述课文。

C层：适当降低要求，只需掌握重点句型和重点句子，能背诵部分课文段落。

3. 课堂教学讲授分层

在课堂教学中，教师要随时注意讲授的知识与学生程度的对应。要以B层学生为主，带动C层，促进A层。就英语教学来说，笔者主要在听力、单词、课文、语法、练习等方面注重分层次教学。

听力：

A层学生要求在做出所有题目的前提下，能用自己的语言复述，也可以回答教师对于听力材料的延展性问题；B层学生尽力做出所有题目，通过讲解明白所有问题；C层学生可以先看听力材料，在此帮助下，明白所有题目。

单词：

可以适当延伸，并补充相关的固定搭配、俚语，以满足A层学生的需要；B、C层学生只需掌握单词的意思，并会运用即可。

课文：

在课文学习中，A层学生可以自学课文，自己掌握语言点，能熟练背诵课文；上课可回答一些延展性问题，并会仿写课文。B层学生在教师提示下，掌握语言点，会复述课文，可以回答一些关于课文的综合性问题。C层学生只要求会背诵语言点和某些重点句子。

对A层学生可以提这样的问题：

（1）Do you think it is necessary to build the Three Gorges Dam?

（2）What's your idea about the Three Gorges Dam?

对B层学生可以提这样的问题：

（1）What are the advantages of the Three Gorges Dam?

（2）What are the disadvantages?

（3）Do you think the advantages are more important than the disadvantages?

对C层学生可以提这样的问题：

（1）Why was the Three Gorges Dam built?

（2）How high is the dam?

（3）How wide is the dam?

语法：

语法教学中，可以使A层学生自己讲解，自己总结，揭示知识点，总结相关语法，并举例；要求B层学生掌握相关知识点，识记并会仿造例句；C层学生只需明白并背诵。对于课本比较容易的练习，可以使B层学生讲解，C层学生记忆，A层学生选做。

4. 课后练习、作业分层

为了促进每一个学生的不同能力的迅速提高，使学生更适应英语作为一种语言工具的发展需要，我们对不同层次学生的课后练习、作业及评价也都做了相应的指标。

其中，对A层学生要求在课后做出超出课本知识外的预习和复习。具体来说，经常阅读英语沙龙、*English World*、时事报刊；经常收听VOA和BBC英语原文广播。针对每堂课的教学，相关的英语原文背景资料的阅读是重点，简单的作业可以不做，或有选择地做，目的是加强课堂教学的理解，保证考试的需要，同时也培养他们的自学能力和英语阅读能力。对于B层学生要求把每一篇课文读懂，力争把课文变成自己的东西，掌握课文的重要词汇和语法，在教师的指导下自设情境，自行表达，以达到语言的实际运用的目的。对于C层学生则要求他们紧扣教材，完成课后的习题，同时鼓励他们多说、多读、多听，培养他们学习英语的兴趣，从而使他们有更大的进步。

总之，通过分层次教学，教师既对每位学生表示了尊重，尽量顾及每位学生的心理，又充分地让每位学生有所思，有所做，有所获，真正体现了新课程改革下的素质教育。

（作者简介：周红平，湖南省宁乡市第二高级中学教师）

图表式策略在英语教学中的相关运用

◎ 周 健 ◎

一、图表式的概念

图表式又称为概念构图（concept mapping）或概念地图（concept maps）。前者注重图表式制作的具体过程，后者注重图表式制作的最后结果。现在一般把它们统称为图表式而不加严格的区别。图表式是用来组织和表征知识的工具。它通常将某一主题的有关概念置于圆圈或方框之中，然后用连线将有关的概念和命题连接，连线上标明两个概念之间的意义关系。

二、图表式的由来

图表式最早由美国康奈尔大学诺瓦克教授等人在20世纪60年代提出，但图表式这一概念名词的确定是在20世纪80年代。美国认识教育心理学家奥苏贝尔发表了《有意义的言语学习心理学》，他认为学生的学习都是通过概念同化习得新概念的。概念的上位关系、下位关系和组合关系最终形成了学生的认识结构。

三、图表式的科学依据

现代脑科学发现，人的大脑由大约140亿个神经元组成，每个神经元都与其他的神经元形成功能网络。人类对大脑的认识已经发展到泛脑网络阶段。泛脑网络学认为，人的大脑可从宏观到微观分为回路、神经元群、神经元及分子序列四级层次的网络，人的学习、记忆和思维是通过这样一个网络系统来进行的。图表式的结构特征充分地符合人脑的生理机制。

四、图表式的主要形式

1. 蜘蛛网构图（spider-web maps）

蜘蛛网构图中的各个连接线代表的意义为其中一种，在构图中的概念具有同等地位，每个大概念外，更有其他次概念发展空间，以构成更复杂的网状图。如2003年北京高考试题阅读理解D篇文章的图表式（见图2-1）。

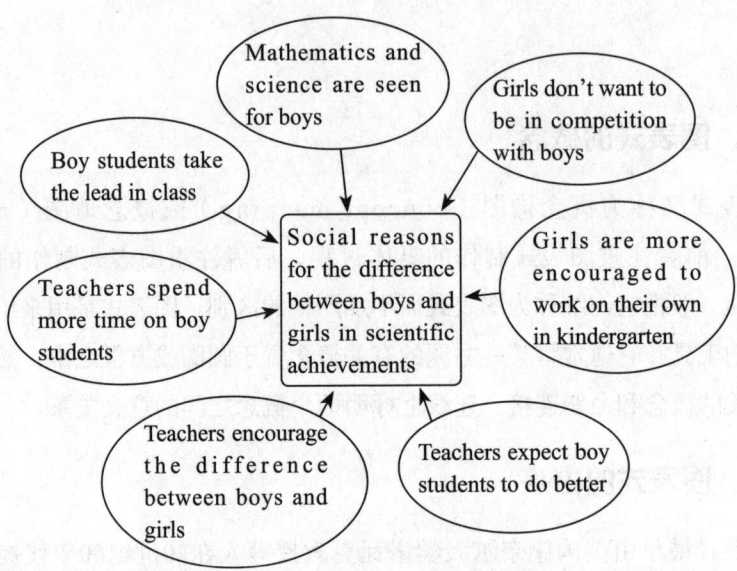

图2-1 男女科学成就差异的社会原因

2. 锁链构图（chain maps）

锁链构图的连接线意指前面的概念引导后面的概念，形成步骤性层层递进的关系。如2004年全国高考试题阅读理解C篇文章的图表式（见图2-2）。

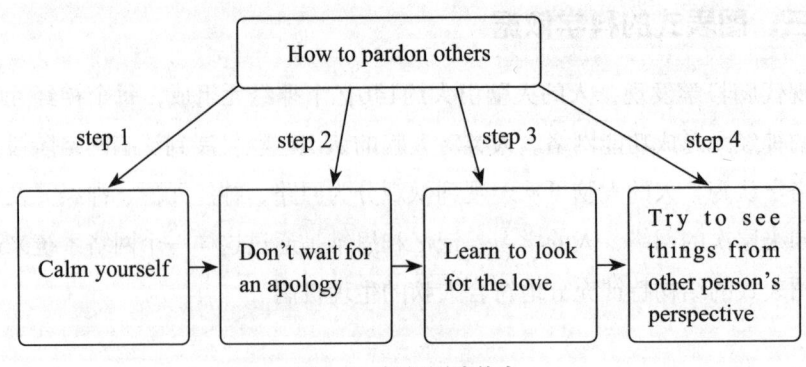

图2-2 如何原谅他人

3. 阶层构图（hierarchy maps）

人类大脑中的知识基模常被假想成为这种形式。如2003年全国高考试题阅读理解D篇文章的图表式（见图2-3）。

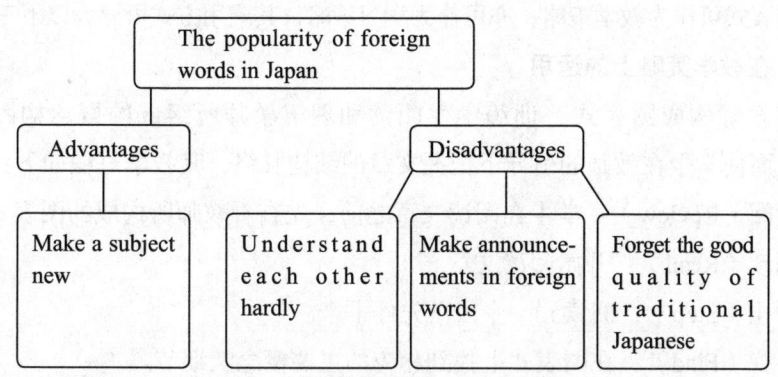

图2-3　日语中外来词流利的利弊分析

五、图表式策略在英语阅读教学中的作用

许多研究指出，图表式对于提升学生的思考能力、创造能力及决策能力均有帮助。它是一种教师引导学生应用空间性组织，以连接不同概念关系的学习方法，它将知识结构中的一些相属概念及彼此间的关系以绘图的方式呈现出来，以增进学生的学习情形。

教师通过一系列的教学过程把图表式运用到英语阅读理解教学当中，被称为图表式教学策略，它是一种能协助学习者达成有意义学习的工具。图表式被发展成为有效的学习工具的理论与奥苏贝尔有关，他认为影响学习最重要的因素，是教学者如何在学习者现有的认识架构上，适当地将知识概念教导给学生，并引导学生进行有效的学习。因此，如果能利用图表式策略与英语阅读课程相结合，让学生将阅读理解文章的内容以图表式的方式表现出来，有效地呈现概念与概念之间的关系，将有助于学生英文阅读理解能力的提高以及达成有意义的学习。

高考阅读理解难点在于考查学生对段落、层次或全篇中心大意的把握，而许多学生在阅读中所存在的弊端是，不能把握文章的结构脉络，对作者的行文思维没有清晰的认识，没有培养自己捕捉或概括全篇以及各段主题的能力。图表式策略很重要的内涵之一即有技巧地抓住文章中的主要概念和次要概念，清楚地整理出文章的整体结构，以增加思考的灵活度，并能有系统、有结构地增进对文章的理解。

六、图表式在教学策略上的应用

图表式可作为教学策略，亦可作为学习策略，其应用方式可分为以下三种。

1. 在教学策略上的运用

由教师构成图表式，训练学生阅读和理解教师所组成的概念构图的能力，从而使学生在教师的引导下把握文章的结构脉络，其教学过程如下：

检阅（Review）：学生在阅读文章之前，先查看教师所构成的图表式。

阅读（Read）：开始阅读文章。

停止（Stop）：阅读到一个段落先停下来。

寻找（Find）：在图表式上找到相应的主要概念及细节。

开始（Start）：从下一段重新开始。

2. 图表式在学习策略上的应用

这种图表式的训练与前者不同的是，其用意在于鼓励学生自主形成图表式，其运用情形如下：

主题（Topic）：教师让学生把所阅读的文章主题写下来。

阅读（Read）：开始阅读英文文章内容。

提出问题（Ask）：教师询问文章的主要概念是什么，学生围绕文章主题的中心概念，选择出关键词或片语，并写下细节。

确认（Verify）：以圆圈或方框的形式确认主要概念，并将细节以线连接。

检验（Examine）：接着以此方法对下一段文章进行检验，提出问题以确认文章的主要概念。

连接（Link）：阅读后，将所有的圆圈或方框连接起来。

检阅（Review）：把已构成的完整的图表式进行检阅，形成对文章结构脉络的整体认识。

3. 把图表式的教与学综合运用起来

教师不必给学生提供完整的图表式，而只呈现图表式的某一部分，要求学生将未完成的部分加以完成；或教师可呈现已排列好的阶层关系，但尚未标上连接线或连接语，要求学生连接，标明概念间的连接关系和意义；教师还可空缺图表式中某些重要的关键词或片语，让学生自主寻找答案。在此过程中，教师可与学生进行讨论，了解学生的错误和困难，更重要的是，通过讨论和沟通，教师奖励回答正确的学生，以提高学生学习英语的自信心，并维持他们对英语学习的热情和兴趣。围绕图表式的构建，教师还应让学生与学生之间展开热烈的讨论，共同寻找最佳答案，并且可通过分组讨论，开展群体之间的竞争活动，使学生产生一种成就感，并促进新一轮图表式的顺利进行。

七、总结

尽管图表式的研究和应用在国外已经比较成熟和普及，并且实践证明其卓有成效，然而国内对于图表式的研究大多应用于社会、科学等领域，目前尚未把此研究普及到英语阅读中，还未真正要求教师和学生必须掌握构建图表式的技能。图表式作为一种教与学的策略，能有效地改变学生的认识方式，促进学生有意义的学习、合作学习和创造性学习，最终使学生学会学习。对加强学生的阅读能力来说，图表式通过一系列层次分明，逻辑严密的思维过程，能使他们构建文章的网络，浓缩文章的结构，强化学生对文章的组织思考能力，提高学生英语阅读理解的效益，适应高考对学生阅读理解能力的要求。因此，图表式策略在培养学生阅读理解能力方面扮演着重要的角色，值得广大师生对它进行认识、研究和应用。

参考文献

［1］Joseph.D.Novak，D.B. Cowin.Learning How to Learn［M］.England：Cambridge University Press，1984.

［2］Joseph.D.Novak.The Theory Underlying Concept Maps and How To Construct Them［J］. Internet Technical Report IHMC Cmap Tools，2006.

［3］沈德立.脑功能开发的理论与实践［M］.北京：教育科学出版社，2001.

［4］高文.教学模式论［M］.上海：上海教育出版社，2002.

［5］施良方.学习论［M］.北京：人民教育出版社，2001.

［6］余民宁.有意义的学习——图表式之研究［M］.台湾：商鼎文化出版社，1997.

（作者简介：周健，湖南省宁乡市第一高级中学教师）

"中学英语相互式积极学习"实验中的信息差策略

◎ 彭建伦 ◎

一、信息差策略问题的提出

素质教育要求全体学生在主动学习中得到生动活泼的全面发展。在英语教学中，我们希望所有学生都能够积极主动地学习真实得体的英语。所以，"外语相互式积极学习"这种教法及学法应运而生。在参与研究的实践中，笔者认为，运用信息差策略进行英语教学，能促使学生积极主动地开展相互式学习，有助于学生培养交际能力，从而更有效地发挥"外语相互式积极学习"的优势。

信息差（information gap）是交际活动的特征之一。在交际活动中，一方欲表达的情节、观念、看法等，另一方事先并不知道，这就是信息差。人们普遍有一种信息共享的心理需求，总是渴望通过各种方式来填补信息差，实现信息的平衡（balance of information）。教师可充分利用这一心理需求，在设计教学活动时运用信息差，使学生带着渴求获得信息或传递信息的心理去运用语言，在一种真实的交际活动中进行师生之间或学生之间的信息交流，使学生在满足心理需求的过程中积极学习并获得语言能力。

二、信息差策略在"中学英语相互式积极学习"中的具体操作

信息差策略适用于听、说、读、写、语言学习及练习等"英语相互式积极学习"的各种基本课型，有三种不同的运用方式。

1. 制造信息差

（1）设置话题。紧扣教学内容设置的话题，能有效地形成信息差。如在阅读SEFC B1A Unit 1 Lesson 2 "Letter to a Pen Friend"之前，先让学生讨

论"What did you do in the summer holiday?""What will an American country boy do in the summer holiday?"等话题，这样，学生会带着强烈的平衡信息差的心理去讨论及阅读课文。又如，在认知及操练"might/may/must have done…"这一表示推测的用法后，教师可立即将全班学生的注意力集中到某一位学生身上，然后问："Why does he/she look so happy/unhappy today?"让学生进行了大量的推测之后再核对真实原因。

（2）设置交际性输出活动。语言的输出有三个不同层次，即适应性输出（familiarity output）、练习性输出（practice output）和交际性输出（communicative output）。前两种输出是基础，但学生基本上参照教材进行，缺乏信息差，练得比较机械。教师应当设计一些具备信息差的真实交际情境，使学生创造性地运用英语。如在SEFC B1A Unit 5中出现了大量"to""in order to"和"so that"等关于表达"目的"的语言内容，因此笔者在运用环节（production）中加入了一项活动，要求学生充当学校电视台的记者，用"Why do you study English?""Why do we practice open-door policy?"等问话形式对本班同学进行自由采访。被采访的同学自觉地使用"to""in order to"及"so that"等方式灵活地回答"记者"的各种问题。由于事先不知道"记者"会问什么，"记者"也不知道被采访者会怎样作答，学生十分投入，整个交际过程真实自然，充分实现了语言产出的交际功能。

（3）带目的地阅读、听。在学生进行阅读及听力训练之前，教师先呈现问题，形成师生之间的信息差，然后引导学生带着问题有目的地进行阅读及听力训练，指导学生获取信息并加以理解，从而获得最佳答案，平衡信息差。

（4）互改笔头作业：让学生在课堂上相互批改笔头练习，要求学生对语言是否准确、得体，文章是否切中题意、条理是否清晰等进行讨论。教师巡回指导，回答学生提出的问题，对学生的争议进行裁决。

2. 保存信息差

不预习教材的有关内容，能有效保存信息差。例如，在利用课文进行阅读训练之前，应要求学生不去预习课文内容，否则，学生的阅读准确度可能会因为事先做了预习而有所提高，但阅读的速度却肯定达不到课程标准要求。而且，由于缺乏信息差，学生会在阅读训练时丧失对该篇课文的兴趣。同样，如果教师利用教材上的对话材料来提高学生的听力，也应该要求学生事先不预习对话内容。

3. 扩大信息差

有意扩大信息差，能最大限度地激发学生的学习兴趣，提高学生的学习主动性。例如，在练习讲解和试卷讲评课中，如果单靠教师的讲解来平衡师生之间的信息差，学生学得被动，会觉得枯燥无味。但如果教师先让学生相互讨论答案，学生会为了寻找答案而去引经据典，甚至争得面红耳赤，从而激化、扩大了信息差。学生在讨论的过程中能解决部分问题，学生解决不了的问题再由教师来讲解。这样，既提高了学生的学习主动性，又增加了课堂容量，还加强了教学的针对性。

三、运用信息差策略的必要性

1. 运用信息差策略是交际教学法的关键

交际教学法认为，交际既是英语教学的手段，也是英语教学的目的。学生在听、说、读、写等信息交流活动中运用英语进行交际，最终掌握运用英语的交际能力。交际教学法要求学生从事交际活动的情景必须具有信息差，否则，就成了一种"假交际"。例如，教师问一个手拿钢笔的学生"Do you have a pen？"这是明知故问，毫无交际需要。又如，学生照着教材上的原文或细节提示进行对话，也不是一种真实的交际，只属于"人工和机械"的操练。这种机械手段不可能帮助学生提高交际能力。利用信息差，在教学活动中创设一种真实的交际环境，使学生在真实的交际活动中发展其语言能力和交际能力，是运用交际教学法的关键。

2. 运用信息差策略是教学大纲的要求

英语教学的目的在于培养学生运用英语进行交际的能力，这已是国内外英语教学的共识。我国有关部门先后颁布了几个不同层次的教学大纲，都提出了培养交际能力的问题。1992年国家教委制定了《全日制高级中学英语教学大纲》（初审稿），明确指出"培养在口头上和书面上初步运用英语进行交际的能力"是全日制高级中学英语教学的目的之一，并要求教师"着重培养学生运用英语进行交际的能力……教师在日常教学中要设法创造交际活动的情景，使学生在口头上和笔头上运用所学的材料"。这种"交际"应该理解为包含信息差的真实交际。根据大纲编写的新教材，也充分体现了"真实交际"这一特点。而且，近几年高考试卷的命制一直坚持注重实际运用，在选篇和确定测试重点上都认真贯彻了交际教学思想和大纲提出的"初步运用英语进行交际"的基本精神。这就要求广大英语教师在教学过程中一定要利用信息差策略，培养学生的真实交际能力。

3. 运用信息差策略是主体作用的体现

"英语相互式积极学习"是一种"以人为本"的教学方式，要求教师充分尊重学生的主体作用。利用信息差策略进行英语教学，需要教师在备课时既要备教材，又要充分考虑学生的学习情况和心理需求。而且，课堂上的交际活动也始终以学生为中心，学生在力求平衡信息差的过程中，能够通过观察、讨论等方法，自觉地寻找依据并模仿、运用。正如蔡元培先生所说："做教员的不可一句一句或一字一字的都讲给学生听，最好使学生自己去研究，教员不讲也可以，等到学生实在不能用自己的力量了解功课时，才去帮助他。"这样，能够充分体现学生的主体作用，避免"填鸭式"教学。

4. 运用信息差策略是教育心理学的需要

孔子说，"不愤不启，不悱不发"。"愤"指经过积极思考但未弄通的心态，"悱"指准备用言语表达思想却表达不出的心态。只有在这种情况下，教师才去"启"和"发"，引导学生思考和表达。信息差策略的运用遵循了这一原则，教师与学生之间或学生与学生之间的信息差让学生产生一种"踮起脚来摘桃子"的心理需要，从而激发其学习英语的内部动机，高度集中注意力，兴趣盎然地主动学习。

5. 运用信息差策略是培养创新意识的途径

由于信息差策略的运用，学生在交际的过程中不会明知故问或背诵原文，只能利用已知的语言进行创造性地使用，从而提供了学生思考和创造的空间。这种教学能激发学生的创造欲望，帮助学生形成强烈的创新意识。

四、运用信息差策略的原则

1. 趣味性

兴趣推动人们去探求新的知识、发展新的能力。调查表明，学生感兴趣的话题依次为科普、音乐、故事、旅游、体育等，尤其是对发生在他们周围的真人真事最感兴趣。因此，教师在设计教学活动时要多从这些方面考虑学生的兴趣需要，使学生在愉悦的情绪体验中学习，从而充分发挥信息差策略的作用。

2. 针对性

结合教学内容设置信息差，才能引起学生学习有关知识的欲望。切忌为了制造出活跃的课堂气氛而不顾课堂教学任务，使课堂庸俗化。

3. 启发性

英语教师不仅要让学生获得运用英语的能力，还应重视培养学生的英语思维能力。教师设计教学时应注意情境的启发性，以训练学生思维的独特性、流畅性或灵活性，激活并发展学生的思维。如，在学习"No Smoking"这一课之前，笔者先让学生围绕"Smoking is harmful"进行论证，学生找出了"Smoking is harmful for your health""Smoking will cost you much money"等观点来进行阐述，既强化了信息差，又发展了学生的创造性思维。

4. 可行性

在设置信息差时，教师要设法让学生踮起脚来摘桃子，并确信他们能摘到桃子。信息差太小，起不到激励作用；信息差太大，以致学生不可能平衡时，同样无法激发学生的兴趣。美国心理学家弗鲁姆认为，任何人发生某一行为的动力，与这一行为的预期价值和实现这一目标的可能性成正比，即"激励力=效价×期望值"。这里的期望值就是指实现某一目标的可能性。只有结合学生的实际来设置合理的信息差，才能有效调动学生学习的积极性。

五、结束语

充分运用信息差策略，设计带有信息差的教学活动，能帮助学生在轻松、活跃的氛围中积极主动地寻求信息、交流信息、表达思想，在真实的交际活动中强化语言的理解和生成，达到运用英语进行交际的目的。

参考文献

［1］王才仁.英语教学交际论［M］.广西：广西教育出版社，1996.

［2］丁素萍.英语课堂中创设真实情景的五种策略［J］.中小学外语教学，2000（8）.

［3］刘砚.话题 信息 话语 交际——高中英语课堂教学中10分钟交谈活动的探索［J］.中小学英语教学与研究，1993（5）.

（作者简介：彭建伦，湖南省宁乡市第一高级中学党委委员、副校长、英语教研组组长）

试论如何提高高中英语课堂教学的有效性

◁ 何金花 ▷

英语是一门很重要的课程，更是高中教学中的一个重要环节。从学生学习的角度来看，从小学到初中再到高中，实际上经历了一个由浅入深的学习过程。然而，受应试教育的惯性所影响，虽然高中阶段的英语教学是最系统、最理论的一个阶段，但在具体的课堂教学中仍然存在学生课堂主体不明显、师生互动参与性不足、课堂教学气氛不活跃等诸多问题，这不仅不利于学生英语能力的有效培养，也很容易在实际教学过程中使学生丧失英语学习兴趣，进而出现考试成绩分数下滑。因此，针对上述问题，教师需要运用科学有效的手段及措施，在课堂教学过程中实现质量及效率的双重保证，让学生在轻松愉快的氛围下学习，真正做到以学生为主体、教师为主导的现代化课堂。

一、高中英语课堂教学现存的弊端

1. 课堂教学目标不全面

英语专家曾进行过统计，英语学习中对于学生来说最大的难题就是听力、阅读、写作、口语四个方面，也就是听、说、读、写。学好英语这门课程需要这四个方面紧密相连，缺一不可。现如今，高中英语课程繁重，教师的教学往往是应对考试，主要从词汇和运用词汇、语法、阅读等几方面训练学生的能力，这就忽视了对学生听、说、写能力的训练，从而导致大部分学生只是能简单的应付考试，在其他方面便出现了短板。听、说、读、写这四方面环环相扣，例如，听力不好，就会导致口语语感差，单词很难记住，导致学生出现背单词时死记硬背的现象，也就对英语的学习失去了兴趣。单词记不住对于写作就会产生"提笔忘字"的现象，而对于阅读也就很难读懂。也就是说，高中英语课堂上，教师应该明确教学目标，并且进行全面的教学对于提高学生的英语成绩和学习兴趣有很大帮助。

2. 传统教学模式依旧存在

现如今，高中英语课堂仍然存在着传统的教学模式。为了完成教学目标，出现以教师为主体的课堂场面，学生被动地接受知识，这种灌输式教学严重影响了学生的学习效率。机械式的学习容易使学生对学习产生疲惫感、厌倦感。传统教学的模式虽然有所改善，但有待彻底改变，还需要不断提高高中英语课堂教学的有效性。

3. 课堂乏味单一

在大部分高中英语课堂上，教师只是单独的针对教材上的知识点进行讲解，长此以往，学生会产生一种有没有教师讲课都无所谓的错觉，逐渐对英语失去兴趣。事实上，"照搬照抄"式教学，只会让学生觉得英语是一门枯燥无味的学科。学习英语是一个漫长的过程，在学生接受教育阶段，教师应该启发学生学习英语，特别是在高中英语课堂上，引导学生对英语的喜爱是从心底产生的，改变课堂上课的氛围是高中英语教师应当把握的重点。

二、高中英语课堂教学的有效性策略

1. 改变教学方法，进行高效教学

现阶段，在新课程标准的实际要求下，高中英语传统的"讲授式"课堂教学方法显然无法适应时代的需求及学生个体的发展，特别是新高考方案出台以后，英语教师更是需要根据英语课程改革纲要及高考方案的内容及标准进行适当改动。比如，在高中英语课堂中，教师完全可以利用现代化教学硬件设施的优势，积极开展翻转课堂、情景模拟、生活化教学、电子交互式白板等高效教学方式，从而在有效吸引学生注意力的同时，实现学生英语学习兴趣及成绩的综合提升。

从英语教师的角度来看，完全可以在课堂教学之前，结合新课程内容及学生已掌握的知识基础，从而进行备课、选课、制订教学方案等针对性的实际教学，并开展一系列的学习引导工作，使得在弥补学生学习不足的基础上，实现学生英语综合能力的全面提升，这在客观上对于实现英语课堂高效教学具有重要的推动作用。

2. 实践与理论知识相结合

新课改明确提出在高中英语课堂教学中要把实践与理论相结合，一味地使学生接受英语知识，只会使学生学习僵硬的知识，在实践中很难自如地应用，教师应适当地创设情境让学生融入其中，体验学以致用。例如，在学习西方文化时，可以设置中国传统文化的情境，通过对中国传统文化的渗透更好地学习到西方文化，然后，让学生自己总结中西方文化的差异，从而在学习英语的同时也学习了中西方的文化差异。这样，不仅使学生学到了知识，而且也锻炼了学生独立思考的能力。

随着高中英语课堂教学的不断发展，各学校应该紧跟新课改的脚步，始终明确教学目标，改变教学模式，提高英语课堂教学的有效性，促进学生全方面发展，充分发挥学生的主观能动性，提高学生独立自主的学习能力，才能保证高中英语课堂教学的有效性。

参考文献

[1] 刘淑珍.提升高中英语语法教学有效性的策略[J].学苑教育，2014.

[2] 周凡.新时期提升高中英语教学有效性途径分析[J].中学生英语，2017.

（作者简介：何金花，湖南省宁乡市第一高级中学教师）

彭建伦高中英语名师工作室教育教学思考和实践

浅谈集体备课在英语教学中的经验及其重要性

◎ 龙勇 ◎

一、背景

备课是教学过程的重要环节，备好课是上好课的先决条件。在高中英语教学中，传统的"单兵作战"的备课方式已经跟不上时代发展的需要，因此，很多学校采用集体备课方式。集体备课可以增进教师之间的相互了解，形成交流、合作、研究的学术气氛，开发学校现有的教育资源，推广优秀教师的教学经验，缩短年轻教师的成长周期，促进学校教学质量的整体提高。

我们学校位于宁乡西部最偏远的山区，学校英语师资不足，新教师多，教师教学任务繁重。2015届高三备课组有三名教师，都没有高三教学经验，"被迫"走上了集体备课之路。俗话说"三个臭皮匠，顶个诸葛亮"，我们通过一年的共同努力，改写了英语在高考科目中拖后腿的历史，很多学生高三期间英语单科进步幅度高达五十多分，笔者也因此被评为宁乡市优秀备课组长。

二、集体备课的具体做法

1. 集体研讨

在第一次备课组会议上，我们一致同意开展集体备课形式，发挥备课组成员在教学中的优势，扬长避短，并就开展方式达成共识，做到"四个统一"，确定"一个中心"。"四个统一"即统一教学进度，统一教学目标，统一教学重难点，统一阶段测试；确定"一个中心"，即每次集体备课确定一个中心发言人。

具体分工如下：一轮复习模块一至模块七总共是23个单元，每人平均负责8个单元。笔者作为备课组长，先设计模块一第一单元的复习学案，在集体商讨和修正后做模板使用。其中，穿插进行重要语法知识点的复习：三大语法（时态、非谓语和从句）各负责一块；其他语法（虚拟语气、特殊句式等）各自根据自己擅长的选择2~3个语法知识点；写作根据文体（记叙文、议论文、说明文、应用文）各负责一种，然后每周有一位教师负责准备一次话题写作，自行准备话题。二轮复习的专题也是备课组成员自己选择专题，如笔者负责听力、阅读填空和阅读简答，陈老师负责阅读理解，宋老师负责完形填空和语法填空。

2. 个人初备

主备者做到三个"一定"，即一定认真学习和研究课程标准考纲、教材、教学参考书及其他相关的材料；一定突出重点，突破难点，抓住关键；一定深入了解学生，摸清学生的智力因素和非智力因素情况，有的放矢地进行教学。教师必须写出备课提纲，确定教学的重点和难点，提出较具体的教学目标，创造性地进行设计教学方案，捕捉难点。

3. 修正教案

由中心发言人说课，教师们共同探讨，相互补充，使教案内容更加充实和完善，并提倡创新。备课组成员共同研究，反复推敲，对遗漏和偏激的内容进行修正。修正教案重在内容上，不在教学方法上强调"定式"，让教师结合实际和学生特点选择教法、学法。我们三个人建立了一个QQ群，每次都会先把教案发到群文件中，然后再分别提出自己的看法，进行修正和探讨。

4. 课后交流

经过备课组研讨过的教案是否可行有待于在教学实践中考证，因此，有必要进行跟踪听课，以便能及时总结经验教训。备课组教师之间互相听课，互相交流，扬长避短。一个完整的备课过程包括五个阶段：准备阶段、分析阶段、创造阶段（编写教案）、提高阶段（即二次备课，调整和修改教案）和总结阶段。课后交流就是备课的总结阶段的主要内容。备课组教师授课后要进行交流，并对每个教师的教学进行评估，肯定成绩，指出不足，以便提高每位教师的教学水平。

三、高中英语集体备课必须坚持三项原则

1. 先难后易原则

高中英语集体备课的时间有限，研究讨论的问题应放在攻破疑难问题

上，对每位教师提出的重点、难点要集体研究解决，对一般的常规教学内容的讨论可以简略一些，不一定每个问题都要面面俱到的讨论。这样，可以节省集体备课的时间，提高集体备课的效率。

2. 求大同存小异原则

集体备课应该注重观点统一，意见统一，经过集体研究、讨论，其结果是达成共识，但是，教学过程不搞"一刀切"，要求教者根据所教班级的教情、学情，具体分析，具体安排。

3. 科学研究的原则

科学研究的实质就是多问几个"为什么"，要知其然又要知其所以然，怀疑多了，思考的问题就全面、细致，讨论中要互相考证，直到答案明了、正确为止，保证教出成效，充分体现集体备课的高效率、好效果。

四、高中英语教师在集体备课中的六种意识

1. 责任意识

每位教师参加集体备课时，首先要从思想上高度重视，其次是态度要端正，最后是责任要明确。不能搞应付式的，所提出的问题要都算得上是疑难问题，所讨论的问题都应该经过反复认真地推敲，要敢说真话，愿做实事，不能随意表态，甚至不负责任等。

2. 忧患意识

教师的忧患意识往往体现在个人初备的紧迫感、集体研讨要多换角度设想、课堂教学超常规尝试、课后讨论的多方面的意见和建议等。教师要用发展的眼光来看每节课，用发展的观点来改进集体备课的方法，提高集体备课的水平和效率。

3. 合作意识

合作是进行集体备课的前提条件。集体备课时要全力创造一种平等、民主、相互尊重、相互合作的氛围。对每个阶段的工作，备课组教师都要有明确的分工。例如，在准备大的语法知识从句时，有些教师可以去寻找有关名词性从句的知识点，某个教师可以准备定语从句的知识点，其他人可以准备状语从句的知识点，也可以有人专门负责整理真题等。

4. 整体意识

集体备课时教师要有整体意识。例如，第一次集体备课时要总揽全局，

制订整个学期或整个学年的教学计划；同时，还要注意教材各章节之间的内在联系。集体备课活动有可能会因为意外的事情受到影响而暂停，备课组长一定另找时间补上，不能有松懈思想，要始终保证备课内容的系统性和连续性。

5. 超前意识

教师超前集体备课，不仅能增强教学的目的性和针对性，而且有利于将问题消灭于萌芽状态。在制订好整体教学计划后，集体备课时最好能提前准备一两个单元的课。比如，我们在一轮复习的过程中，就提前准备了二轮复习的相关资料，穿插在每次考试后进行，如阅读填空、完形填空二等主观题的技巧讲解，在考试后有针对性地进行专题复习，让学生从中受益。

6. 反思意识

通过对教学行为的反思来提高教学能力是教师成长的重要途径。教学行为研究可以是在教师自己的课堂教学中开展小范围的调研活动，通常包括"制订计划—实施教学—观察教学情况—教后反思"这样一个循环往复的过程。众多在教学上获得成功的教师都十分重视写教学后记。有位学者指出，教师的成长=经验+反思。写教学后记是教师反思自身教学行为行之有效的方法。

一个有人格魅力的好教师也许能改变几个学生，或一个班级，或两个班级的英语成绩，但若要提高整个年级的英语成绩和英语学习氛围，需要所有教师的共同努力，集体备课就是最佳的方法。集体备课是一项极其细致且复杂的创造性活动，它是提高英语教学质量，提高英语教师群体水平的一种有效手段。

参考文献

[1] 张元进.不可或缺的"集体反思"[J].教育导刊，2007（11）.

[2] 杨道州.在集体备课中引领青年教师专业成长[J].基础教育研究，2010（7）.

[3] 张根应.集体备课的内涵及其策略[J].现代教育科学，2013（2）.

[4] 程兆梅.集体备课促进教师发展[J].中学课程辅导，2014（8）.

（作者简介：龙勇，湖南省宁乡市第十高级中学教师）

第三部分　教学方法

The Application of Task-based Approach in the High School English Teaching

◎ 黄劭璇

Introduction

Task-based approach (TBA) is the approach recommended to be applied in senior middle schools by Chinese Ministry of Education. During the past twenty years, task-based approach has gradually gained popularity in applied linguistics and second language acquisition, and a lot of papers on TBA have been published. Studying the features and pragmatic function of task-based approach is of great significance.

It is widely accepted that the goal of language teaching activities is communication. We should not only help learners gain the English knowledge, but also cultivate their ability to communicate with others in English in real life. High school English teaching has been called upon to supply students with the basic competence to use English to communicate.

This thesis is made up of three parts, including introduction, body and conclusion. Introduction states the significance, method and framework of this paper. The first part of the body states the main introduction to the task-based approach. It includes the definition, forms and features of TBA. The second part of the body sets forth the situation of the current task-based teaching methods in high school English teaching activities, especially about reading, listening and vocabulary. The third part of the body concentrates on how to make full use of task-based approach in high school English classroom teaching. Conclusion, which is the last part of the paper, is to summarize the thesis.

Body

1 General Review of Task-based Approach

This part will give a general introduction of task-based approach. It contains three pieces: the definition, the forms and the features of task-based approach.

1. What is Task

Long thinks a task is:a piece of work undertaken for oneself or for others, freely or for some reward. Thus, examples of tasks include painting a fence, dressing a child, filling out a form, buying a pair of shoes, making an airline reservation, borrowing a library book, taking a driving test, typing a letter, weighing a patient, sorting letters, taking a hotel reservation, writing a check, finding a street destination and helping someone across a road. In other words, by 'task' is meant the hundred and one things people do in everyday life, at work, at play, and in between. Tasks are the things people will tell you they do if you ask them and they are not applied linguists. [1]

From above, we can see the main purpose of our English teaching is to train and develop the students' ability of communication with the language. Absolutely, a man who uses English to communicate with others must meet the "task" Long said. Thus, we should simulate the "task" in life in our English class.

2. Definition of Task-based Approach

Task-based approach is an approach in which students use target language to exchange ideas in the teaching activities, and to achieve a certain goal or to achieve a particular result. According to Nunan,TBA is "an approach to the design of language course in which the point of departure is not an ordered list of linguistic items, but a collections of tasks." [2] The emphasis of TBA is about learning by doing. We can define task-based approach as following: Task-based approach is a teaching method, which takes the specific task as the motivation of learning, takes the process of completing tasks as the learning process and presents the achievements of teaching by the way of demonstrating the outcome of tasks.

The New English Curriculum Standard highly advocates the use of TBA, in which teachers involve the students' active participation in the task performance so as to help them learn English through doing things such as thinking, discussing, cooperating and communicating and etc.

3. Forms of Task-based Approach

According to different forms of tasks, task-based approach can be divided into three categories. The first one is an operational activity task, which means that a teacher designs operable missions close to students life to enable students to hands-on, so that students could experience and learn the language knowledge by taking active part in the activity, and help them take the initiative to the internalization, absorption and application of the knowledge. The Second one refers to the survey-type activity task. After making a survey, students may analyze and explore the issues they are interested in. The last form is called experience-based activity task. Teachers create a more authentic language environment for students, while at the same time giving students or teachers the corresponding role so as to provide students with a comfortable language environment. Conversations, role-playing and many other similar activities, all of which belong to hands-on activity areas, are often used. By joining in such activities, students can help each other and divide their assignments reasonably. It can also help them to effectively cultivate their cooperation spirit when applying the language.

4. Features of Task-based Approach

Skehan says, "A task-based approach sees the learning process as one of learning by doing; it is by primarily engaging in meaning that the learners' system is encouraged to develop."[3] Feez gives several features of TBA:

(1) The focus is on the process rather than the product.

(2) Basic elements are purposeful activities and tasks that emphasize meaning and communication.

(3) Learners learn language through interacting communicatively and purposefully while engaged in the activities and tasks.

(4) Activities can be those that learners might need to achieve in actual life or those that have a pedagogical purpose specific to the classroom.

(5) Activities and tasks of a task-based syllabus are arranged according to difficulty.

(6) The difficulty of a task relies on a range of factors containing the previous experience of the learner, the complexity of the task, the language required to shoulder the task, and the degree of the support available.

From these features, Pauline found that: giving learners tasks to transact, rather than items to learn, provides an environment which best promotes the natural language learning process. By engaging in meaningful activities... the learner's interlanguage system is stretched and encouraged to develop. [4]

We can use only one of Feez's sentences to sum up the core concept of TBA: "Learners learn language by interacting communicatively and purposefully while engaged in the activities and tasks" [5]. In all, the most effective way to learn language is to communicate with others in the activities.

II The Application of TBA to English Teaching Activities in High School

This part demonstrates the current situation of the task-based teaching approach. It puts emphasis on TBA used in listening and reading teaching. In the following they will be discussed by means of listing examples.

1. Application of TBA to English Listening Teaching in High School

This part I will talk about the application of TBA to high school English listening.

In our current high school English teaching, we have reached a consensus on the importance of listening. Textbooks design a lot of listening and speaking activities, which aim at helping students to further enhance their listening and speaking ability. Since teachers are teaching English not only to help them pass exams, but also to prepare them to use English in real life, it is important to think about the situation they will listen to in real life and then to think about the listening exercise we can do in class.

Here is an example to the application of TBA to listening teaching.

As far as classroom procedures are concerned, listening teaching mainly obeys three stages: pre-listening, while-listening, and post-listening.

Listening material: life story of Addison and answer the following question:

(1) Where was Addison from?

(2) When did he start to work in the university?

(3) What invention did the inventor make that is still used today?

(4) How do people remember him?

Pre-listening: during this cycle teachers help the students prepare to listen; mention the new words which will appear in the listening. Teachers can introduce some background information about the main character so that students can understand the material easier.

While-listening: during this cycle the focus of students' attention is led to the listening text and the teachers can guide the students and help them understand it; slow down the speed or even make a pause to help most of the students get the main idea.

Post-listening: during this cycle students are offered with opportunities to integrate what they learned from the text into their existing knowledge and communicate with others use these information. Play listening material sentence to sentence and ask students to recite what they have heard.

2. Application of TBA to English Reading Teaching in High School

While teaching a reading lesson in classroom, teachers usually design Text in four phases: pre-reading task, the task cycle, task of language focus, and optional follow-up task, which is presented in detail as following:

Pre-reading task:

In the reading class, pre-reading tasks aim to provoke readers' interest, create readers' purpose, elicit and/or provide appropriate background knowledge, and guarantee that the students start to read on the right track. The tasks can draw the students' attention to the title and get the students to map key words and the possible relationship among the topic, major ideas, and supporting details in the text. They also involve the students in skimming and scanning, and then the students are asked to finish some tasks which focus on seeking information in the learning materials.

The following examples of the tasks and the procedure on this phase are designed according to the textbook (as based on Advanced with English, Module One, Unit Two, Text "growing pains").

First, show a video (home with kids) related to the teaching material. That could arouse the students' interest and attention, then, ask the following questions as brain-storming questions.

(1) Did you have the experience that you were left alone at home? Tell your classmates about your experience. Do you feel unhappy with your parents when they force you to do something?

(2) What would you do if your parents misunderstood you? Do you know how to shorten the distance between your parents and you?

After all these procedures, give the students ten to fifteen minutes to read the passage and answer the questions in the textbook. Remind them to read the material according to the questions.

The task cycle:

Tasks in this phase aim to train students in applying reading strategies, and improve their control of English. The teacher tells the students to mark, while reading, the text sections they find confusing so that the teacher will know what to dwell on in the post-reading phase. This will save much time for more creative tasks. And then the teacher assigns some tasks that are closely related to the reading material before students start reading and engage the students in predicting the forthcoming text content while reading; later on the teacher can have students read the text silently, using consciously and concurrently the strategies in focus and those they have ever learnt and ask students to report from what they have read.

Examples of tasks and the procedure on this phase:

(1) There is possibly a double meaning in the phrase much restored in line 13. What is it?

(2) What different characters has the author created, give a brief description of the passage?

Language focus:

Tasks in language focus aim to check the students' comprehension, lead them to a deeper understanding of the text, and increase their grasp of English. The teacher will ask the students to do comprehension exercises based on the text and work with the students through some discourse markers in the text in order to help them better understand the relationship among ideas. The teacher will explore with the students how the text is organized: some general statements supported by examples, or arguments followed by counter-arguments.

Examples of tasks and the procedures on this phase:

(1) What is the author's purpose in writing this description?

(2) Discuss the organization of this text.

Optional follow-up task:

Follow-up tasks aim to take the students beyond the particular reading in either of the two ways: transferring skills in focus and integrating reading with writing, listening and speaking. Optional follow-up tasks are important for the students as they could consolidate and improve their language abilities.

Examples of tasks on this phase:

(1) If there are now some misunderstandings in your family, in pairs or groups, imagine and discuss what kind of attitude that you will have toward them.

(2) Describe an experience that you quarreled with your family members and tell us why?

After finishing all these assignments, the students can understand the text clearly and correctly.

III Factors that Influence the Application of TBA in High School English Teaching

Language and culture are intricately connected. Learning a new language is learning a new culture. As Brown states, "Whenever you teach a language, you also teach a complex system of culture customs, values, and ways of thinking, feeling, and acting." [6]

This part mainly introduces factors that affect task-based approach in high school English class teaching. High school English teaching should stick to the starting point from students' interests and experience. Teachers provide the students as many real circumstances as possible so that they can complete some tasks by using language comprehensively. It's essential that we should encourage them to acquire, use information to communicate with others in English, and at last, solve practical problems. The ultimate goal is not only to learn a language but also to obtain language acquisition. In the following, I will talk about the factors that influence task-based approach and analyze the main points about creating a great classroom atmosphere and how to conduct interactive teaching effectively.

1. The Relationship between Teachers and Students

Teachers play a decisive role in the classroom learning environment. Because teachers are the center of students' attention and their action has a significant impact on students. Liberal, democratic and harmonious atmosphere are the basic premise of the classroom teaching which are to build positive and effective interaction.

For a long time, teachers regard themselves more as administrator and dominator. In order to maintain classroom discipline and classroom teaching, students generally are not allowed to make voice. They should listen to the teacher's instructions, and do what are allowed. Under such circumstance, students' major roles in learning cannot be assured. As a result, it is difficult to establish effective interaction between and students. Teachers should change their role to establish an effective teacher-student interaction. Teachers' best places are to be a person who create a comfortable environment and provide communicative opportunities for students. They are also the supporter, guider and facilitator as well.

Equal Teacher-student Relationship is also of great importance. Teaching and learning activities are the bilateral activities to both the teachers and the students. Building credibility for students, enhancing mutual understanding and creating a harmoniously interpersonal relations so that we can conduct effective teaching. We have to change the traditional division dignity of the old ideas in order to fulfill the establishment of democracy, equality of teacher-student relationship. Teachers should respect and love their students while the students should trust, respect and actively cooperate with the teachers during the teaching activities.

Teachers should let his or her students be the major roles, which dose not mean that the teacher would be an audience. Instead, they should have a more important role of being a director to direct the whole teaching process and lead the right direction for the students. The basic relation between teachers and students should be just like friends who could understand each other and exchange ideas with each other.

2. Interest

Interest is the best stimulus of study. If students lack interests in learning English, no matter how colorful and useful your lesson is, they will ignore your existence let alone study. So if we want to improve the effectiveness of interactive language teaching, we should raise students' interest in learning first. Most students are active and keen on the changeable and relaxing learning environment, the TBA happens to meet the students' needs, and is being widely used in high school English teaching now. But TBA can not be useful unless combined with the reality in high schools. From the current situation of English teaching in high school, we should know that a lot of problems cannot be settled in a short time. For example: teaching environment, the students' study psychology etc. Under this particular environment, teachers must bring out students creativity if they aim to achieve good teaching result.

If the teachers find something they are interested in, such as delicious food, stars or new movies, the students will feel excited about these issues and pay full attention to the teaching content. As we all know, a good beginning means a good ending.

3. Task-designing and Guiding Principles

How can we design tasks properly is a big problem ahead of us. It will influence the application of TBA in high school English teaching. Breen suggests that teachers need to address four sets of questions when designing tasks:

— What is the objective of the task?

— What is the content of the task?

— How is the task to be carried out?

— In what situation is the task to be carried out?

With the answers to the above questions in mind, we move on to some specific steps in designing tasks. There are basically five steps：

The first step: think about students' needs, interests, and abilities.

The second step: brainstorm possible tasks.

Brainstorm a list of communicative tasks for the topics listed in your textbooks that students may be interested in doing. Bear in mind that a task should have a communicative purpose and should be goal-oriented.

The third step: evaluate the list.

You can use the following criteria to evaluate the tasks after you have brainstormed the possible ones.

The fourth step: choose the language items.

You need to work out the possible language knowledge and skills needed to complete the task. If necessary, some exercise-task or pre-task language practice may be designed to prepare students linguistically for the task.

The fifth step: preparing materials.

At this stage, you need to prepare the materials that the students need to carry out the tasks. It is necessary to support the students for tasks which involve the holistic use of communicative language.

Principals Which Guide Task-based Designing.

As regarding for TBA, there are some constraints that teachers need to be aware of. In order to achieve the goals in English teaching and learning classroom, many tasks will usually be done in a framework which has been developed over a period of time and proved to be effective. According to the characteristics and theories of task-based teaching principles, we design the tasks in line with the following principles. There are six principles:

(1) The Transparency Principle

The instruction and the provision of information used during class must be clarity to make the teachers understood.

(2) The Authenticity Principle

Provide students with clear, authentic information when designing tasks so that students can experience and learn language in a real, natural or virtual condition. Scenario design should be close to students' daily life, thus, students can easily know what the point is.

(3) The Form-function Principle

Language designing should pay attention to the combination of language form and language function. Based on the language form learning and through a series of tasks training, the students can understand the function of language and practice it in reality.

(4) The Task Dependency Principle

The task designing should go from easy to difficult, from simple to complex and at last be formed from primary task to advanced task.

(5) Learning by Doing

Teachers should guide the students to learn language through completing specific tasks and to implement specific actions according to specific learning purpose. By completing a specific task to gain relevant practical experience, students would taste the joy of success and increase interest and develop their ability to use language.

(6) Learning Strategy Principle

Task-based teaching model emphasizes to be student-centered. It is the students themselves that take the initiative to explore language learning. In this process, teachers should help students develop effective strategies and discover their individual potential and strengths so as to form the habit of self-learning.

4. Effective Interactive Language Teaching

(1) Creating a Lively Classroom Atmosphere

Many students feel difficult and scared about learning English. So, it is the teachers' duty to create a lively classroom atmosphere. Such as, treat every student equally and even regard them as important as the teacher himself or herself. Under this circumstance, students would feel more comfortable to learn.

Classroom atmosphere can be the key to achieving a successful lesson. But how can we build good classroom atmosphere? Only through establishing a green communication channel between students and teachers can there be loose, democratic, harmonious atmosphere.

Finally offer conditions for teacher-student interaction. Teachers and students are of equal importance in classroom teaching and learning activities. They are both the information sender and the recipient and processor of information.

There are many factors that restrict the quality of classroom teaching. And there are also many kinds of teaching methods and means to improve teaching effectiveness. If we pay enough attention to teacher-student interaction, we can achieve a better result and realize the expected goal of teaching.

Teaching methods are important factors that affect classroom atmosphere. What kind of atmosphere the class is has direct and close connection to the teaching method. Past practice has proved that the traditional English teaching will do harm to active classroom atmosphere and the enthusiasm of the students. The traditional English class focused on distributing knowledge. It is an individual activity with the guiding principle of "teacher of the students". Under such circumstance, teachers are actors while students are the audiences. This kind of traditional teaching method is also contrary to the purposes and objectives of foreign language teaching. Language is a communication tool for people, and its teaching should aim to develop communication abilities. It is necessary for the teachers to change the traditional teaching mode gradually, giving full play of their role and highlighting that it is the students themselves that should be the major roles in learning. Teachers should make good use of every minute in the classroom, taking knowledge as the thread and students as the center. All this must be carried out on the basis of the General Outline in order to nurture students' ability of using English in all-round way by incorporating multimedia.

(2) Holding Various Activities

Teachers should carry out various extra-curricular activities to build English environment outside the class. It is very helpful for the students to think like native Englishmen under the influence of the activities. Besides, we can also organize summer camps and outdoor activities. Last but not least, teachers should guide and encourage the slow-learners to build full participation in the harmonious interaction of English.

To sum up, organizing effective interactive English learning and teaching is a very important way for the students to learn English well. Teachers should consider its own teaching styles, the teaching requirements of the school and the specific circumstance of the students, then, adjust and improve their teaching through using skills selectively and flexibly. Only by this way can teachers achieve harmony and unity of teaching and learning so that they can help students improve their English.

Conclusion

So far, this paper has covered many aspects of task-based approach. TBA stresses holistic and realistic input and output and the focus on the learning of the students, rather than on a set of discrete language knowledge, and the tasks can contribute to whole-person development — not just linguistic development. The attention to students' needs, interests and abilities means that teachers should vary their teaching styles to take account of the different ways in which we learn.

In TBA, it is important to find a balance between the focus on holistic communication and the focus on form (i.e. individual language points). Traditional aspects of language teaching, such as grammar, vocabulary and individual skills, should not be neglected because they all play a supportive role in enabling the students to handle the tasks. It is important to know that accuracy and fluency are not opposites or alternatives. If a student can communicate fluently, this does not necessarily mean that they can communicate quickly. It means that they can get their message across very effectively, and this, in turn, is often a consequence of their accurate use of appropriate language.

If prepared with care, TBA is a very flexible form of teaching and learning. It cannot only cater for different learning styles but also allow the teacher to focus on meaning as well as form. The attention to students' needs, interest and abilities offers chances to energize students' learning.

To conclude, it is important to remember that a method or approach is effective only when it is appropriate to the teaching context. Therefore, when a new method or approach emerges, it is unwise to simply cast away the traditional ones and to follow the trend. The best thing to do is to develop one's own teaching methods based on the context of where one teaches and integrates the merits of different methodologies to serve the purpose of one's teaching goals and the needs of one's students.

Notes

[1] 百度文库. 在任务型教学中运用评价课堂表现方法的研究. [EB/OL]. http://www.eduzhai.net/edu/306/jiaoxue_79977.html.

［2］杨建国.Application of TBA to teaching English vocabularies in colleges. ［J］.科技信息，2009：97-100.

［3］Skean. p. A Framework for the Implement of Task-based Instruction［J］. Applied Linguistics，1996：20.

［4］Pauline Foster. Key concepts in ELT［M］.Oxford：Oxford University Press.1999：69-71.

［5］龚亚夫，罗少茜.任务型语言教学［M］.北京：人民教育出版社，2003：38.

［6］Brown.H.D.Principles of Language Learning and Teaching［M］. Beijing：Foreign language teaching and research press，2001.

Bibliography

［1］Skehan，P. A Rationale for Task-Based instruction［M］. Oxford：Oxford University Press，1998.

［2］Nunan, D. Communicative Tasks and the Language Curriculum［J］. TESOL Quarterly，1991（25）.

［3］Ellis. R. Task-based Language Learning and Teaching［M］.Oxford：Oxford Press，2003.

［4］Brown.H.D.Principles of Language Learning and Teaching［M］. Beijing：Foreign language teaching and research press，2001.

［5］李岚清.在外语教学座谈会上的讲话［J］.中小学外语教学，1996（10）.

［6］施丽华.从PPP到TBL——中学外语教学创新［J］.科学出版社，2002（10）.

［7］龚亚夫，罗少茜.任务型语言教学［J］.课程·教材·教法，2003（3）.

［8］丰玉芳，唐晓岩.任务型语言教学法在英语教学中的运用［J］.外语与外语教学，2004（6）.

［9］江萍.中学任务型教学方法探讨［J］.华章（教学探索），2006（4）.

[10] 檀卉芳.任务型英语教学中如何设计任务[J].读与写（教育教学刊），2008（8）.

[11] 张莲春,尹敬勉.任务驱动教学法在教学中的应用探讨[J].中国校外教育，2009（07）.

（作者简介：黄绍璇，湖南省宁乡市第七高级中学教师）

情境教学在高中英语教学中的作用

❧ 周红平 ❧

英语课是一门实践性很强的工具课程。要遵循英语教学规律，处理好语言基础知识和语言能力之间的关系。高中要加强英语基础知识的教学和基本技能的训练，指导学生更好地进行语言实践，培养学生运用英语进行交际的能力。教师要结合生活实际和学生今后使用英语的需要编写各种有助于开展交际活动的材料，设法创造交际活动的情境，开展多种形式的交际性活动，例如角色表演（Role play）、调查、讨论、辩论、采访、写便条、写信、记日记等，使学生能有充分的机会使用英语表达自己的思想。

一、高中英语课堂情境教学的内涵及特点

1. 情境教学的内涵

情境教学是一种以学生为主体，教师为指导，以学生体验性的学习活动为主要活动的教学，是置学生于真实语境中学习真实语言，是 learn English 而不是 learn about English。这就要求教师在授课时坚持用英语组织教学，引导学生用英语思维。教师要用自然、形象的表演，靠身体的语言、多变的手势、丰富的表情和抑扬顿挫的语调去设计语言环境，使学生身临其境，能在欢乐的气氛中获取知识并积极参与言语实践活动，使教与学都能和谐地达到预期效果。情境教学的目的是：

（1）让学习的过程充满快乐，培养学生的兴趣、成就感和自信心。

（2）将语言知识和语言结构同语言功能和运用有机结合，在体现语言系统性的同时，注重知识与能力的内在联系，把握好培养学生听、说、读、写综合语言运用能力的目标。

（3）注重培养学生的学习策略，教会学生怎样学习，把学生培养成积极主动的学习者。

（4）帮助学生在学习语言的同时，丰富文学、自然科学和社会科学知识，接触和了解科学的方法，学会尊重不同的文化习俗。

综上所述，情境教学就是教师根据学生的年龄特点和心理特征，遵循反映论的认知规律，结合教学内容，充分利用形象，创设具体生动的场景，使抽象的语言形式变成生动具体的可视语言，创设尽可能多的英语语言环境，让学生尽可能多的接触和感受英语，说英语，用英语思维，用英语做事。

2. 情境教学的特点

教学法一旦触及学生的情绪和意志领域，触及学生的精神需要，便能发挥其高度有效的作用。（赞科夫）情境教学正是触及长期被忽略的学生的情绪领域，形成了它独特的个性，将言、行、情景融为一体，有较强的直观性、科学性和趣味性，学生仿佛置身其境。情境教学可激发学生的学习激情，培养学生浓厚的学习兴趣，促成学生智力因素和非智力因素的发展，从而在整体上正确理解和应用语言。情境教学的特点即"形真""情切""意远""理寓其中"。在英语教学中运用情境教学，会让学生感到"易""趣""活"，这就极大地提高了课堂教学的效率。课堂上不再是那种没完没了的单调重复的各种习题和可有可无的乏味的问答；学生的视野、学生的思想，也不再被禁锢在小小的教室里；那鲜明生动的形象，真切感人的情意以及耐人寻味的哲理，使教学变成了具有吸引力的有趣活动。

二、情境教学在英语教学中的作用

随着高中英语新课程标准的实施和不断推进，我国高中英语教学又一次面临改革和挑战，广大英语教师正在进行一场振奋人心的英语教学实践。在每个教师的心目中，首先应该看到的是生龙活虎般的，有情有义、蕴藏着潜能的活动着的学生，他们与成人所不同的就是，比成人具有更大的可塑性，更有真挚的感情，更充满生气。面对这样的学生，服务于这样的学习活动主体，教师绝不可越俎代庖，以知识的讲授替代主体的活动，而应该把他们带入优化的情境中，使他们在暗示、移情、角色、心理学的作用下，伴随着情感主动地参与教育教学过程，主动地活动起来，进行感知的活动，语言的活动，思维的活动，触摸模仿、操作等肢体的活动，加上通过图画、音乐、戏剧创造情境，于是有了包括唱歌、跳舞、表演等在内的艺术的活动。可以说没有学生的活动，就谈不上学生主动地参与，更谈不上学生知识能力和智力的发展。大教育家夸美纽斯的"泛智主义课程论"就强调"要使活动的训练跟认识活动结合起来","在认识事物的时候进行实际活动",杜威的活动课程论更突出了活动在学生获取经验中的重要地位。在优化学科的情境中,他们是作为完全的人、整体的人存在而活动的。所以,学科情境课程,以优化的情境为空间,根据教材特点营造、渲染一种优美的、智慧的情境。以前对学生只重视笔头应试能力,而现在却要求学生听、说、交际能力与笔试能力同时并举,所以在实现由"应试教育向素质教育转变"的过程中,应该说,首当其冲的是学科课程的改革。进行课堂改革,优化课堂教学,课堂情境教学当仁不让,成为当前很多一线教师的首选。因此,我们要尽力为学生营造一个融视、听、说于一体的语言环境,而营造这个环境的有效教学手段就是情境教学。情境教学在高中英语课堂中有着极其重要的作用,表现在以下几个方面。

1. 有利于营造良好的语言环境

中国学生学习英语最缺乏的就是语言环境,学生感到英语学习枯燥、机械,从而失去兴趣,产生畏难情绪。情境教学能解决这一问题,因为这一教学方式主要是教师通过语言、教具及各种教辅设备,使语言内容直观,易被学生吸收,从而降低教学过程的难度,激起学生兴趣及自主学习的欲望,为学生营造一个融视、听、说于一体的语言环境,使学生犹如身临其境,有利于调动他们的非智力因素,加深对学习对象的理解,完成对知识的掌握。教师在轻松愉快的情境或气氛中引导学生产生各种问题意识,展开自己的思维和想象,寻求答案,分辨正误,在这样的教学中,思维的"过程"同"结果"一样重要,目的在于使学生把思考和发现体验为一种快乐,而不是一种强迫或负担。

2. 有利于建立良好的师生关系

教学本是一种特定情境中的人际交往,情境教学更强调这一点。在情境教学中,师生间相互信任,相互尊重,相互了解,彼此之间形成一种默契。师生关系成了在共同的学习情景中的"相遇"关系。在这种"相遇"中师生进行着平等的对话,在对话中进行着知识与智慧的交流,在交流中进行着精神与意义的沟通,在沟通中感悟着生命的意义与价值。教师尊重学生在教学中的主体地位,鼓励学生"独立思考"和"自我评价",培养学生的主动精神和创新精神。教师在情境教学中从学生的实际出发,使学生在完成学业的同时得到如何做人的体验。它意味着一切教学活动都建立在学生积极、主动和快乐的基础上,从而营造出良好的教学氛围。

3. 有利于使学生获得感性材料，把理论与实际联系起来

情境教学法的基本要求是要使学生有看到、听到甚至摸到的学习对象，充分调动学生运用各种感官感知学习的对象。语言学习更需要学生利用口、耳、眼、脑全方位地感知学习对象。美国应用语言学家克拉申在他的第二语言学习习得理论中提出了"输入假说"（Input Hypothesis）论。克拉申认为，习得是在可理解的语言输入（Comprehensible Input）的基础上形成的；输入之所以能够被理解，是因为有语境（Context）的帮助。由此，我们可以看出，在第二语言习得的问题上，克拉申强调的是外部语言环境。从语言和认知的发展关系来看，人的语言器官和大脑的发达程度给人类学习语言提供了生理基础，而丰富的文化社会环境则给后天的语言学习者提供了良好的条件。在英语学习过程中，教师的主导作用就体现在为这两者之间架设一条行之有效的桥梁，而这个行之有效的桥梁就是语言环境。塑造良好语言环境的手段，无疑是情境教学法。正如克拉申所提出的，语言学习的输入必须是大量的，其目的是为了使习得者在丰富的语言环境中得到渲染和熏陶。

在情境教学过程中，有一个重要原则是教师必须掌握的，即快节奏、大容量。这是符合克拉申的上述理论的。教师通过展示实物、图片、放映幻灯片、教学电影等，尽可能让学生运用各种感官，去充分感知学习内容，获得最大量的信息，从而加深对学习内容的印象，把课文内容与实际情境、事物联系起来，以帮助学生形成正确的、深刻的概念。在实际的教学过程中，这样的教学方式不仅能使课堂更加活跃，而且教学效果也更加显著。现在越来越多的教师已开始接受这一教学理念。

4. 有利于调动学生的非智力因素，集中注意力，巩固知识

在教学过程中，教师要随时注意调动学生的积极性和主动性。这就要求教师既要考虑如何使学生集中思维，又要考虑如何调动其情感、兴趣、愿望、动机、无意识潜能等因素对智力活动的促进作用。如果我们能意识到这一点，就会把学生视作理智与情感同时活动的个体，就会想方设法地去调动学生身心各方面的潜能。无意识与意识统一，智力与非智力统一，其实就是一种精神的集中与愉悦并存的状态。这时，人的联想在自由驰骋，情绪在随意起伏，感知在暗暗积聚，技能在与时俱增。这正是情境教学要追求的效果。可见，在语言学习中，兴趣、注意力、心理因素等非智力因素也起着非常重要的作用。非智力因素是语言学习者在学习语言的过程中不可缺少的补充。在许多中外结合的

家庭中，儿女在成长的过程中能在较短的时间内会讲两种语言的事例有很多，这证明了诸如兴趣、环境、亲情等非智力因素对学习语言的重要性。教师在教学中应充分调动学生潜在的非智力因素。情境教学正是运用了将视、听、说融为一体的这一手段，充分利用学生在学习中的这些非智力因素，把学生的注意力、兴趣引导到学习对象上，进而使学生对学习对象获得深刻、完整的理解，并易于巩固。

值得注意的是，在运用情境教学时，教师应引导学生把注意力放在学习对象这一主要方面，不要使其注意力分散到一些细枝末节上。要做到这一点，首先教师在上课时应对学习主要内容进行必要的说明，并提出明确的要求，同时要提出一些相关的问题，使学生明确学习目的。其次，在学习过程中，教师不应使学生产生畏难、焦虑甚至抵触情绪，而应该尽量使他们有一种轻松、快乐、自信的感觉，进而达到寓教于乐的目的。

实施情境教学，提高课堂效率，是一项长期工作。英语教学改革并不会一蹴而就，需要循序渐进，不断摸索。正如英国教育家怀特所说："所有有实际经验的教师都知道，教育是一个一分钟一分钟，一小时一小时，一天一天地耐心掌握细节的过程，不存在一条由灿烂的概括铺成的空中过道通往学问的捷径。"因此，教师要遵循循序渐进的原则，明确教学目标，安排好教学课堂，有计划地进行课堂情境教学。只有这样，英语课堂情境教学才能取得预想的效果。

参考文献

[1] 李吉林. 情境教学理论与实践 [M]. 北京：人民日报出版社，1996：59.

[2] 高霞. 活动课程理论与实践 [M]. 上海：上海科技教育出版社，1997：21.

[3] 郑美丽. 运用情境教学 提高课堂实效 [J]. 考试（教研版），2008（03）.

（作者简介：周红平，湖南省宁乡市第二高级中学教师）

基于学科核心素养的高中英语语法教学探究

☒ 阳烨 ☒

一、语法教学实验背景

英语语言能力是英语学科核心素养的基础要素。学习语言知识的目的是发展语言运用能力。语法作为语言内在的结构规律的总结，是语言知识的重要组成部分，是语言交际的基础，影响语言交际的流利性和准确性。高中英语语法教学，要针对学生的语言能力、思维品质、文化意识和学习能力这四个核心素养维度，运用恰当的方式，使学生自觉灵活地运用语法规则表达思想。

现行高中英语教材编制遵循了信息加工理论，将同一个语法知识内容分散在几个单元中，重视学生在真实的情境中体会语言的使用规律，让学生在观察、探究、理解的过程中，形成概念，初步运用，巩固加强，强调发挥学生的自主意识，符合中学生的认知特点。

二、基于核心素养的高中英语语法教学方式

（一）使用微课学习语法

微课是以微型教学视频为主要形式，教师针对某个学科知识点（如重点、难点、疑点、考点等）或教学环节（如学习活动、过程、实验、任务等）而精心设计和开发的一种可视化的、支持多种学习方式的数字化学习资源。教学设计、创意和教师的教学智慧是微课的关键因素。好的微课重视教学策略，关注学习者的需求，紧扣学生最近发展区，在创意上让人耳目一新，很好地获取学习者的注意力，创设自由快乐的学习体验，让短短几分钟的微课带有艺术气质的美感或闪现智慧火花的幽默。在一个学习使用do/does/did强调动词的微课中，制作者首先用如何表达"我真的真的很爱你"引入，然后用《Big Big World》这首歌中的"I do do feel ..."这句歌词解释强调谓语动词的强调句型，

并回答如何表达"我真的真的很爱你"。接着，讲解了使用do/does/did强调谓语动词的强调句型。最后是巩固和总结。这个动画微课非常有创意，集动画、音乐、知识于一体，通俗易懂，趣味性强。

（二）创设生活情境，让学生运用语法

语法学习是为了运用，因此在语法练习及测试中要以实际运用为主，让学生在语言交际中运用语法规则，逐步掌握。正如本杰明·富兰克林所说："Tell me and I forget, teach me and I remember, involve me and I learn." 在复习名词性从句时，恰逢我校女子篮球队荣获县竞赛第一名，笔者编写了以下短文：The good news that the Girls' Basketball Team has won the first prize makes us excited. It is obvious that the news is a great honor to our school. However, the girls are not satisfied with the result. Their hope is that they can make greater progress in the future. 笔者让学生朗读短文后分析、探究各种从句，然后布置学生仿照短文，就一个生活事例写一篇短文要求文中包含四种名词性从句，并在当堂课中朗读。

（三）让学生从真实情境中观察、归纳语法

笔者在上主谓一致复习课时，编写了一篇与真实情况相符的文章，首先让学生完成语法填空，然后朗读短文，观察、归纳主谓一致的知识，学生在真实的情境中展示了高度的学习热情，受到极大的鼓舞。文章如下：Morning, everyone. My name_____ (be) Lin Feng. I'm from Class 175, which_____ (be) a united big family. Now our class_____ (be) having an English class. About 60 percent of our class_____ (be) boys. Both the boys and the girls_____ (study) hard because every boy and every girl_____ (want) to go to university. In our classroom, there_____ (be) a teachers' desk and 59 students' desks. The headmaster and chemistry teacher_____ (be) Mr. Lu, who_____ (be) energetic. Mr. Lu together with other teachers_____ (try) to help us study all the subjects well. None of the teachers and the students_____ (be) not confident of success. Seven month_____ (be) not a long time. What we should do_____ (be) make the most of every minute. Come on, my dear friends.

（四）创设故事情境，让学生运用语法

在复习虚拟语气时，笔者利用多媒体向学生展示了一幅一个人因失误引发了一场火灾的图片，要求学生写出这个人的反思。以下是一个学生所写的句

子：If I hadn't thrown the lighting cigarette into the hay, there wouldn't have been the fire. But for the fire, I wouldn't be in prison now. Should I not be more careful in future, I would ruin my future.

（五）创设表演情境，让学生运用语法

创设表演情境是指让学生在交际活动中掌握并运用语法规律。例如，在复习直接引语和间接引语时，可让学生进行这样的表演活动：

A：Could I borrow your dictionary, please?

B：What did A say just now?

C：She asked if she could borrow your dictionary.

A：Certainly. Here you are.

D：Open the door, please.

E：What did D say?

F：He asked you to open the door.

E：OK.（E opens the door.）

……

（六）创设顺口溜，帮助学生归纳语法

英语知识点繁多，对于一些语法，学生要记清楚是很困难的，教师应想方设法帮助学生记忆。在总结接动名词作宾语的动词时，笔者编写了以下顺口溜来帮助学生记忆：我<u>承认</u>（admit）自己<u>忍不住</u>（can't help）要<u>报道</u>（report）一件<u>值得</u>（be worth）的事情。<u>允许</u>（allow/permit）你们<u>反复</u>（keep on）<u>考虑</u>（consider）我的<u>建议</u>（advise/suggest），要<u>明白</u>（understand）<u>禁止</u>（forbid）<u>错过</u>（miss）<u>完成</u>（finish）<u>包括</u>（include）<u>喜欢</u>（enjoy/appreciate）和<u>厌恶</u>（dislike）的<u>想象</u>（imagine）<u>练习</u>（practise）题目。我<u>不能容忍</u>（can't stand）也不会<u>原谅</u>（forgive/pardon/excuse）你们<u>放弃</u>（give up）或<u>推迟</u>（put off/delay），既然你们<u>突然开始</u>（burst out）并想要<u>忙于</u>（be busy）此事，就<u>坚持</u>（insist on）并别<u>介意</u>（mind）<u>冒险</u>（risk）。

（七）创设经典例句或者选择名言谚语，帮助学生攻破语法难点

语法规律的陈述可能晦涩难懂，以致学生难以形成清晰印象，会厌倦这些条条框框。好的例句可以突破这个难点。经典的例句能够形象生动的帮助学生掌握复杂的语法现象。例如，在讲带复合宾语的with结构时，笔者选择了以下经典例句让学生背诵：

1. I couldn't do my homework with all that noise going on.（现在分词作宾语补足语）

2. With all problems solved, we felt relieved.（过去分词作宾语补足语）

3. With a big smile on her face, Miss Zhao came into the classroom.（介词短语作宾语补足语）

4. With nobody in, he went away.（副词作宾语补足语）

5. Last night, he slept with the windows open（形容词作宾语补足语）

再如，在学习形容词、副词比较等级时，笔者引入了以下名言：

Imagination is more important than knowledge.（想象力比知识更重要。）

Actions speak louder than words.（行动比语言更具有说服力。）

The hotter the fire, the harder the steel.［火烧的越旺，（锻造出来的）钢铁就越坚硬。］

（八）使用表格或思维导图归纳语法

在学完定语从句后，教师可用以下两个表格归纳总结定语从句中关系词的用法。

关系代词或关系副词	指代	在定语从句中充当的成分
that		
which		
who		
whom		
whose		
as		
when		
where		
why		

思维导图能图文并茂地把抽象的发散思维图像化，促进知识结构的可视性和有效性的生成（东尼·博赞、巴利·博赞，2009）。例如，总结非谓语动词的基本用法时可用以下思维导图：

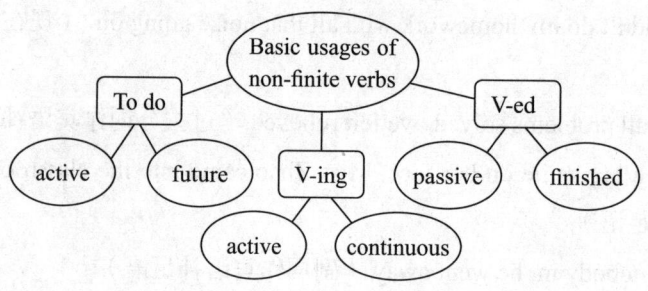

三、结语

随着人们的语言认知和语言使用的不断发展,作为组织语言的语法,当然也在发展变化。语法教学绝不是简单的传授知识,它要求教师在实践中认真思考、认真研究,不断挖掘和探索新的、适合学生实际情况的教学方法,以学生为主体,将语法教学与语言技能的培养结合起来,提高学生实际运用英语的能力。

参考文献

［1］徐筱滢.高中英语不可忽视语法教学［J］.中小学英语教学与研究,2005（10）.

［2］李良勇.语法教学与教育心理学原理［J］.中小学英语教学与研究,2004（6）.

（作者简介：阳烨,湖南省宁乡市第六高级中学教师）

Minimizing is Maximizing
— Learn to be a more effective teacher

◎ 谢 芳 ◎

When I think back on my own experience of being taught in England, it is Gary and Vic that I can remember most. Actually, Gary is the one who did least talking in class. My memories of his lessons are of what we did, rather than what he did, of our learning rather than his teaching. I'm sure he must have done lots of thinking before coming into our classroom as he really sparkled my thoughts and enabled me to think about my own problems in teaching as well as how to deal with them when teaching in China. Compared with him, Vic seemed more dedicated as she always carried piles of handouts into the classroom and we could see her lips moving throughout the two hours of teaching. How tired she was! However, in my eyes, she was not the sort of teacher I want to follow because she used more mug-and-jug than she should have and she was not very good at building effective working relationships and a good classroom atmosphere. More handouts don't necessarily lead to increased learning.

Now I have been teaching English for 17 years and have always been thinking about how to be a more effective teacher. After learning methodology in England for some time and doing some reading myself, I found myself in a completely new world of thinking and learning. Talking of English teaching, what I want to put emphasis on is how to become a minimax teacher instead of a hardworking one without creative ideas. A German-American architect, Ludwig Mies van der Roheonce, who is widely regarded as one of the pioneering masters of modern architecture, is often associated with his quotation of the aphorisms, "Less is more".

From my point of view, a good teacher must think like a good architect helping students construct their own studying system. More apparently, an effective teacher must learn to minimize his input and maximize students' output.

How can teachers succeed in doing that? It's a daunting challenge to every teacher, I'm afraid, especially for English teachers working in China, who have to face a very large class with 50 students or more. For myself, I'd like to do more preparation work before walking into the classroom, less teaching in class and more feedback after class. Below is my understanding of how to become a more effective teacher.

I. A teacher is a good designer for his class teaching

When it comes to planning lessons, experienced teachers are more selective in using the information provided by others and using authentic materials to help with their teaching. The more preparation work teachers do, the simpler their teaching materials can be and the more their students can get out of it. This is what I call minimizing the input and maximizing students' output.

For my teaching, I prefer to form a mental framework of how I want this lesson to proceed. As we only have 40 or 45 minutes for an English class every day, we really have to design our class teaching procedures with great efforts. The lead-in should not be very long and it must be appealing and closely related to what we are going to learn in this class. Of course, questions are a necessity in every class, so we teachers should bear in mind that open questions are more powerful than closed ones to stimulate students' imagination. And it's important that teachers ask questions in a clear and unambiguous way. The teachers' sensitivity to students' need is the most important of all skills involved in effective teaching. This refers to the ability of the teacher to plan lessons and adapt and modify their delivery by taking account of how the lesson will be experienced by different students and foster their learning. It's meaningless to attempt to evaluate the quality of a lesson plan without taking into account how well it meets the needs of the students in the context in which it will take place. What's more, they are able to use their repertoire of how to set up and deliver student-generated activities, which is non-existent for beginning teachers.

Once students become more interested in study, they will have motivation to learn by themselves, which means they can learn more in and out of class.

II. A teacher is responsible for instructing students' learning

As a famous saying goes, the best horse needs breeding, and the aptest child needs teaching. A teacher is not only a good organizer for the activities in class but also acts as a good instructor for students' learning. Learning in class is important, but self-study after class seems as indispensable as in class. To some extent it is more important as students can learn much more through different activities. Thus, it is teachers who have to give students out-of-class work and at the same time right instructions to sustain students' progress. However, always remember giving instructions is best done in the presence of silence. To make sure every student is clear about what the teacher has said, it's not a bad idea to do ICQ in the front of the classroom. Teachers say very little while students are busy doing their work.

A hardworking teacher is not necessarily an effective one. Instead of giving students a fish, it's much better to teach them how to fish. So, giving students some English websites where they can read and listen is what I will certainly do for my students. What's more, I provide various topics for my students to practice their spoken English three times a weeks and arouse their awareness of using English for communication. Of course, after some time, these activities will be conducted by my students not me. It is students that should learn how to share responsibility and correction in the course of learning English. When students are given more opportunities to get involved in their English learning, they'll come to realize learning is not a destination but a long process with great fun. By instructing student's learning with effective measures, teachers can reshape their way of teaching in the past and try to be a minimax teacher with more creative ideas in the future.

III. A teacher is good at reflecting his teaching

Learning without thought is labor lost while thought without learning is perilous. It is the same with teaching. In my school we English teachers have a meeting once a week to discuss some problems in teaching. We also require all English teachers to attend a lesson given by a certain English teacher and then sit together and make comments on it. To talk about this lesson, we need reflective thinking. Have the students gained as much as they are expected to? Are there any wonderful moments in class that are worth remembering? Are there any words that the teacher should not have said or should have? Are there any procedures that should have been skipped? Have students asked some questions beyond the teacher's ability? If these things happened again, what could we teachers do? For example, in some class students can answer all the questions given by the teacher very easily. Then the teacher should ask himself a question: are these questions well designed and worth thinking about? Maybe the students can learn to design their questionnaires next time.

Usually it is the teacher who prepares different tests, but it is often much better for the students if they take part in informal tests again. Here, students take the place of their teacher to design their own progress tests, which will surely contribute a lot to the reflecting on typical types of exam task as well as their teacher's teaching.

Indeed, it is the sense that teaching skills continually need development to improve one's own practice and to meet new demands that makes teaching such a challenging profession. The teacher needs the ability to profit from reflection and practice, and the motivation to do so.

Ⅳ. A teacher is a brave explorer of the using the course book

To be a teacher, one should first be a learner and explorer. Faced with a thick course book, what the teacher must do before teaching? Just explore it thoroughly and know clearly which part is the most important and should be given more attention to. After all, not every page of the book takes the same amount of time and energy. No one makes it a rule that teachers should teach a book from the first page to the last. So it's the teacher's duty to read the course book in advance and make some necessary changes.

No matter how dull the teaching materials are, the teacher is responsible for making it as interesting as he can with a variety of methods. For example teachers can change the medium, exploit the vocabulary, developing the themes and use visuals, authentic materials as well as photos. Just take teaching an English word "priority" for example, rather than ask the students to read the word again and again,

I'd prefer to show them a picture of a seat on the bus on which the sign "priority seats for the disabled" can be found. This way we can help those who are good at visual remember the word more easily and quickly. Adults are unable to focus their attention on things that are dull, let alone students in school. So, introducing something interesting and closely related with students' life is quite necessary in every class. Since students don't have enough exposure to English, using radio news, newspapers and English songs are always good ways to help make our class more lively and effective. In my opinion, the easiest and simplest way to learn is the best way. Minimizing teachers' input is maximizing students' output.

On top of the things above, we teachers should respect our students as people. Generally speaking, we have to try every means to arouse their enthusiasm and awareness of learning. Only in this way can teachers and students share the happiness in class and both get improved in the world of language.

Bibliography and references

[1] Underhill. Learning Teaching [M]. Oxford: The Teacher Development Series, 2011.

[2] Jon Taylor. The Minimax Teacher [M]. London: English Teaching Professional, 2001.

(作者简介：谢芳，湖南省宁乡市第一高级中学教师）

核心素养下语篇训练之内化与外化
——IIO语篇训练实践与探究

    张红梅 张灵梅

  《普通高中英语课程标准（2017年版）》确定英语学科四项核心素养是语言能力、文化品格、思维品质和学习能力。四种取向虽不尽相同，但最终均指向培养"全面发展的人"，该四维核心素养将成为各个学段英语课程核心素养的基础。它体现德育为先、能力为重，强调社会责任感、创新精神、实践能力等。根据以阅读促素养的原理，我们学习并实践了"语言输入—语言内化—语言输出"的语篇教学模式，即Input-Internalize-Output（IIO）模式，通过该教学模式指导下的教学实践，诠释了体现核心素养的英语语篇教学程序及操作应用。

  输入（Input）是获取新知、提高语言能力的过程；内化（Internalize）是深化文章理解、探求问题解决、协商交流、提高思维能力的过程；输出（Output）是模仿词句用法、创新新观点、阐明新见解的过程。这种语篇阅读与实践讲评课，很好地实践了核心素养的落地生根。我们以2015年福建高考试卷为例，探讨这种模式的实施步骤和实施意义。

一、经典输入是前提

  语言输入部分既包括获取信息时的默读，也包括讲评之后的朗读，让学生在读中感知和领悟文本语言的节奏美、韵律美、意境美，在读中积累文化知识，理解异国文化，积累古今中外人文领域基本知识和成果，理解和掌握人文思想中所蕴含的认识方法和实践方法等。

  我们让学生在限定时间内完成2015年福建高考试卷中的一篇完形填空和五篇阅读理解。所选材料原汁原味，体现了跨文化交际意识，锻炼了学生对外国文化的认知能力和辨知力,这十分利于考查学生的综合语言运用能力,符合考生的生活实际、学习特点和认知水平。各种题型的考查,不仅突出了语言的实际运用性,亦突出了试题的时代性,让学生关心时事,关心自己身边的生活,较好地检验了学生的英语学习能力。

二、内化于心是关键

在语言内化部分,我们让学生在阅读基础上借助工具书和网络资源,进行词义查询、长难句分析,理解跨文化表达差异。我们安排了学生分组交流、探讨问题,对文章的内容有不同理解,进行协商,对文章的观点进行价值判断,在相互式的交流学习活动中,学生学会倾听和表达、选择和获取,发展学习能力,培养交际策略。同时,通过学习发现问题、分析问题和解决问题,训练学生分析比较、综合分类、抽象概括等思维技能,培养其学习能力,发展其思维能力。

完形填空的语篇解读:本文为夹叙夹议文,题材是生活态度。Kerry本来是一个事事挑剔、苛刻的女孩,当她最好的朋友遭遇车祸之后,她变得不再刻薄,生活也变得快乐起来。这篇文章告诉我们,不要用一种挑剔的眼光去看世界,要心胸开阔,这种心态能帮我们重拾生活的热情,也会让心中充满爱。

这篇文章无疑对每一个读者都会带来心灵的洗礼,至少有些小小的共鸣。训练以后,我们让学生概括其大意,分析讲解了重点错题。让学生分组探讨几个拓展问题 "Are you critical or easygoing? How to get along with other people?" "How can we let things go to ensure a great life?" 学生在交流中思考、领悟,内化成自身的素养和能量。为了让学生在语境中整合性运用所学知识,把握文章内涵,我们将篇章知识、语用知识向篇章能力、语用能力转化,从而发展学生的语言能力。我们让学生整理该文的好词好句,学生选出了下列句子:

1. One of the easiest things in the world is to become a fault-finder. However, life can be great when you are not busy finding fault with it.

2. She was highly self-critical and also found fault with her friends. She became a really boring person.

3. She learned to appreciate life rather than to judge everything so harshly(刻薄). She was able to transfer her new wisdom to other parts of her life as well.

4. Learn to allow things to be as they are at least—most of the time, and especially when it's not a really big deal.

5. Train yourself to "bite your tongue", and with a little practice, you'll get really good at letting things go. And when you do, you'll get back your enthusiasm and love for life.

此外，五篇阅读理解是绝好的提升核心素养的素材和资源。A篇是一篇说明文，介绍了英国、新墨西哥和巴西的关于食物的传统节日。通过阅读，学生可了解到异国的文化，比较中外文化的差异，在内心建构一定的跨文化沟通和传播中华优秀文化的能力。

B篇是一篇记叙文，题材为学习教育类。文章记叙了在父亲的引领下，穷孩子不断学习，日有所获。全家人相互学习，共同进步。字里行间渗透着浓浓的亲情，父亲独特而给力的continual learning教育方式成就了孩子们美好的未来。"By looking at us, listening to us, respecting our input, affirming our value, giving us a sense of dignity, Papa was unquestionably our most influential teacher. ... His technique has served me well all my life." 教育要回归原点，关注人的发展；关注内化提升、迁移创新，促进语言素养和全面地发展，逐步实现由"教书"到"育人"的过渡。笔者认为，这种无声有痕的教育真正做到了。B篇中 "There's so much to learn." "Though we're born stupid, only the stupid remain that way." 等句子让学生更好地体会了 "It's never too old to learn." 的真切含义，并且在他们的心里也会有一个小小的但很坚定的声音告诉自己："I'm not going to be the stupid man." 另外，学生也会由此联想起自己的父母和老师为他们的付出，更懂得珍惜和感恩。

C篇是一篇应用文，题材为广告信息类。了解这种应用文，能帮助学生提升阅读交流能力。应用文的解题方法也有所不同，通常先浏览问题，然后带着问题在文章中用条读的方法来搜寻相关信息。

D篇为议论文，题材为人生哲理类。人生丰富多彩，它既有挑战，又有快乐。但无论环境如何，我们都要有自己的梦想、希望和愿望。在实现个人梦想的过程中，会出现很多障碍，为了冲破这些障碍，我们需重新选择目标并迅速决定、立马行动。这篇文章结构独特，有些令学生费解，主要考查学生内隐的思维活动。解题时，教师先让学生分类、概括信息，建构新的概念，然后分析、推断信息的逻辑关系，正确评判各种思想观点，理性表达自己的观点，使学生形成英语思维习惯，提高多元思维能力。

E篇为说明文，题材为健康生活类，主要讲述了群体健身活动给人们身体、心理方面带来的好处。文中"Make sure the people you surround yourself with are supportive. Don't let negativity ruin your motivation." 一句铿锵有力，很鼓舞人心。核心素养的自主发展部分涵盖学会学习、健康生活。运动和学习相辅相成，学生阅读之后可以内化为自己前行的动力，努力把自己发展成为全面发展的人。

三、外化于行是保障

学习语言的最终目的是运用，英语教学中语言的运用主要是说和写。在语言输出环节，我们根据课堂内容和学情适当创设了语言输出的环境和机会，比如，让学生勾勒文章脉络，梳理故事情节，谈个人感受等。特别是让学生缩写阅读理解或写读后感，有助于培养阅读策略和深层次理解能力，加快新知识的吸收，有效提升学习者的语言产出表现，特别是准确性、流畅性和复杂性等。这也很好地实践了英语核心素养中的开发思维能力、培养创新精神和发展个性的内涵。高考阅读语料、经典教材和文学作品有很强的可读性，读起来是一种享受，有些作品源自生活，能使学生产生共鸣，再进行拓展写作的输出，能很好地激发学生的想象力和创造力。以下是学生A的阅读感悟。

Today, I read a story about a Papa. The Papa was born in a poor family, which hardly afford school education. Therefore, he made a living by himself at a young age. But he deeply understood the importance of learning. Not only did he learn from the world as much as possible, but also he insisted that all of his children should share their new learning at dinner time every day. They really enjoyed it and the continual learning served them well.

What makes me touched are these words, "Though we're born stupid, only the stupid remain the way." People are born different. Although we fall behind many people. We can also change our life by making consistent efforts. If we can gain much knowledge and others' respect by continual learning, even improve our social status, why not have a try? Stick to learning from books, from outstanding people and from the world, and I'm sure the future will be much better.

另外，学生很好地领悟和内化完形填空题之后，还进行了很好的输出。

以下是学生B的感想内容。

I'm really impressed with the passage that I read yesterday. It was about a harsh girl who always found fault with herself and her friends, which even made her best friend badly hurt in a car crash.

Finding faults with life is an easy thing. However, it can not only make ourselves unhappy but also do harm to our relationship with others. Actually, we can't ignore problems, but if we are sharply critical of the world, it may lead us to a blind alley.

Then, how can we keep critical properly in our daily life? Firstly, try to bite our tongue when necessary, as it can be one of the useful ways not to bother other people and ourselves as well. Secondly, be tolerant, for those who know how to tolerate others can naturally lead a happy life. Finally, express our opinion only when it is more necessary than keeping silent.

No one is perfect. Therefore, we should learn to let things go. Only in this way can we live a simple and wonderful life.

英语学科"四维核心素养"应在语言能力、文化品格、思维品质和学习能力四个方面全面体现英语学科的"育人"价值，也就是说，现在的英语教学不但是在教知识，更是在知识讲授的基础上，培养学生的综合能力与思维品质。在我们看来，核心素养不仅仅是育人，更是育人与育己的双向结合。现在的教育改革，实质上是一场观念革命、思维革命、认知革命，教师应该通过教学理念与模式的转变，先育己，再育人，又育己，再育人……如此循环往复，形成良好的螺旋上升。一方面提升了学生的学习兴趣，使他们学以致用，开拓创新；另一方面对教师也起到了正面的积极作用，所谓教学相长，教师在这样的教学中感受到活力与潜力，不断提高自己的教学水平，那么英语学科的基础教育也就得到了整体性的提高。

"四维核心素养"相辅相成，要在课堂教学这块主阵地认真实践，使之落地生根。教师核心素养的深度、广度，将决定英语课堂发展学生核心素养的成效。教师需要认真研读和分析文本，梳理语篇主题意义，确保教学设计情境化、问题化、活动化，体现综合性、实践性和关联性的学习过程。在主题意义探究和解决问题的活动中，整合语言知识学习和语言技能发展，体现文化感知和品格塑造，发展思维品质和语言学习能力，努力从表层学习走向深度学习。

教材、高考真题和经典文学作品是最好的学习语料资源，教师应带领学生充分地挖掘、利用和拓展，研读文本、重视情境、梳理主线、构建结构化知识、关注内化提升、迁移创新，简言之，广泛输入—深度内化—拓展输出，从而促进学生核心素养的提升。

参考文献

［1］中华人民共和国教育部.普通高中英语课程标准（2017年版）［S］.北京：人民教育出版社，2018.

［2］程晓堂，赵思奇.英语学科核心素养的实质内涵［J］.课程·教材·教法，2016（5）.

（作者简介：张红梅、张灵梅，湖南省宁乡市第一高级中学教师）

第四部分　教学手段

——彭建伦高中英语名师工作室教育教学思考和实践

多媒体是把"双刃剑"
——浅谈高中英语教学中多媒体使用的度

☒ 谢 芳 ☒

多媒体教学是现代教育采用的最多的教学手段。如今很多课堂上，动画美轮美奂、音乐荡气回肠、语言气势恢宏，学生恍若观看一场艺术表演，精彩的场面让人目不暇接。笔者使用多媒体从事高中英语教学多年，感觉多媒体在给教学带来便捷的同时，也带来了一些负面影响。多媒体是把"双刃剑"，因此在高中英语教学过程中需要把握好多媒体使用的度。

一、多媒体在英语教学中的优势

（一）创造轻松环境，促进自主学习

多媒体是集图、文、声、像多种功能为一体的技术，教学内容丰富、情境逼真，深受师生喜爱。巴甫洛夫说过，在学习过程中，如果有多种器官参与，就可以提高大脑皮层的兴奋性。心理学研究表明，人类接受信息主要是通过视觉、听觉等五种感官进行的，其中视觉占83%，听觉占11%。人类感官对事物的记忆，只用耳朵听可以记住15%，只用眼睛看可以记住25%，而两者结合可以记住65%。利用多媒体技术，我们可以使用视频进行生动的展示，能充分表现教学内容，突出重点难点，使原本单调的教学活动充满魅力，有效地激发学生的学习兴趣。

英语教学少不了听、说、读、写的训练。有了多媒体，笔者感受到极大的优越性。在一次听说课上，笔者使用《走遍美国》的视频进行词汇和听说训练。由于视频能通过语言、图像和声音同时作用于学生的多种感官，使他们左右脑并用，产生一种"身临其境"的感觉，瞬时置身于一个温馨的学习环境，所以不知不觉中掌握了photographer, may, what's is for, take one's picture, appreciate, wonderful, Greece, exchange 等词汇和表达。如果没有多媒体，捧着词汇表周而复始地读单词，该是多么的枯燥乏味而效率低下啊！掌握了词汇和句型，不愁写不出精彩的句子来。学生感受到前所有未的成就感，纷纷感叹"尝到了甜头"，从此自主学习动力更足了。

（二）增加课堂容量，丰富学习内容

众所周知，影响学生英语学习能力的因素包括背景知识、语法和词汇量。随着知识更新速度的加快，学生需要的知识也明显增多，单靠课本上的内容，是满足不了学生对背景知识的需求的。利用多媒体课件、视频、音频，课堂容量能扩大很多，教师能节省板书时间，留出更多的时间进行练习巩固。在进行语法教学时，教师需要大量的例句和高考题，如果提前给学生发试卷，学生缺少"information gap"会丧失一部分听课的兴趣。所以，利用多媒体制作课件，既能给学生提供大量的练习机会，又能保持一种神秘感。魏勇曾说过："课堂是拆围墙、开窗户的工程，好课让学生满腹狐疑，好课让学生惊喜。"利用多媒体可进行限时训练或引进竞赛机制，时刻吊着学生的胃口，让学生保持兴奋点，不断有惊喜，学习有动力。

阅读文章时，笔者并不刻意讲授课本中的重点难点，而是在用课件呈现一篇根据课文改编的语法填空。学生做题时遇到困难，自然发现自己对重点难点把握的不足。这是一个能充分调动学生积极性的过程，能帮助学生获得更好的学习效果。在学习完一个单元之后，笔者会将重点生词和句型整合到一篇完整的文章中。当这篇短文随着与主题相关的校园生活画面呈现出来时，学生感觉很震撼。有时候，笔者让学生用思维导图将知识点画出来，然后拍照展示。这样既调动了学生的积极性，又充分运用了多媒体输入信息量大、操作灵活的特点，提高了教学效率。

（三）设置交际情境，增强学习效果

传统的英语教学中，学生缺乏良好的语言环境，他们仅仅局限于教材的狭隘范围，对教师的讲解依赖性特别强。将多媒体引入英语课堂之后，教师可以根据教学的重点和难点设置交际情境，结合教材具体内容，向学生介绍英语史料、文化习俗、英语故事等。

在学习非谓语动词时，笔者曾用到过许多吸引人眼球的方式。比如学生非常熟悉校园民谣《寂寞是因为思念谁》，笔者就让学生将这首歌曲的部分歌词改编成英文：Do you understand the feeling of _____（miss）someone？ It is just like that you will spend a long hard time _____ (turn) the ice-cold water you have drunk into tears...（"你知道思念一个人的滋味吗，就像喝了一大杯冰水，然后用很长很长的时间流成热泪……"）多媒体，给学生带来了快乐。

二、多媒体在英语教学中的不足

（一）超前预设问题，限制学生思维

常规教学时，有经验的教师会给学生足够的时间思考，再提出问题、讨论问题、解决问题，师生根据非预见性的互动，实现对学生思维能力的培养。而在一些质量不高的课件中，教师将问题预设在课件中，并通过这些问题引导学生完成教学内容。整个课件沿着固有的程序发展，教师眼睛盯着多媒体，缺少了与学生的眼神交流，机械地按着鼠标，扮演着一个播音员和解说员的角色，没有起到应有的主导作用。这样，学生很难有机会提出自己的问题，从而限制了学生的思维空间。

（二）课堂信息超量，出现"迷航"现象

当短时间内接受的信息超量时，人脑就处于停滞状态，这种现象叫作"迷航"。毋庸置疑，电脑能够储存大量的信息，这是其一大优势。但有的教师却忽略了"过犹不及"一说，将与授课内容相关的材料尽数罗列，生怕不够丰富，不够全面。殊不知，这样面面俱到，反而让学生在短时间内目不暇接，没有足够的时间对所需内容进行检索、处理、接受。课堂容量大，学生易产生疲劳感，重点难点虽然得到了适时呈现，但是过后学生记忆模糊，一闪而过的幻灯片难以在学生脑海中留下深刻的印象。很多学生来不及做笔记，热热闹闹上完一堂课后，效果犹如在家里看了一场电影：好看！学到了什么？记不清了！

（三）课堂留白不足，学生创新受限

新课标要求把课堂真正还给学生，发挥学生的主体作用。然而，使用多媒体课件上课，课件的结构是不变的，所有问题都设置好了"标准答案"，学生没有时间进行深入思考和探索，课堂留白不足，遏制了学生的求异思维，不利于学生想象力的发挥和创新能力的发展。这样的情况下，"一千个读者"，也只有一个"哈姆雷特"。即使教学手段先进，如果教师没有先进的教育理念，依然是讲解的中心，学生依然是被动的接受者，这种教学只是披上了科技外衣的"填鸭式"教学。

（四）课件过于花哨，违反认知规律

在多媒体课件开发之初，所谓课件，往往是文字、图片的简单拼接。后来一些课件制作者矫枉过正，走向另一个极端：课件背景花里胡哨，按钮奇形怪状，链接七零八落，动画音响复杂，似乎不这样做就无法凸显其"档次"。殊不知，恰恰是这样的"花""奇"造成了喧宾夺主，违背了学生在认识事物时在一定时间内只能接受其主要信息的认知规律。这样的课件冲淡了主题，分散了学生的注意力，让学生找不到重点难点，最终收效甚微，适得其反。

三、把握好多媒体使用的度

英语本来是语言文学，是靠文字来描述的。语言教学大多通过面对面的交流，激起学生的表达欲望。多媒体教学只是一种辅助手段，一种能帮助教师激发学生学习兴趣的手段。学生的主体地位不能动摇，多媒体的制作要给学生尽量多的思考和讨论时间，培养学生的创新能力，充分发挥其主体作用。

教学过程中，不是所有的课型都适合使用多媒体。多媒体的使用应该是灵活的，也许只有某一部分需要借助多媒体才能起到画龙点睛的作用。一个多媒体课件应该以充分发挥学习者的潜能、强化教学效果、提高教学质量为重心。

因此，我们要根据教学实际情况，冷静地思考，有选择性、创造性地使用多媒体，"适时、适量、适当"地应用计算机辅助教学。我们应该时刻记住：教师要认真钻研教材和课程标准，分析哪些内容更适合采用多媒体，以解决重点难点问题。将传统板书和现代多媒体呈现方式相结合，取长补短是最好不过的。如果为了追求大容量，追求花哨赶时髦而使用多媒体，其效果还不如传统的"一块黑板、一支粉笔、一张嘴"。

总而言之，在高中英语教学中，合理地运用多媒体，有利于因材施教，有利于突破语言教学的难点，有利于正确地处理好教学活动中教师、学生、教学内容、教学媒介四者之间的关系。多媒体教学有高效的一面，也有一定的不足，弥补这些不足才能达到更理想的教学效果。

参考文献

[1] 段钨金,孙春玲.多媒体辅助英语教学的优势、误区及对策[J].中山大学学报,2003,12.

[2] 马维凤.初中英语多媒体课件制作的选题策略研究[J].中国教育信息化,2014(10).

[3] 冯克诚.中学英语课堂教学方法实用全书[M].呼和浩特:内蒙古大学出版社,1999.

(作者简介:谢芳,湖南省宁乡市第一高级中学教师)

高中英语微课教学之我见

◎ 王 艳 ◎

随着科技的进步,我们正进入"微"时代,英语微课的出现为英语教学开拓了新的视角,大大地提高了课堂教学的效率和效果。因此,教师要努力将微课信息技术与教学进行有机结合,创新教学方法。

一、微课的概念

微课是指在10分钟以内集中说明一个问题的小课程,内容短小,有明确的教学目标。中国"微课之父"胡铁生对微课的定义是:"微课程,是以微型教学视频为主要载体,针对某个学科知识点(如重点、难点、疑点、考点等)或教学环节(如学习活动、主题、实验、任务等)而设计开发的一种情境化、支持多种学习方式的新型在线网络视频课程。"微课主要是以视频资源作为教学方式,学生不必再以在课堂上听教师讲授的方式接受知识,有效调动了学生学习的积极性。

二、高中英语教学中微课教学的重要性

1. 有助于丰富英语课堂教学

英语是一门语言学科,要求学生在具体的情境中学会"听、说、读、写",最终实现有效沟通。教师如果不丰富学习语言知识的手段,难免会让英语课堂枯燥无味,难以激发学生学习的兴趣。微课可以丰富学习方式,激发学习兴趣,促进学生提高自主学习能力。笔者在"语法填空之提示词探讨"一课的导入部分,以微课形式向学生介绍这一题型的特点,不仅节约了时间,而且丰富了课堂教学情境。

2. 有助于突破教学重难点

英语教学中有很多的重点单词短语和关键句型,这些都是教学的重难

点,而微课的特点是"短、精、活、快",如一老师在讲解"work out"这个短语时,以微课的形式展现,把单词词组与丰富的图像结合起来展示给学生,生动的动画在短短的几分钟内就帮助学生掌握了该短语的用法。这样,在课堂教学中,学生的注意力不再仅仅局限在机械式地记住这些单词上,而是更多地把注意力放在对它们的理解和运用上。

3. 有利于优化课堂教学,打造高效课堂

英语教学是建立在英语国家文化背景下的教学活动,英语课堂引入微课能够为学生创造英语文化环境,让学生在微型视频中感受英语国家的文化,使学生在充分了解英语文化背景的前提下进行英语学习,从而加深对语音、词汇及语法的认识与理解,为学生的英语学习扫清文化差异障碍,提高英语学习的效率。例如,在学习《The United Kingdom》这一单元时,授课教师以微课贯穿其中对伦敦进行简要介绍,有效地帮助学生理解了文章和构建了自己的英语知识框架和体系。

二、高中英语微课教学中的问题

微课教学就像一把"双刃剑",运用不当也会带来明显的问题。

一是微课时长问题。一些教师在制作微课的过程中存在视频时间过长或过短的现象。2016年6月进行的微课视频时长的数据分析结果表明,微课教学以3~7分钟为最佳时长。

二是微课泛滥的问题。众所周知,微课只是教学的一种辅助手段,但却在教学过程中存在过度使用的现象,这样势必会分散学生的注意力,出现本末倒置的问题。

总之,微课在高中英语教学中的有效应用,颠覆了传统的英语教学模式。在高中阶段,学生是绝对的学习主体,学生是教育的核心,教师只是引导者。微课教学模式能够最大限度地调动学生的学习主动性,对于培养学生独立自主的学习能力具有重要作用。对于高中英语教师而言,微课的应用对于提高教学、完成教学任务、达到教学目标具有现实意义和积极作用。

(作者简介:王艳,湖南省宁乡市第一高级中学教师)

微课用于高中英语词汇教学之初探

◎ 王 佩 ◎

　　词汇教学是高中英语教学中的一个重点，也是难点。传统的教学方法，即单纯枯燥地讲解词汇的拼写、用法等易使学生对词汇学习失去兴趣，从而使教学效果大打折扣。而微课是教师围绕一定的知识点，运用丰富的教学素材，制作一个短小精悍的教学视频，结合教学练习等综合设计的课堂教学。微课以其内容丰富、形式多样及针对性强等特点使词汇教学的质量和效率得到大大提高。

一、微课用于高中英语词汇教学的优势

1. 提高课堂教学效率

　　通过微课，教师可以将词汇教学的重难点与丰富的教学资源如图片、动画、视频等有机地结合起来，吸引学生注意力，使学生对词汇学习产生浓厚的兴趣。激发学生的学习兴趣，这是提高课堂教学效率的重要前提。同时，微课是针对某一知识点，基于完整的教学设计而录制的教学视频。一方面，微课教学具有相当强的针对性，围绕某个具体知识点而设计，目的在于突破某些重难点。另一方面，微课又是围绕这一知识点的多个知识碎片的系统的结合，是服务于完整的教学目标的。所以，通过对短小精悍的微课的学习，学生能在短时间内系统深入地理解和掌握某个词汇的用法，从而提高课堂教学效率。另外，微课还能实现短时间内对重难点词汇用法的反复而多样化的操练，加强学生对重难点词汇的理解和掌握，在很大程度上提高词汇教学的效率和效果。

2. 培养学生的自主学习能力

　　在高中英语词汇教学中，微课摒弃了传统的死记硬背与机械式的训练，更利于实现多模式教学，使学生积极主动地参与课堂教学活动，从而培养学生分析与解决问题的能力，使学生从被动接受变成主动学习，充分发挥其主观能

动性。多模式教学也利于照顾学生之间的个体差异，微课的灵活性甚至可以满足教师根据每个学生的学习能力与特点因材施教的需要，实现灵活教学，促进全体学生的全面发展与进步。中学生在初中阶段已掌握一部分英语基本知识，又能娴熟地操作智能手机及电脑等各种移动终端，在高中英语词汇教学过程中，教师可以把录制好的一系列视频上传到网络上，方便在课堂上掌握不好的学生课下观看和学习。学生可以随时随地充分利用时间碎片来学习相关教学片段，并完整消化课堂知识，提高时间利用率。这样也能帮助学生提高自我学习能力，提高学习兴趣。

3. 提高教师自身的教学水平

微课制作的小视频一般内容精炼，制作方式有多种可以选择，比如录屏软件、手机录制等多种简便易行的方式。这使微课在教学中的普及较为容易，也使教师在微课制作的反复操作中提高了自身的信息技术应用能力。同时，教师也可观看自己录制的微课，从旁观者的角度来评价自己的教学，反思并改进，从而不断提高自己的教学水平。

二、微课用于高中英语词汇教学的范例

微课在高中英语词汇教学过程中的运用是十分广泛的，教师可以充分利用微课对课堂教学中重点词汇的用法进行系统教学，从而帮助学生更好地理解与全面掌握。下面以牛津译林版高中英语模块一第三单元的词汇教学为例，分析探究微课在高中词汇教学中的运用。

1. 微课使新词汇的讲授变得生动有趣

关于讲授模块一第三单元的词汇work 和work out的用法，有位教师结合大家所熟知的动画片Peppa Pig的情节和情境，设计了如下囊括work 和work out的用法的三段对话：

（1）George: What are you doing, Peppa?

Peppa: I'm painting.

George: I like your works.

Peppa: George, we have worked for a whole day. Have you finished your work? Let's go to play.

George: Hooray! Hooray! Let's go!

（2）Mom: I can't get the computer to work.

Peppa: Don't worry, Mom. Let me help you. See? My method really works. I know how to work the machine.

Mom: Well done, Peppa.

（3）Dad: Peppa, George, we'll go to do some sports. Can you work out a plan for us?

Peppa: George, we should work out to keep healthy. Which sport do you like best?

George: It's a difficult problem. But I will work it out.

这位教师通过制作微课，用自己设计的关于Peppa Pig的动画将上面三段对话在真实自然的情境中呈现出来，再加上教师饶有趣味的配音，学生在开心地欣赏动画的过程中不知不觉地就掌握了work 和work out的用法。通过微课讲授及总结词汇用法后，教师紧接着利用微课进行多样性的操练，强化学生对词汇用法的理解，从而在短短4分钟不到的时间里，就使学生全面理解并系统掌握了work 和work out的用法且印象深刻，极大地提高了课堂教学效率。

只有在语境中进行词汇的教学才能使学生真正地掌握词汇的用法并学以致用。微课最大的优势就是能使课堂信息的传播方式不再单调，我们利用文字、图片、声音、动画、视频等可以交互的方式，能使课堂上枯燥无味的单词学习也变得令人向往。比如，在授课本单元fall out及其他与fall相关的短语时，将这些短语编写成一个小故事：

A banana skin fell off the table.The little girl didn't see it.She stepped on it and fell over.What's worse, her bowl broke into pieces.Quickly, her mother ran in and picked her up. If she falls into the habit of depending on parents in everything, the girl will fall behind others in time.

结合故事辅以体现其情境的图片制作到微课中，相信会令学生耳目一新，使教学更加形象生动，加深学生对相关词汇的理解和掌握，顺利实现教学目标。

2. 微课使词汇复习变得多样高效

笔者在复习译林版教材模块一第三单元的词汇时，按照如下环节制作了一堂微课：

（1）基础回顾：以给出词性和含义填写单词或短语的形式盘点本单元重

点词汇并通过微课中的录音带读两遍，使学生对重点单词和短语作初步回顾。

（2）设计Quick-answer game的环节：通过丰富多样而又快节奏的练习使学生保持高度的注意力，达到了很好的强化词汇掌握的效果。

Round 1：看图猜词。给出图片，请学生快速猜出对应的单词或者短语。

Round 2：字母拼词。将单词字母的顺序打乱分散，请学生快速还原并拼出对应的单词。

Round 3：单词快闪。3个单词为一组，每个单词、词性及其含义以2秒的速度一闪而过，请学生说出这3个单词及其词性和含义。

Quick-answer game环节吸引了学生高度的注意力，学生全程积极主动参与且热情很高，仅仅5分钟不到的时间就完成了单元重点词汇的复习，其复习效果比单纯的反复带读和埋头练习要好很多。而这些高效的练习主要是通过微课使丰富的文字、图片、声音、动画相结合形成一个整体，从而达到其最佳效果的。

三、微课用于高中英语词汇教学的局限

1. 微课制作相对耗时

微课虽短小精悍，时长5~10分钟，但它集丰富的文字、图片、声音、动画及视频于一体，需要制作者搜集大量丰富的教学素材，并根据教学目标对其进行编辑。因而微课从课件制作、录制到实施运用的过程是比较复杂也比较耗时的。要真正做到以学生为中心，从学生的角度出发，制作一个5~10分钟的优质微课需花费大量的精力和时间。

2. 微课中师生互动的缺失

我们必须清楚地认识到英语是一门语言，英语课堂还是要体现语言教学的特点和魅力，只有通过师生之间、学生与学生之间大量的英语交流，才能真正培养学生的英语交际和运用能力。因此，我们要记住一点，微课只是为教学服务的，只能作为工具使用，只能为实现教学目标起桥梁作用。

高中英语教学中，词汇学习既是重点也是难点。微课教学这种新颖的学习方式，可以避免课堂的枯燥无趣。微课不局限于时空的特性，让学生在课堂内外都能自主学习。英语教师要针对词汇教学特点，灵活设计教学，利用多媒体技术制作微课，利用微课来引导学生独立学习，提高学生词汇量，以达到良好的教学效果。

参考文献

[1] 陈光伟.英语词汇习得研究及其对教学的启示[J].西安外国语学院学报,2003(11):58-61.

[2] 田万学.微课在高中英语词汇教学中的运用探析[J].校园英语,2017(6):193.

[3] 胡铁生.微课:区域教育信息资源发展的新趋势[J].电化教育研究,2011(10):61-65.

(作者简介:王佩,湖南省宁乡市实验中学教师)

——彭建伦高中英语名师工作室教育教学思考和实践

高中英语教学中运用多媒体的几点体会

◁ 张利群 ▷

在信息技术日益发展的今天，电化教学以强劲的势头走进了中学课堂，使传统的教学方式发生了极大的转变。然而，在教学中，要真正使多媒体最大限度地发挥其优势也不是一件容易的事。笔者将结合多年的英语教学经验，就如何充分发挥现代教学手段的优势，使现代教学手段与英语教学得到有效整合，提高课堂教学效率，培养学生的创新精神和实践能力从以下四个方面进行阐述。

一、设计新颖的课堂导入，激发学生积极性

俗话说，良好的开端是成功的一半，引人入胜的课堂导入能有效激发学生的学习兴趣，为达成教学目标奠定基础。例如，在设计"Dying to be thin"阅读课时，笔者从网上下载了一段英语的减肥视频，让学生通过观看视频了解运动有利于身体的健康及意志的培养。然后让学生用英语发表自己的看法并进行讨论。这样不仅锻炼了学生的口语能力，同时也为下面的阅读理解课文做了铺垫，把学生自然而然地引入到课文中。在这种没有任何阅读压力的前提下，学生的阅读水平肯定能得到超常发挥。最后为了突出主题What is real beauty，我们展示了生活中感人的照片，如校运会、义务劳动、义卖、爱心工程、教师深夜备课等。在这样一种情境中，学生感悟到真正的美就在我们的生活中。

二、利用微课设置逼真的语言情境，让学生更好地掌握语法

良好的学习情境是学生获取知识的前提和基础，它不仅能激发学生的学习兴趣，并使这种兴趣维持在整个教学活动的始终。我们可以用微课创设出与课堂内容相关的尽可能逼真的语境，通过图、文、声、景的不断变化让学生多想、多做、多说和多动，使他们很快融入所学的语言环境中，进行有意义的语

言实践。例如，在讲解being done的用法时我用了学生都喜欢的光头强里的几个片段（砍树、喝酒、追赶光头强）讲解了being done表示正在进行的被动动作的用法和做主宾表的用法。在这样的反复学习和操练的过程中学生很容易地掌握了这个语法，而且用时也只有几分钟。

三、帮助学生整体理解课文，提高学生快速获取信息及培养语言表达的能力

在课文教学过程中，可以利用多媒体技术给学生设计各种图表，帮助学生整体理解课文，在填图表的同时，学生快速获取信息的能力得到了提高，同时能加快教学节奏，增大教学容量。例如，在制作模块二Adventure in Africa的课件时，笔者设计了下面的地图，要求学生在读完课文后画好路线及乘坐的交通工具，最后要求学生根据地图复述课文。

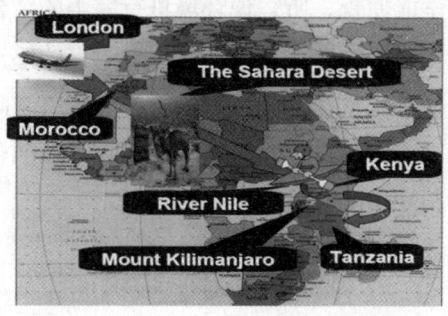

该地图有效地降低了理解和表述的难度，基础差的学生也能用简单的英语表述。

四、在教学过程中能有效突破难点

多媒体集文字、声音、图像、影像、动画等信息功能于一体，可以使课堂呈现图像清晰、动态感强、信息量大，能最大限度地调动和激发学生的积极性和主动性，实现课堂教学的大容量、多信息、多趣味和高效率。如果能把多媒体灵活运用在语法教学中，化繁为简，化抽象为具体，学生便能愉悦高效的接受。例如，高中阶段，关于非谓语动词的语法是一直困扰教师和学生的难点，它非常抽象，且几类非谓语动词十分容易混淆，学生很难掌握。如果教师在教学中灵活运用多媒体，效果将截然不同。如讲到现在分词和现在分词做状语时，可以把句子中的非谓语动词用不同的色彩表示出来，然后配备相应的动

画，让动画来帮助学生理解各种非谓语动词之间的差别，从而帮助学生掌握这一难点。这比单纯的讲解效果要好得多。又如，在讲被动语态的时候，一般教师采用的是讲解的形式，说主动语态在变为被动语态是把主动语态的宾语变为被主动语态的主语，主动语态的主语是动作的施动者，宾语是动作的承受者。教师自我感觉讲得很清楚，但往往学生的接受效果并不佳。这是因为这些东西像绕口令似的，搞得学生头晕脑涨，自然提不起兴趣。但是通过多媒体课件，我们就可以进行大量的演示，对于移动了的字母用不同的颜色和相应的卡通变形加以动态显示，每一次移动的过程一目了然。同时还可以对其中几个词加以动画显示，使学生通过动画进一步理解所学的知识。在这种轻松愉快的氛围中掌握知识的效果远比传统教学方法要好。

总之，用多媒体设计英语教学，操作方便，界面友好，表达规范，构思新颖，层次清楚，不易混淆，既有艺术性和欣赏性，又具有教学的独立性。多媒体辅助英语课堂教学能使视、听、说环境进行完美的结合，效果很好。在语言教学中由于视、听、说的结合，增加了学生对语言的感知和记忆，创设了类似母语学习的环境，使学生从被动的信息接受变为语言交际的直接参与者，从而激发了学习的内在动力，使学生在生动、活泼、主动的状态中学习，有利于知识的掌握和实际运用能力的提高。

参考文献

[1] 束定芳，庄智象.现代外语教学：理论实践与方法 [M].上海：上海外语教育出版社，2008.

[2] 张红玲.现代外语教学的发展趋势和机辅外语教学 [J].外语电化教学，2000（3）.

[3] 贾冠杰.外语教育心理学 [M].广西：广西教育出版社，2007.

[4] 刘建华.中学英语创新教学——45分钟优化设计 [M].北京：学苑出版社，1999.

（作者简介：张利群，湖南省宁乡市第四高级中学教师）

运用现代教育手段，优化高中英语课堂教学

◁ 晏金香 ▷

近年来，随着现代教育技术的迅速发展，英语教学拓展了广阔的空间，英语教学改革和探索不断深化。电化教育作为教学的组成部分，多年来在中学英语教学中起到了很大的作用，它打破了传统的一本书、一张嘴、一支粉笔、一块黑板的教学方式，为传统教育思想和教学模式带来重大挑战与突破。电教媒体的独到之处是能营造良好的语言环境，录音、录像、电影、电视、幻灯、投影以及多媒体教学手段的运用，激发了学生的学习兴趣和积极性，调动了学生在整个教学过程中参与的积极性，提高了教学效果，促进了学生实际能力的提高。笔者从以下几方面来谈谈如何运用电教媒体优化高中英语课堂教学。

一、激发兴趣，培养思维能力

我国古代教育学家荀子说过："不闻不若闻之，闻之不若见之。"这句话指出教学要以"闻""见"为基础，要在教学中贯彻直观性的原则。这样可以使学生对知识获得鲜明生动的印象，易于理解、记忆和激发兴趣，有助于培养学生的思维能力。电教媒体正是以其独特的优势来激发学生兴趣和从事外语实践活动的积极性。例如，新编高中英语课本牛津版模块四Unit 2 sports events，介绍了古代和现代奥林匹克的历史、运动项目和奥运精神等内容。一开始，我们设计了多幅动感画面请学生来抢答奥运项目的英语名称，如skating, skiing, wrestling, running, jumping, gymnasium 等。之后再显示历届举办过奥运会的城市图片，请学生说出这些城市的英语名称及所在国家，这时学生会为屏幕上精彩的动感画面而感到情趣盎然。紧接着屏幕上又出现了在奥运历史上留下过辉煌成绩的运动员的身姿，如美国的卡尔·刘易斯，中国的李小双、刘翔等。在这个过程中还可以请学生回答在奥运会前后常举行什么仪式，即开幕式和闭幕式（opening and closing ceremony），并把其中一些精彩

画面展示于屏幕上，这更激起了学生极大的兴趣，此时再趁热打铁问"全世界人民为什么这么喜爱奥运会"，这时学生会积极思维，灵活运用所学知识表述奥运会给世界爱好和平的人们带来的种种好处。在这样积极的问答中再继续下一步的教学。

二、在情境中讲授重点、难点

学生熟练运用句型，实现交际化，离不开必要的语言结构，借助一定的情境进行操作，更易被学生掌握，语言脱离了情境就在一定程度上增加了表达和理解的难度。所以，学生仅仅掌握语言规则和功能项目的概念知识是远远不够的，他们只有把语言符号运用到与意义相联系的情境中去，才能使语义更明确，达到语言者之间相互理解和交流的交际目的。这就需要利用现代化的幻灯机、录音机、录像机、实物和形体动作等手段创设语言情境，揭示语义，以加强听觉、视觉、动觉等感知印象，提高学习质量。英语中虚拟语气用法是学生较难掌握的语法项目，笔者先后两次教这一用法分别采用不同的教学方法。第一次是采用讲解—例句—翻译的方法，用了4课时，学生掌握得不够好；第二次教学时借助投影片，把几幅标明虚拟语气的画面展示给学生，之后配之以难度适当的练习，仅用了2课时，效果比第一次要好，比如表达与现实相反的非真实条件句时，画面上一位老人气喘吁吁地追赶一个小偷，彼此间有一段距离以"If I were a young man, I could catch him"标在画面上方，之后又把另外若干画面显示于投影幕上，与此同时，在电脑上输入几组与所示画面内容相关的非真实条件句。学生经过一定量的感知后，再按要求将条件内容加以替换，学生们纷纷讲道：

If I were a bird...

If I took a plane...

If I had 100 million...

通过介绍和训练，学生对非真实条件句中的动词要求有了初步了解，为深入学习其他几种虚拟语气句型奠定了基础，同时交际能力也得到相应的提高。

三、培养学生良好的学习习惯和创新能力

要使学生学会学习，首先要培养他们良好的学习习惯，这一点在运用现代教育技术进行课堂教学方面有特别有利的条件。如充分利用现在一般家庭相

当普及的录音媒体的自我反馈功能，在课余时间创设外语环境。可让学生购买或复制英语课本配套的原声录音带，以便在课外、在家里听原声录音，在模仿的基础上自觉纠正错误读音，长此以往能有效地提高学生英语听、说、读、写水平，使他们养成良好的习惯。

学生在学习过程中的定式思维是必要的，但决不能让学生用定势思维来束缚自己的思维。我们培养的是跨世纪的人才，"知识经济"已经向我们走来，它要求基础教育注重培养学生的求异思维。这种思维能力的培养，实际上就是一种较高层次的学习方法的培养。如在讲解构词法时，教师在举了几种构词法后请学生大胆说出类似的可能存在的构词法，许多学生动起了脑筋，纷纷亮出了表示有"创见"的反应卡，这时，教师及时引导鼓励就能启发学生由纵向思维发展到逆向思维，由聚敛思维发展到发散思维，也就是由单向思维发展到多向思维，运用多向思维的学习方法有助于创新能力的培养。

四、设计多样化练习，巩固课本知识

学生在初步学习新的语言知识点后，教师可根据课前设计，让学生立即进行针对性的巩固练习，使其在接触新知识后立即置身于一个既熟悉又陌生的情境中，激起他们对课堂所学内容的兴趣，从而调动其主观能动性。投影片上文字材料与画面材料对应排列，或利用计算机输出若干组练习，或CAI课件都可在较短时间内为学生提供较为丰富的练习机会，巩固对新知识的掌握和运用。

针对某一语法规则或句式，设计若干组形式不同的练习，使学生抓住主要矛盾的主要方面，集中解决，效果十分明显。如讲到"have+宾语+宾补（由分词充当）"时，举了这样两个例句并分别配了两幅图：

He had water running.（图一：一个人离开了，水龙头却开着。图片略。）

He man has his wallet stolen.（图二：小偷盗走了那人的钱包。图片略。）

学生可很快判断宾语补足语是分词动作的发出者还是被动者，是进行延续状态还是已发生的情况，之后再附上几组或选择填空或括号内动词展开，以辨析正误形式的练习，学生在较短时间内就能完成这些练习。这种从不同角度对某一项语言内容进行的练习能加深学生的理解和记忆。

五、结合课文，联系实际进行思想教育

在模块四Unit 2 "The honorable games" 一文阅读结束后，笔者为学生播放了汉城奥运会主题歌《Hand in Hand》，同时用幻灯片打出歌词与译文，让学生通过体会音乐内涵来感知奥运精神。在这种强烈共鸣之中师生共同总结出奥运真谛：和平、向上、团结；更快、更高、更强。在上模块五Unit 2 "The environment" 阅读课时，按照教学设计处理完本课的基础知识、中心思想和细节问题之后，学生运用本课知识和当前社会较关注的人与自然环境问题进行自由讨论，为使对学生的思想教育达到更好的效果，首先播放了录自于中央电视台的《动物世界》和《人与自然》的片头，动人的画面，动听的解说感染了学生们。录像停播后，学生还沉浸在画面之中，这时笔者马上播放摘自报纸、杂志中关于人类污染环境、毁灭森林、捕杀珍稀动物等方面的图片。针对对比强烈的材料，学生热烈开展话题讨论，深刻感受到保护自然、人与自然和谐共处的重要性。这样既巩固了知识，又起到了较好的思想教育作用。

从以上可见，运用电教媒体在优化教学内容、优化教学方法和优化教学过程中起到独特的作用，它为学生创设情境，提供事实，呈现过程，展示范例，引起了学生的兴趣和思想共鸣，激发了学生主动学习，提高了学生在教学过程中的主导地位，有效地使学生处于积极的思维之中，在动脑、动眼、动口、动手的训练中，提高听、说、读、写能力，使教与学和谐地统一起来，有利于学生知识的获取和保持，促进了学生能力的培养，为社会输送更多的、全面发展的人才。

（作者简介：晏金香，湖南省宁乡市实验中学教师）

多媒体教学中师生与多媒体的角色定位

◁ 陈必胜 ▷

多媒体教学亦称计算机多媒体教学。在教学过程中，将计算机制作的多媒体教学软件或者课件运用于课堂教学中，以多种媒体形式将信息传达给学生，形成一个图文并茂、生动直观的教学过程和学习过程。参与教学的师生及多媒体在教学过程中应该如何实现角色定位，达到最优的教学效果，是每个教育工作者应该深思的问题。

一、多媒体教学中的角色混乱

首先是教师的迷失。在传统教学模式中，教师们必须钻研教材，认真备课，才能实现"粉笔+谈话"的授课。但是在多媒体教学模式中，教师们能够下载现成的课件来教学，导致部分教师偷工减料，不加选择的运用教学资源来完成教学任务。而课件中过大的信息量、重难点不突出等缺陷造成学生无所适从。还有部分教师在积极备课的过程中本末倒置，过于关注课件的视听效果，将大部分备课的时间花费在动漫、音响效果及图片展示上，忽视了课件的实质内容。上课的时候，有些教师变成了课件播放器，忙于点鼠标来展示课件，缺乏师生互动，缺乏精彩点拨。这种单向的课件播放使学生缺乏参与感，似乎是教育改革形势下的变相满堂灌。甚至课后，教师对学生的辅导也由课件代劳，教师把课件拷贝给学生让学生自学。久而久之，教师作为传道授业解惑者的角色，作为学生学习的促进者角色，作为教学的主导者角色均被多媒体及课件边缘化甚至淡化。

其次，学生的迷茫是多媒体教学中另一突出问题。学生是学习的主体，学生是否积极参与、积极思考是上好一堂课的标准。但是在多媒体教学中，如果教师的课件制作水平和多媒体网络教室硬件设备及管理的水平有限，学生的注意力会分散到无关事情上面，例如热衷于评价教师的课件是否漂亮，在意课件是否有动画引入，是否插入了音乐，谈论教师是否能够娴熟的运用多媒体等。部分学生还放弃课堂听讲，转而依赖课件，意图通过课后自学，但在繁杂的课件面前，往往因抓不到重难点而茫然无措，没能真正把握好课堂知识。

因此，多媒体在教学过程中有被拔高、被过度运用的现象。本应是舵手的教学工作者被多媒体课件牵着鼻子走，无法发挥其主导作用；本应是主人翁的学习者被多媒体课件迷惑，被多媒体课件冲昏了头脑，花在学业活动上的时间少，无法实现其主体地位；本应只是教学辅助手段的多媒体反而大有取代教师角色的势头。这样的角色混乱，定位不清要求教学工作者们重新审视自己，观察学生，深刻认识多媒体教学。

二、多媒体教学中的角色定位

第一，教师是课程资源的开发者和建设者。教师必须根据学情和教材，亲自制作和创造贴近学生、贴近生活、贴近时代的课件。市场上多样化的教学软件并不适应于任何地方的任何学生。教学的地域性和学生身心发展的差异性要求教师能够根据教学目标，制作符合学生实际情况的课件。即使使用非常优秀的课件，也要深思熟虑，进行适当删减、修改和补充完善。在钻研教材和了解学生的基础上，课件形式以简洁大方为主，剔除华而不实的部分，避免无关的干扰信息分散学生的注意力，影响学生的信息摄入和保存；课件内容要紧紧围绕学习目标，突出重要知识、重点讲解和示范难点；课件的呈现不宜过于简单，也不能超量超纲；课件的题目设置上要利用最近发展区和成就动机理论的主要思想，学习任务既不能太难，打击学生的积极性，也不能太容易，让学生以为成功唾手可得。

第二，教师决不能让课件、投影仪和大屏幕喧宾夺主，教师才是课堂的主导者，在多媒体教学中起着导航作用。当所有学生的注意力仅仅在于观看幻灯片，当教师仅仅成为播放幻灯片的机器，师生互不沟通，教师的重要性体现在何处？学生又是否真的在学习呢？因此，教师在多媒体教学过程之中，应该使课件和传统教学手段有机结合，达到最优化的教学效果。例如在课堂的导入部分，不是仅仅观看一段视频或者一组图片，教师可以创设真实的情境，充分发挥言语和肢体语言的作用，促使学生积极思考，踊跃发言，用自己的人格魅力来激发学生的学习兴趣，用自己的学识魅力来打动学生，培养学生的学习需要。而在授课过程当中，课程以学生可控的片段呈现，在信息组块之间留出思考的时间，而且适时的板书是必备的教学手段。多媒体课件的确具有信息量丰富的优势，但是精炼的板书内容能够将一节课的重难点内容清晰的呈现，同时加深学生对知识的记忆和掌握，这是粉笔无论如何也不能被取代的重要原因。甚至教师能否写一笔规范的好字，直接影响教师的威信和教学效果。另外，最重要也是最容易被忽视的就是教师在课堂上应该越过冰冷的机器，加强与学生的情感交流，语言交流。决不能一言不发的播放课件，而应边播放边讲解，营造一个心理相容，轻松愉快的学习氛围。

第三，教师是研究者和学者的角色。这意味着教师在多媒体教学过程中要以研究者的心态置于教学情境之中，以研究者的眼光分析教学实践中的各种问题，反思教学行为，对课件中的问题进行思考和探讨。参考学生的反应及反馈，及时修改课件，打磨课件，学习与时俱进的教学软件和方法。决不能一劳永逸，即使对待同样的课程，也要以实事求是、与时俱进的态度来修改课件，保持课件的新颖性和实效性。

总之，教师是教学的主导者，学生是学习的主体，多媒体只是教学过程中的一个高级辅助手段。三者各司其职，又紧密相连。只有扬长避短，平衡三者的关系，定位清晰才能发挥多媒体教学优化教学效果，提高教学效率的作用。教师们应该潜心研究教材教法，善于驾驭高科技，注重学生的反馈，真正做到是多媒体辅助课堂教学，而不是主宰课堂教学。

参考文献

［1］教师招聘考试命题研究中心.教育理论基础［M］.北京：首都师范大学出版社，2012.

［2］赵拴科，杨宏.从教学实际看多媒体英语教学［J］.陕西师范大学学报，1999（5）.

（作者简介：陈必胜，湖南省宁乡市第四高级中学教师）

第五部分

5 语言能力

教海拾贝——彭建伦高中英语名师工作室教育教学思考和实践

巧设任务，实施创新阅读

◎ 彭建伦 ◎

一、问题的提出

阅读是从书面语言中获取信息的一种复杂的智力活动，是从书面语言中获得意义的心理过程。据统计，我们所得到的知识有50%来自阅读（程世禄、张国扬，《ESP的理论与实践》1996）。因而阅读是学习者接受英语语言输入的主要途径之一，它对英语学习起着重要的作用。英语教师有必要指导学生进行既有广度又有深度的阅读实践活动，培养学习能力，提升文化意识。

目前，高中英语阅读教学存在以下不足：一是阅读实践的深度浅。教材阅读训练设计题型不全面，考查主旨大意、深层含义、作者的态度和意图等深层次信息的练习少。二是阅读内容的广度窄。很多学生的阅读材料仅限于课本。三是阅读实践的时间少。有的学生一周进行一次阅读理解训练都得不到保障。四是阅读实践的主体错位。有的阅读课变成了教师的讲解课，学生只能被动地附和教师，根本未参与真正的阅读实践。五是阅读实践的积极性差。学生对阅读的兴趣不大，不能积极主动地参与阅读实践。

任务型教学是中学英语教学中普遍采用的一种教学方式。在探索任务型教学的过程中，笔者认为，巧妙设置各种任务，指导学生在课堂内及课堂外进行创新阅读，能够克服高中英语阅读教学的不足，是一种提高阅读能力、培养创新精神的行之有效的手段。

总的来说，创新包含两方面的内容：一是具有社会价值的创新，即创造出能为社会、为人类进步带来变革的东西。二是具有个人价值的创新，指的是一个人发现或创造出相对于自己已有知识和经验而言的新知识、新事物、新方法。英语学习中的创新通常属于第二种类型。创新阅读即通过主动、探索性地阅读实践活动获取新的信息。

二、理论基础

1. 活动优势

任务型阅读教学以学生为阅读主体和中心,以任务为依托,多角度、多层次、多形式地设计阅读活动,组织学生高效率地完成阅读任务,以培养和提高学生综合运用语言的能力为目标,充分调动学生的学习积极性,挖掘学生的潜力,培养学生的创造能力。任务型阅读教学注重获取信息、信息沟通与交流,真正体现教学过程的交际性,从而有利于达到语言教学的最高目标。任务型阅读教学活动具有真实性、可操作性、交际性、创造性和可拓展性等特点,并能最大限度地发挥学生学习的主动性和自觉性。

2. 信息差策略

信息差(information gap)是交际活动的特征之一。在交际活动中,一方欲表达的情节、观念、看法等,另一方事先并不知道,这就是信息差。人们普遍有一种信息共享的心理需求,总是渴望通过各种方式来填补信息差,实现信息的平衡(balance of information)。教师充分利用这一心理需求,在学生阅读活动前保存、制造或扩大信息差,使学生带着渴求获得信息或传递信息的心理积极地进行阅读实践。

3. 图示理论模式

图示理论模式(the schema theory model)是由鲁姆哈特(D. Rumehart)提出的,也称为相互作用模式(the interactive model),是一种能较全面地解释阅读理解过程的理论,也是一种适合在高中阅读课中运用的理论。这种模式认为,阅读的过程是读者大脑已存的知识和文章的信息相互作用的过程。文章本身不包含固定的意义,文章只向读者提供怎样利用他们大脑已存在着的知识来重构文章的意义的方向。这种知识的不同可能造成对文章理解的不同。人们大脑中存在着对客观世界的了解,这种知识结构称为图式。所以,一个人大脑里的图式越多,越完善,在阅读理解时被调用的可能性就越大,就越有可能保证对文章意义的正确理解(何广铿,1996)。高中生大脑中储存的语言图式、内容图式和形式图式越多,即对阅读材料语言的掌握程度越高,对文章所讨论的主题背景知识越熟悉,对文章的体裁越了解,就越有助于理解文章内容以及做出正确判断。

三、教学模式

1. 前任务

准备（Preparation）：教师根据阅读材料的主题设置任务，让学生进行相互间的自由交谈，以制造或扩大信息差，为阅读课文做好准备。

2. 任务环

（1）整体理解（Global comprehension）：教师设置阅读任务，引导学生从整体的角度阅读课文，然后相互间讨论答案。

（2）细节理解（Comprehension of details）：教师设置阅读任务，引导学生理解课文中的有关细节，然后组织学生相互间讨论答案。

（3）深层理解（Deeper comprehension）：教师设置阅读任务，引导学生对课文进行深层次的阅读理解，然后组织学生相互间讨论答案。

3. 后任务

（1）创造性输出（Production）：教师就课文内容设置话题任务，让学生相互间发表自己的看法或书面完成教师所布置的任务，以进一步理解文章表层及深层的信息，并激发学生的创新思维。

（2）话题阅读（Subject reading）：教师要求学生在课后就某一外延比较大的、容易找到阅读材料的话题，利用报纸、杂志及网络自行开展阅读活动，尽可能多地获取有关这一话题的信息。

（3）信息互换（Exchanging information）：学生相互之间交流在课外所获取的关于某一话题的信息或者文章。

四、任务类型

1. 信息差任务

夸美纽斯说："教师的根本任务就是培养学生的求知欲。"在教材阅读教学中设置信息差任务（Tasks with information-gap），可以激发学生的阅读兴趣和愿望，调动他们的学习积极性和主动性，达到提高阅读理解能力的目的。例如，在读SB3, Lesson 61时，教师可以这样引入：People often have different opinions on part-time jobs. In your opinion, is it a good idea for a student to take a part time job? Why or why not? Have a debate in groups of four. 之后，教师把话题一转：If you want to find some more reasons to support your idea, open your books and read the text. 学生会如饥似渴地阅读课文，获取信息，求得作者观点的支持。在阅读SB1, Lesson 2 之前，教师可以这样设计：Discuss in pairs what you did in your summer holiday. 然后再问：Can you imagine what Charlie, an American boy, does during his summer vocation? Guess as much as you can. 讨论之后，进入课文整体阅读，让学生在课文中找到答案。

2. 比较任务

比较任务（Comparison-making tasks）是指出相同点和不同点。例如在阅读SB1, Lesson 10 时，笔者先让学生相互讨论美国英语和英国英语的不同之处，然后阅读课文，在语篇中找出差异，并填写下表：

	Spelling	Pronunciation	Vocabulary
Br. E			
Am. E			

3. 预测任务

在学生没有读完整篇课文的情况下，让他们根据课文标题、所选的课文片段或图片所提供的情景对课文内容进行预测（Prediction task）。例如，SB2, Lesson 46 Escape from the zoo一文的开头是一条广播："This is Radio Two. There is the one o'clock news. A young lion has escaped from Green Park zoo in southeast London." 根据新闻的前三句话，笔者给学生布置了如下任务：What questions can you think of when you read this opening? Write down at least five questions. 学生根据所给的信息提出了许多问题，然后笔者让学生相互之间回答这些问题，再让学生通读全文，看一看课文是否回答了自己提出的问题；或者让学生预测课文的结局，比如，文章中提到狮子从动物园逃走的事实，依据此事教师可让学生预测狮子逃走后会发生的事情。学生会给出各种各样的答案，这样做既可以激发学生兴趣，在一定程度上又培养了学生的想象力和发散思维能力。

4. 编排顺序任务

教师可以把课文段落、重点小结或图片的顺序打乱，然后让学生重新按顺序排列（Jumbles）。这需要学生清楚文章的内容，而且要领会课文内容的连贯性。学生只有仔细阅读文章后，才能正确排列顺序。例如SB1, Lesson 19-20 The necklace 讲述了主人公Mathilde 丢失项链的经过，在阅读时即可布置这样的任务。又如SB1, Lesson 78 Paper一课的第三段介绍了用植物纤维造纸的过程，教师可以出示与课文配套的四幅图，打乱顺序后让学生根据课文内容重新排序。

5. 解决问题任务

解决问题任务（Problem solving tasks）就是要求学生根据自己的知识和推理能力，用英语解决现实生活中可能遇到的问题，例如，进行采访、调查、广告设计以及研究、解决具体事情等。如在阅读完SB3, Lesson 18 Advertising后，要求学生掌握广告语言的用词和句子的特点，为一商品做一个广告（身边任何东西即可，如钢笔、电子词典、随身听、复读机等），或者让学生课后搜集英文广告。在完成这种开放性任务的过程中，教师始终要充当参与者和帮助者的角色。学生以小组为单位完成任务，启发他们的思维，锻炼他们的口头、笔头交流能力，培养他们的合作精神，同时也促进各学科知识的相互渗透。

6. 竞争性任务

竞争性任务（Challenge tasks），即教师让学生在规定时间之内读完课文，然后让学生叙述某个情节，或让学生根据文章内容相互提问，能提多少便提多少。然后以小组为单位，参加教师设计的"quiz"，将阅读课推向一个高潮。在完成以上任务的过程中，学生通过反复阅读课文，提高了阅读能力和记忆能力。或者要学生就某一话题提供信息，提供信息多的一组获胜。

7. 观点交换任务

观点交换任务（Opinion exchange tasks）是指学习者讨论、交换意见，但不必达成统一意见。例如，在阅读SB2, Lesson 6时，教师可以让学生围绕吸烟问题进行小组讨论。教师问："Is smoking a bad habit? If so, give your reasons and offer some advice on how to stop it. If not, why?"然后全班分为男女两大组进行辩论。女同学为正方，男同学为反方。在完成这一任务过程中，学生理解、记忆课文内容，为辩论准备素材，创造性地使用所获信息和语言知识，而且还培养了协同合作精神。

8. 创造性任务

创造性任务（Innovative tasks）具有探索性、开放性和实践性，包括列表、安排顺序与分类、对比和解决问题等类型的任务，由两人小组或多人小组在课外合作完成此类任务，需要很好的团体合作和组织能力。例如，在读完SB1, Lesson 34 Computers后，让学生通过社会调查了解有关computer在各个领域的使用情况，决定自己中意的电脑类型。并要求学生模仿课文，撰写一篇电脑用于中学教学的调查报告。学生把所学知识与现实生活中的真实情况相结合，激发了创造性思维，锻炼了分析能力，培养了语言运用能力。

五、教学原则

1. 教师主导作用和学生主体性原则

在任务型阅读教学中，教师既要要求阅读主体（学生）的心智全方位参与，又要设法让每一个学生都作为主体参与阅读活动。在每一次的阅读活动中，学生在外部的推动或刺激下变"要我读"为"我要读"，阅读活动从课内延伸到课外。在阅读活动中，教师要从课程标准和教学方法的被动接受者转变为能自主组织教学材料和设计活动的创造者，要先交给学生独立阅读的技巧，在活动中充当任务的设计者、组织者、课堂交际活动的参与者，学生的"活字典""资料库"、课堂活动的进展控制者。

学生是阅读的主体，任务的完成者。他们在教师的引导下，结合自己的已有知识，通过阅读、讨论、交流等学习活动，在完成任务的过程中获取信息，掌握新知识，不断地调整和完善自己的阅读行为，将所有的语言融会贯通，进而扩展到自己的现实生活中。学生也可以自己创设阅读任务，发挥主体作用，激发创造性，从而全面健康的发展。

2. 民主和谐的原则

民主和谐的课堂氛围对学生的学习动机和自我形象都会产生积极的影响。教学过程不仅仅是教师的教和学生的学，也是师生之间、学生之间感情和思想的交流。因此，教师公正、平等、和蔼、信任地对待每一位学生，及时鼓励和表扬，学生就能获得成功的经验，形成良好的心理倾向。这样，民主和谐的课堂氛围不仅能提高学生的学习兴趣，更有利于培养学生的创新意识。

3. 相互式积极学习的原则

相互式积极学习是一种非常有效的学习方法。在课堂上，学生在合作中动口、动手、动脑，共同完成为阅读而设计的各种任务。在英语课堂教学中，教师通过各种各样的合作形式，开发学生的交往潜能，形成师生之间、学生之间相互影响、和谐互动的教学局面，充分发挥优化组合的整体功能，培养学生团结合作的精神。

4. 贴近学生生活的任务设计原则

在阅读教学中，为了提高和培养学生的阅读兴趣和积极性，并将阅读材料和学生的生活实际联系起来达到学以致用的目的，有必要根据阅读材料设计贴近学生生活实际的交际情境，让学生置身于贴近生活的语境中，产生亲切感，积极主动参与阅读活动。

5. 信息反馈原则

教师应该掌握学生在课堂内外阅读情况的反馈信息，调整教学，帮助学生正确获取信息、加工信息。但教师更有必要及时了解、检查学生课外阅读的情况，促使学生积极地进行探索性阅读，否则，课外阅读会有名无实。

六、教案举例及说明

课文：Advertising（SEC Book 3A Unit 5）

教案总体构思：阅读课文，了解广告知识，设计广告。

教学步骤：

Step 1　Preparation

Pair work：Debate

T：Let's talk about advertising. People often have different opinions on advertising. The opinions usually are...

A：Advertising makes a product more expensive.

B：Advertising makes a product cheaper.

T：Now work in pairs or groups and have a debate. Try to give your reasons.

（Open the books. Find the information.）

此步骤设置的任务具有竞争性和信息差，以相互间进行辩论的形式引入课文主题，激发学生的阅读兴趣，促使学生急于从课文中寻找信息。

Step 2　Global comprehension

T：Since advertising is very useful in selling products, let's try a job of producing an advertisement. But first of all we have to get some knowledge of advertising so that we can make a good advertisement.

Find out：

（1）What you can advertise.

（2）How you advertise.

（3）What dangers there are in making advertisements.

（Check the answers with each other.）

此步骤为整体理解，首先提出了一个创造性的阅读任务：尝试做广告。然后引导学生为完成这个任务而进行一种贯穿全文的阅读，在整体上了解有关广告的知识，并相互间讨论答案。

Step 3   Specific details

Group work：Quiz

T：Let's learn more about advertising. We will have a quiz. First, please get ready for the quiz by asking each other questions according to the text.

Questions：

（1）What has to be done if an advertisement is a failure?

（2）Why does an advertisement often start with a question or a puzzle?

（3）What makes an advertisement funny?

（4）What should be done before an ad is ready for use?

（5）How many people might work together to produce an ad?

Questions on the ad on page 27:

（6）Who finally finishes the ad?

（7）What does "you" refer to in the text?

（8）What does the text really mean?

此步骤为细节理解。笔者设置了一个竞争性任务：要求学生先做准备，然后进行关于课文细节内容的抢答。从积极学习的观点来看，此步骤至关重要的环节是抢答任务前学生间的互问互答，因为他们此时在进行着一种主动积极的学习和交流。

Step 4   Deeper comprehension

P or PN?（Probably true or Probably not true）Why?

（1）Companies often have to waste a lot of money on advertising.

（2）There will be more people working in the advertising business than in the companies.

（Discuss the statement with each other.）

此步骤设置了观点交换任务，训练学生在整体上把握课文内容，并在了解细节的基础上对课文进行深层次的理解，做出合乎逻辑的推理判断，并说明其理由。有的句子的答案可设计得模棱两可，似是而非，旨在引起学生相互间的争论，激发他们的阅读积极性。

Step 5　Production

T: You have learned a lot about advertising. I'm sure you can make a good advertisement now. Please work together and make an advertisement. You may advertise anything you like. Decide what to advertise first and then think out a text for what you want to advertise.

此步骤为本堂课的最高层次。具体完成阅读课文之前提出一个创造性任务：为任意一种产品做广告。通过对课文不同层面的理解，学生了解了广告的有关知识，相互间讨论广告的设计，既阅读了课文，又通过阅读解决了实际问题，真正达到了运用的目的，充分体现了任务型教学"为用而学，用中学，学了就用（learning for doing things；learning by doing；doing with the language）"的特点。

Homework

T: Now we have known that advertisements can help a company sell its production. What else can a company do to reach that aim? Read more passages after class and collect information about that as much as possible. You are going to exchange it with your classmates next week.

此步骤设置的是课后阅读任务，老师只给了一个话题，学生在课后可以利用报纸、杂志或网络进行探索性阅读，并且可以找到"环保产品""分期付款"等关于商家或者公司促销产品的文章，扩大了学生的阅读面，增加了他们的语言图式、内容图式和形式图式，从而提高了阅读能力。

七、结语

教师设计不同的阅读任务，促使学生积极主动地进行探索性阅读，能够完善英语阅读教学，提高学生的阅读理解能力，更能培养学生的创新精神，培育出创新型人才。

参考文献

［1］David Nunan. *Designing Tasks for the Communicative Classroom*（交际课堂的任务设计）［M］. 北京：人民教育出版社、外语教学与研究出版社，2000.

［2］黄剑茹. 在"任务型"语言学习中如何设计tasks［J］. 中小学外语教

学，2001（9）.

[3] 倪文赛."任务驱动式"小学英语课堂教学模式的探索和实践[J].中小学英语教学与研究，2001（5）.

[4] 丁素萍.英语课堂中创设真实情景的五种策略[J].中小学外语教学，2000（8）.

[5] 陈思清.从图式理论来看阅读的心理过程[M].长沙：湖南教育出版社，1992.

（作者简介：彭建伦，湖南省宁乡市第一高级中学党委委员、副校长、英语教研组组长）

提高英语阅读能力的几个尝试

刘艳红

在高中英语教学中，阅读始终占据着重要地位，学生阅读能力的提高也一直是英语教师关注的焦点。如何使学生在高中阶段形成良好的英语阅读习惯，更好地适应信息社会的发展，更是摆在英语教师面前的重要任务。《普通高中英语课程标准（2017年版）》对高中阶段英语阅读技能目标提出了更高要求。高考阅读理解的命题原则和思路也充分体现了新的英语教学方法的主要核心。然而目前的阅读教学中还存在着很多制约学生英语阅读水平提高的因素，笔者根据自己的教学实际，将其归纳为以下四大瓶颈。

瓶颈一：

学生中普遍存在对英语阅读兴趣不高的现象，认为英语阅读无非就是做题，而做题就是应付考试。在此功利心的作用下，学生阅读动力明显不足，而阅读练习中频繁出现的错误更是直接影响了学生英语阅读的积极性。

瓶颈二：

学生词汇量小，阅读方法一时又难以改进，造成阅读水平始终停留在一定高度，徘徊不前，"高原效应"较为明显。

瓶颈三：

阅读题目大多来自历年各地的高考题和模拟题，材料缺乏新意，话题较老套，难度梯度不大。部分学校从高一刚入学就开始做高考题，忽视了学生的阅读基础和现有阅读能力，挫伤了学生的自尊心；而缺乏梯度的练习又使得程度较高的学生阅读水平不能持续提高。

瓶颈四：

阅读课的课堂教学与考试脱钩明显。在课文教学中很多教师将教学重点放在知识点的讲解上，忽视了对学生阅读能力的培养，致使学生面对阅读练习常无从下手，不知所措。

在这四大瓶颈的制约下，学生往往不愿在阅读上投入过多的时间和精力，遇到阅读题目，只是简单的做题，而从不进行深入的思考，阅读水平始终难以提高。因此，只有突破这些瓶颈，学生的阅读理解能力才可能真正达到飞跃。这就要求根据新课程标准的要求以及学生的实际问题不断适时调整日常的教学策略，加强对学生阅读活动的引导，使阅读活动多样化，训练目标具体化，学习机会最大化（Maximize Learning Opportunity）。笔者在以下四个方面进行了尝试，取得了不错的效果。

一、重视语篇教学

在日常教学中，要体现阅读策略的教学。培养学生良好的阅读习惯和正确的阅读策略，是阅读教学的基本途径。根据新《普通高中英语课程标准（2017年版）》的要求，语篇能力的较高要求体现为能区分主要观点，事实与一般支撑事实，能辨识文段主旨的发展脉络。因此，在阅读教学中就要着力引导学生能够整体连贯的领会作者意图，而不能"只见树木，不见森林"。

培养学生良好的阅读习惯。有的学生阅读时总是逐字逐句，容易把文章割裂开来，使文章意思支离破碎，导致阅读速度慢，理解有误，整体内容把握不准，自然正确率不高。所以，教师在讲解中不妨采用引导阅读法（Guided Reading）。

二、精选阅读材料

阅读材料的选取至关重要，过难或过易的材料会不同程度挫伤学生阅读的积极性，影响训练效果，所以教师要严把关，不能"以练代讲"，用练习题充当阅读材料。要给学生选精品读美文，精心选择内容贴近学生生活，在学生理解范围之内的文章，使他们愿意去读才会有收获。材料的选取上要充分考虑学生的阅读水平，由易到难，循序渐进，才能激发学生的阅读热情。

一是充分利用好课文这一载体。新教材提供了大量贴近社会生活，体裁多样的阅读材料，教师可根据教学需要设计丰富多样的阅读练习，如找同义句、翻译句子、排列顺序、同义词替换；开展形式多样的课堂阅读小组竞赛活动，增强学生阅读的积极性和主动性。

二是适量选读一些经典文章，丰富学生的语言。推荐并带领学生阅读题材多样、文笔流畅、语言优美的文章，既能弥补教材的不足，又能让学生在有限时间内汲取到英文精华，享受阅读的过程。

三是适当补充一些难度适中的阅读材料，增加学生的阅读量。新课程标准中的八级水平明确要求"除教材外，课外阅读量应累计达到30万词以上"。鼓励学生课下阅读一些英语书籍和杂志，如《新概念英语》第二册和第三册、书虫系列、悦读系列图书、《21世纪报》和《英语周报》。通过阅读这些材料，拓宽了学生的视野，也增强了学生的阅读兴趣。

三、优化阅读方法

在阅读中根据不同目的和需要，可以采用不同的方法，快速高效地获取有用信息。

1. 略读（Skimming）

在进行阅读课教学时，教师要有意识培养学生快速阅读，可以要求学生找主题句或概括文章大意。通常采取三个步骤：①通读文章的起始段和结尾段；②细读其他段落的主题句；③浏览一些与主题句相关的信息词。这样不仅能提高学生的阅读速度，还能培养学生分析、综合的阅读能力。

2. 寻读（Scanning）

寻读要求既快又准，其目的是在较长的文字资料中查询特定的信息。可以借助以下几种信息：主题词、标题或图表、文章的版式及印刷特点。

3. 细读（Reading in Detail）

细读，即对某些段落或重要句子采取研读的方式，分析其中的长难句，利用句法结构找到关键信息，达到加深文章理解，领会作者意图的效果。

4. 推读（Inferring）

推读是利用句子、逻辑和上下文线索去推测，揭示文中未表明的含义以及作者未明确表示的意图或观点。在教学中，教师应引导学生通过上下文推测生词含义，事情发生的因果关系或作者意图。推测是提高阅读速度的关键，也是新课程标准强调需重点培养的逻辑推理能力。

5. 计时阅读（Timed Reading）

计时阅读，即要求学生读完一篇文章后记下所用的时间。通常每次进行5～10分钟即可，时间过长容易疲劳，注意力不易保持。

四、扫清阅读障碍

通常学生遇到的阅读障碍有:词汇量太小,文章理解深度不够,长难句和句法难题,西方的宗教文化习俗和价值观念影响内容理解,以及阅读兴趣不足读不下去。教师可以采取以下方法加以解决。

一是夯实基础语法,注重单词的积累。扩大单词量是解决阅读难题的最根本的方法,而增大阅读量又是扩大词汇量的有效途径。在阅读中不断加深对单词的印象,并内化单词的用法,比枯燥背单词更为简捷实效。另外要加强语法学习,突破长难句。日常的课堂教学不应回避基础的语法和句法学习,遇到长难句只有要求学生主动分析,在以后的阅读中学生面对长难句才能游刃有余,从容应对。

二是扩大知识面,加深对西方文化的理解。文化层面的学习对于英语学习来说尤其重要。因为语言是文化的载体,语言学家拉多在他的《语言教学的科学的方法》一书中表明:"我们不掌握文化背景就不可能教好语言。语言是文化的一部分。因此,不懂得文化的模式和准则,就不可能真正学到语言。"对于英语国家的宗教政治、历史文化、名胜古迹、地理位置都要有一定的了解,有助于理解文章深层含义。

三是加强方法指导,增强阅读兴趣。在教学中采用朗读、角色扮演等多种阅读形式唤起学生兴趣,采用小组合作、分析讨论的形式实行任务型阅读,使学生获得成就感,从而感受到阅读的魅力。

总之,影响学生英语阅读能力的因素是多方面的,作为教师应当认真分析,在课堂教学中多层次、多角度地培养学生的阅读能力。此外,阅读水平的提高是一个循序渐进的过程,不可能一蹴而就,要每天坚持阅读,保证一定的阅读量,才可能有持续的提高。英语教师更应该牢记《普通高中英语课程标准(2017年版)》的训练目标,将教学策略运用到日常教学实践中去,在科学理念的引导下,不断调整教学方法,切实提高学生的各项阅读能力。

(作者简介:刘艳红,湖南省宁乡市第一高级中学教师)

浅谈如何提高农村学生的英语阅读理解能力

◎ 文永红 ◎

阅读是高中英语教学中的重要组成部分。新课标要求在英语教学过程中注重培养学生的独立阅读能力、语言表达能力、文化素养等综合应用能力。在素质教育背景下，高中英语教学的重点逐渐转移到提高英语阅读量与质的方面。农村高中学生的英语阅读理解能力较弱的原因主要与学习环境、英语资料的不足、阅读教学相关。本文通过分析农村高中英语阅读教学现状，制订出相对应的改善措施，提高学生学习英语的积极性，配合教学工作，提高教学质量。

一、农村高中英语阅读教学的现状

通过多年在农村英语教学工作中的观察，笔者认为农村高中英语阅读存在以下几个问题。

1. 阅读词汇量较少

由于农村高中生的经济能力欠缺，地理位置偏远，接触英语的机会较少，学习英语的途径仅仅局限在课堂上，掌握的词汇量不足。与城区相比，农村学生的知识面较为狭窄，难以掌握英语国家的风俗习惯，阻碍英语阅读理解能力的提升。

2. 阅读心理问题

农村高中学生对学习英语缺乏自信，学习的积极性不高，兴趣不足，在做阅读题时难以全身心地投入到阅读中。当学生遇到长篇幅的阅读题或文章中出现过多的生词时，难以坚持继续阅读，甚至选择放弃。

3. 阅读技巧欠缺

部分高中学生过度注重阅读理解中的细节问题，在每个生词上花费了过量的时间与精力，却忽略了对整篇文章的理解，难以抓住文章的核心思想，不能充分运用阅读技巧。

二、提高农村高中学生的英语阅读理解能力的策略

1. 培养学生的阅读兴趣

兴趣是学习的内在动力,阅读兴趣的提高也有助于学生积极阅读。在教学过程中,教师应合理分配时间,结合阅读教学与英语的听、说、写,互相促进,有意识地培养学生对英语阅读的持久兴趣。

首先,教师可以通过课前导入来提升学生的兴趣。例如在教译林牛津版教材模块一Unit 2 Home alone一文时,笔者就通过播放《小鬼当家》英文版的小视频来充分调动学生的兴趣,激发他们的好奇心和求知欲。在阅读之前,教师还可以通过文章标题、图片、多媒体课件等方式引导学生猜测阅读材料的内容,为文章阅读提供相关背景知识,使学生通过句子结构、上下文对词义、线索、故事情节推断文章大概内容,激发学生学习兴趣,积极主动地开动脑筋,拓展思维,促进教学顺利完成,提高英语阅读教学效果。

其次,教师应该在课堂上给予学生一定的自我展示空间。根据英语文章的内容,在课前五分钟时间内让学生唱一首相关的英文歌曲,讲一个英语小故事,学生在准备、表演的过程中,充分锻炼了英语查阅能力与表达能力,提高了对英语阅读的兴趣。例如,在教Unit1 school life的project部分时,让学生在阅读完文章后,充分发挥他们的想象力,设计他们最喜爱的俱乐部,并在课堂上展示他们的设计。

教师还可以创造良好的教学环境来提高学生阅读兴趣。在课堂教学中,教师应多创立一些利于学生活动的学习场景,如pair work、group work以及team work等方式,让学生互设情境,活跃课堂气氛,让学生积极参与到教学中,调动学生学习的积极性,让他们快乐地阅读。

从心理学角度讲,英语课堂教育中不仅仅是知识的传递,也存在师生之间的心灵接触,是师生之间在理性、情感方面的动态交往过程。教师可借助多媒体、实物挂图等方式协助学生更加直观、真实地了解英语内容,允许学生有机会独立地、富有想象力地发表自己看法,提出问题,在一问一答的互动方式中创造良好的英语学习氛围,培养学生的英语思维。教师在协调好师生情感的同时,深入了解学生的个性特征,在教学中因材施教,在不同的场合引导学生发挥个性中积极的一面,以适应不同的学习环境。课堂中营造融洽的气氛,能

够促进师生间的良性互动，学生积极配合教师的教学，有效、顺利完成教学任务，同时还能够提升教学质量。

2. 指点方法，培养阅读技巧

英语阅读教学中，通过阅读技巧的运用，让学生在阅读中快速抓住阅读材料的核心思想，并掌握内容概要；对重点内容进行强调，提高学生的阅读效率；借助多媒体等手段，让教学内容更形象直观，锻炼学生的阅读总结归纳能力。

传统观念里，教学内容即教材内容。但新课程标准的实施，加深了人们对"教学、教材、课程"之间关系的理解，"教教材"的观念逐渐被"用教材教"取代，对高中英语教师的教学设计能力提出了较高标准的要求。例如，在进行译林牛津版教材模块一Unit 1 School life in the UK的阅读教学时，教师应该开展高效的教学设计，可以让学生快速浏览文章，回答下列三个问题："What did Wei Hua think of her life in the UK? What subjects did Wei Hua study in the past year? Which British city did Wei Hua go to?"教师通过指导学生寻找题目中的关键词，定位文章的关键信息，提升学生skimming的能力。又如，进行模块五Unit 2 Protecting the Yangtze River的阅读教学时，教师应该组织学生以小组为单位，用思维导图的形式展示"the problems of the Yangtze River, the causes and measures"，这样就可以帮助学生快速获取课文的信息，厘清文章的结构，可以使文本内容更加简化直观，保持学生思路的清晰，提升学生scanning的能力，之后，教师让学生通过小组合作的方式，对照思维导图，对本篇文章进行复述，进一步使学生了解了保护长江的必要性和重要性，增强学生保护长江的主人翁意识。

3. 指导课外阅读，积累英语词汇

教师应多鼓励学生阅读各种题材的文章，拓展思维的同时，也不断积累词汇量。在阅读过程中可通过查字典、摘抄等方式将重复出现的词汇进行背诵，逐渐养成良好的阅读习惯。在阅读过程中应注重方法，集中精力，边阅读边思考，在遇到不理解的词句时，若不影响整体文章的中心可暂时性放弃，学会收集与中心思想相关的词句。学生通过阅读文章，提取信息，发现并解决问题，在实践中培养阅读习惯与阅读兴趣，掌握英语篇章的结构特征与阅读策略，激发学习自主性，提高阅读水平与阅读效率。

词汇的理解与记忆是漫长的过程，需要长期不断地反复巩固。高中英语词汇教学中，教师可利用词汇的含义，设计丰富多彩的情境，如采访活动、讨论、辩论、角色扮演等，在模拟情境中学生们复习了旧的单词，也熟悉了曾经生疏的词汇。通过辅助教学方式，如图片、实物、动作、幻灯片等，更加直观、形象地展示词汇意义，提高学生的学习兴趣，加强记忆效果。英文版的名言警句在结构、内容上均体现了英语的精华，不断激励着人们。在词汇教学中可以通过励志、奋斗、坚强等主题的多个名言警句呈现新词汇，让学生感悟到英语语言的内在美和外在美。日常生活中，广告反复出现的频率与语言影响着我们。教师可借用电视广告、路边广告牌上的广告语呈现新词汇，提高学生兴趣，加深词汇印象。例如，"fashion"可以联想到索尼产品的广告词，Hi—Fi, Hi—Fun, Hi—Fashion, only from Sony（高保真，高乐趣，高时尚，只来自索尼），通过广告词加深学生对单词的印象。

在课外阅读指导过程中，为加强课堂上英语文化教学的效果，教师应更加注重词汇的中西文化差异。在讲解课外阅读词汇时，教师应将英语知识点与文化教学相融合，讲解中西方文化差异的词汇表达，例如"红"在中文中除了吉祥喜庆的意思外，还象征革命。但在英语中，red也表示危险状态或使人生气。商务英语中的in the red，表示"亏损、负债"，提高学生对英语文化的理解与记忆。

农村高中英语教学偏向应试教育，在英语阅读中侧重词汇与语法，忽略对阅读能力与语言组织能力的培养，导致学生对英语阅读的学习较为被动，积极性不强，学习效率低下。在新课程改革下，教师应转变传统的教学模式，创新英语阅读教学方式，帮助学生养成英语阅读的好习惯，引导学生积极主动地发现、解决问题，最大限度地发挥学生在阅读教学中的主体作用，教师对学生应多鼓励、少批评、多指点。通过分析英语阅读教学原则，构造问题情境，把握整篇文章的逻辑思路，协助学生梳理问题，归纳知识点，逐步训练学生的阅读思维能力，提高英语阅读教学质量，提升教学效果。

参考文献

［1］高洁，刘雅丽.浅谈学生英语自主阅读能力的培养［J］.教育理论与实践，2017（14）：58-59.

［2］李红波.开发有限资源 拓展无限思维——谈提高农村高中英语阅读理解能力的有效策略［J］.求知导刊，2017（26）：78-78.

［3］周婷婷.突破英语阅读瓶颈，提高农村高中生英语阅读能力［J］.疯狂英语：教学版，2016（8）：60-61.

［4］李海英，李艳，马丽荣，等.提高农村高中英语阅读教学有效性研究［C］.教师教学能力发展研究科研成果集，2017.

［5］李艳.新课标背景下农村高中英语阅读分层教学的有效性研究［D］.贵阳：贵州师范大学，2016.

［6］黄小蓓.词汇铺垫策略对农村高中生英语阅读成绩影响研究［J］.基础教育外语教学研究，2017（1）：28-32.

［7］王小艳.任务型教学在农村高中英语阅读教学中的运用［D］.兰州：西北师范大学，2016.

［8］白雪."农村高中英语阅读课Post-reading活动的有效教学策略研究"调查报告［J］.疯狂英语（教学版），2017（2）：86-87.

（作者简介：文永红，湖南省宁乡市第五高级中学教师）

如何优化高中生的英语写作

◎ 喻慧玲 ◎

每次阅卷时，都能听到教师感慨："好多学生的作文空着没写，写了的学生也是'汉堡式''沙拉式'地誊抄完形填空和阅读理解中的句子。"如何优化高中生的英语写作来提高分数呢？认真对待、掌握正确的方法是关键。

一、夯实基础，扩充词汇

在教学过程中，教师应当多鼓励学生使用高级词汇的意识，摇醒大脑中休眠的漂亮的高级词汇，停止使用good，very good这样的表达，转而投向excellent，outstanding这些宛如衣服上的珍珠的词汇，为作文增光添彩。

课前五分钟要求学生先翻译几个句子（所学词汇或句型组成）或板书几个重点词汇和句式，让学生进行句子接龙，这样不仅活跃了课堂学习气氛，学生也愿意学，结合单元及语法复习课的内容，巧妙地运用适当的连词融合成一篇小文章。这无形中培养了学生的动手能力，避免在考试中无话可写。

二、改善写作指导方法，加强训练

教师在写作的指导方法上仔细斟酌，针对周考作文进行详细讲评。每次讲评，我们把各班学生的经典错误句子及文章印成学案，以改错的形式让学生自己纠错，这样既能加深学生的印象，又能够提高讲评效率，并引导学生多读听力原文及报纸、杂志、课本上的好句子、好文章，让学生充实自己的英语知识，为写作提供充足的后备资源。

三、平时的写作训练要因材施教

对于那些英语基本功底好，底子扎实的学生，在写作时要着重指导他们在要点全面、词汇高级、连接手段、语言优美等方面下足功夫，同时培养修辞意识，加强要点写作意识，力争在高考中拿高分；对于中等英语水平的学生，指导他们在写作时应要点全面、语法正确、语句连贯，尽量用自己有把握的单词；对于英语水平较差的学生，要鼓励他们在练习或考试时首先看清题目要求，尽量使用简单句，使用自己会的单词和语法，才能多得分。

四、紧扣高考书面表达阅卷标准

笔者在阅卷过程中体会最深的就是只要看到是自己的语言，符合一些要点，而非抄袭阅读理解或完形填空的文章，基本都会给5~8分。所以每次试卷讲评都从学生的错误句子着手，让学生自己诊断。笔者在平时的教学中要求学生做到如下几点。

1. 审题到位，紧扣主题

作文要抓住主题，抓住要点。比如2013年的作文，很多考生将match理解为watch，作文分数只能归属为第一档。

2. 条理清晰，要点齐全

很多学生在写作文时随意性大，想到什么写什么，行文没条理，句子不够紧凑。有的为了凑字数啰唆重复，有的一笔带过，未写详细过程。所以平时训练时笔者都要求学生写提纲。

3. 高级词汇、句式美化文章

（1）阅卷过程中，阅卷教师只要发现有强调句、倒装句、主从复合句和一些固定句型的文章，分数自然而然就往第三档打。所以在平常的写作中多鼓励学生使用高级词汇来美化文章。

（2）鼓励学生把两个简单句根据逻辑关系，通过添加连词使之变成相应的主从句、复合句来美化句子。

（3）鼓励学生把状语从句和定语从句改写成分词做状语或定语，从而美化句子。

（4）适当地运用倒装句式和强调句也能为文章增添不少色彩。

4. 语言表达准确

在学生已有的写作基础上，对他们提出进一步的要求。作文中的句子要求词汇语法正确，包括时态、语态、名词的可数不可数、非谓语动词的使用等。受思维的影响，学生写作时尤其是句式表达非常不规范。常出现的具体问题大致可分为以下几点：①词性使用错误；②汉语式英语表达；③无谓语句子表达；④单词拼写错误；⑤代词使用错误等。

5. 书写规范，排版合理

一篇赏心悦目的文章会给人留下良好的印象，而有些学生的字写得太小或太挤；有的字写得不整齐，更有甚者乱涂乱改，严重影响了书面交流的目的。高考英语书面表达中的书写极为重要（如评分细则中明确规定：书写特别工整，卷面特别整洁，加1分），所以在平时的教学中教师应多强调书写规范。

五、关注热点，做好话题储备

有些学生在面对要点开放、内容不具体的书面表达时感到无话可说。因此，学生应该在平时多关注时事方面的中英文报道，并存储相关的、准确的表达，以提高写作质量。

高中三年是一个整体，学生作文水平的提高需循序渐进，因此，我们教师要认真研究学生的学情，多多激发和鼓励学生，不断改进教学方法，积极引导学生在写作中不断进取，不断收获，在高考中获得高分。

（作者简介：喻慧玲，湖南省宁乡市玉潭中学教师）

寄情于课堂，让学生爱上写作

庞有田

长期以来，英语写作课的教学一直停留在"学生自己写—教师批改—背诵范文"的教学模式阶段，教学效果不尽如人意，一些写作能力较差的学生不仅写作水平没有得到提高，反而对英语写作产生了厌恶感或者是越来越害怕写作，进而对整个英语学习都提不起兴趣来。

笔者认为，想方设法激发学生的写作兴趣是第一要务。伟大的科学家爱因斯坦说过："兴趣是最好的老师。"这就是说一个人一旦对某事物有了浓厚的兴趣，就会主动去求知、去探索、去实践，并在求知、探索、实践中产生愉快的情绪和体验，所以教师必须设法引导让学生爱上写作课，而运用情感引导法应当是最为行之有效的方法。

关注教育教学中的情感因素（包括学习者的学习动机、学习态度、学习兴趣、性格、自信心、意志等），弘扬、培养人的主体性，已经成为现代教育追求的目标，成为教育改革的一个主题，同时也成为深化教育改革的一个重要的突破口。这就要求我们教师要正确认识情感和认知因素在学生的学习过程中的相互关系，更多关注和思考如何从情感上接近学生、学会欣赏学生、关爱学生，提高学生的积极性。

下面，笔者以一堂写作课为例，介绍如何融情于写作，让学生畅享写作课。

一、巧设导入，引学生入情境

视频是最好的导入材料，它能够迅速创造出一种融洽的教学情调和课堂氛围，激发情感和兴趣，把学生带入一个与教学任务和内容相适应的理想境界。

笔者借用了2013年湖南卫视最火热的一个电视节目《爸爸去哪儿》，让学生们欣赏了它的英文版主题曲。听到熟悉的旋律，看到天天、石头等五个小孩或可爱或幼稚的一些做法时，学生们都露出了会心的微笑。当然，学生们并没有忽略视频中那些或慈爱或威严的爸爸们。此时，笔者不失时机地提问："你们喜欢这首歌曲吗？你们喜欢这些小孩子吗？你们喜欢这些爸爸们吗？你们也喜欢自己的爸爸吗？"学生大声齐答喜欢！笔者接着追问："那你是否曾经写信给自己的爸爸，告诉他你爱他呢？"学生或保持沉默，或小声地回答没有。见此情景，笔者马上讲出了他们的心声："太遗憾了！"然后继续说："但没关系，现在我们有一个绝好的机会。父亲节就要来临了，写一封信给他吧！"此时，所有的学生都跃跃欲试，学生的情感和兴趣都被调动起来了。

二、适时表扬与鼓励，营造轻松和谐、充满温情的课堂氛围

人类行为学家约翰·杜威曾说："人类本质里最深远的驱策力就是希望具有重要性，希望被赞美。"每个人都希望被赞美，在心理学意义上源自个体渴望被尊重、被认可的精神需求。一旦这种精神需求被满足，人就会充满自信和动力。由此可见，每个学生都希望得到肯定与赞美。而教师则应不断创造机会，让更多的尤其是不同层次的学生都能够启动自己的驱策力。因此，教师在设计各个教学环节时，应当考虑到这个方面。

写作课上，如果是简单的补全句子或仿写句子，笔者一般都是请写作能力较差的学生来完成，并且一定要对其给予及时的、充分的肯定。当然，教师认为简单的练习，有时因为种种原因（或怯场，或准备还不够），学生不一定能如教师所预想的那样快速或高质量地完成。当遇到这样的情况时，千万不能为了赶进度而要求他坐下并马上请另一个能力较强的学生来回答。如果这样，这位学生在刚上课时所被点燃的热情只怕在此时会被浇灭，进而后面的教学内容都不再认真参与。因此，表扬与鼓励之前的适时引导也是课堂上必不可少的一个环节。

例如，一个学生在模仿强调句型造句时，站起来后好一会儿都不敢开口。笔者马上引导他，即将这个句型的开头那一部分讲出来，这位学生马上就意识到了自己应该如何去做，非常迅速地就将这个句子补全了。其他同学听完后，都对他投以佩服的眼神，笔者马上表扬了他。此时此刻，可以感觉到，成就感、自豪感在笔者和这位学生之间蔓延开来。

此外，表扬与鼓励之前的"等待"在课堂上也是必需的。因为个体差异，某些学生的反应要慢那么一两拍。在有限的四十五分钟的一节课内，不是

每个学生都有机会发言,而在看似漫长的一个学期内,有的学生可能连一次发言机会都没有争取到。因此,当教师邀请某位学生发言,而他又刚好处于思索阶段时,请耐心地等一等。这短暂的10秒或20秒的思考等待,会让学生带给我们意想不到的惊喜。与此同时,他也会收获更多的自信。

教师在激励学生时要尽量采用多元化的激励方式。如果每个学生听到的都是"很好或你真棒"这样的话语,估计其效果不会怎样。因此,教师在备课时,应当尽量多设计一些表扬的话语,但事实上,课堂上积极而机智的应变也是很重要的。

例如,写作课上,笔者邀请一位学生朗读作文题目后,所有的学生都被他的发音征服了。同样惊异于他出色表现的笔者,马上就借用了课堂上刚刚重点学习的一个句型(直到……时候,才……)对他进行了高度的评价:Not until today, have I realized you are so attractive and so wonderful.(直到今天,我才意识到你是如此的出色、迷人。)

在教师饱含感情的、有时是刻意为学生所营造的赞美与表扬的氛围下,学生很难以不回报以更多的热情到英语学习上来。

三、融情入练习题,让写作变得更加轻松和温馨

英语写作教学中的情感教育是影响教学效果的重要因素之一,它有助于教师提高英语写作的教学效果。通过情感教育让学生在写作时有感而发,使学生的学业与情感得到双丰收。因此,写作素材的选取是非常关键的一步,它在很大程度上决定了教师的作文布置能否成功收到效益。要想学生真实地表达自己的感受,教师提供的写作素材必须是学生感兴趣的、喜欢思考的话题,并且也应该是他们力所能及的,而且也能促进他们思想的成熟,使他们更客观、更全面地来看待和处理生活中遇到的一个个难题。

下面是笔者在一堂写作课上所设计的练习题。因为本堂课的教学目的是帮助学生学会如何写一封信给自己的爸爸,来表达自己对他的爱,所以,习题全部都是围绕"爱、教育和感激"这个主题。

1. 在我感到悲伤或受到挫折时,是你……我。(图片略,选自《爸爸去哪儿》节目)

_____when I felt sad or frustrated.

2. 是你教会我如何做一个对社会有用的人。

　　_____how to be a man of great help to the society.

3. 我永远也不会忘记你今天对我所说的。（图片略，选自《爸爸去哪儿》节目）

　　_____.

4. 直到今天我才意识到我在你心目当中是如此的重要。

　　_____how important I am in you heart.

5. His palm was a little thick. He took me by the hand and_____（teach）me how to walk.

　　他的手掌也有一点粗，牵着我，学会了走路。（选自《爸爸去哪儿》节目）

6. You're the most beautiful love letter I've ever written, _____（connect）the happiness of a family.

　　你是我写过的最美的情书，纽扣住一个家的幸福。（选自《爸爸去哪儿》节目）

7. 我写这封信给你，希望让你明白我是多么爱你。

　　I'm writing to you, _____.

这些练习题大部分选自学生们都很关注的电视节目《爸爸去哪儿》，既保证了形式上的多样性，又生动活泼，紧扣学生们的生活，与此同时，不失时机地给学生上了一堂"爱与感恩"的课。此时，每个学生内心都蕴含了满满的对爸爸的各种情感，迫不及待地想要向自己的爸爸倾诉。水到渠成之际，笔者马上交代本堂课的最终写作任务，即给爸爸写一封信。题目如下：

爸爸是我们成长过程中最为重要的人物之一。父亲节将至，请写一封信给爸爸以此来表达你对爸爸的感激和爱戴。120词左右。

要求：

（1）讲述发生在爸爸和你之间的一件让你难忘的事情。

（2）表达你对爸爸的感激和爱戴。

这样的写作练习的设计，以情引人，以情动人，以情感人，让每个句子都成为学生的一次情感体验过程。触动学生的心灵，促使他们产生学习的内驱力。既激发了学生的写作兴趣,提高了他们的写作水平,也使学生在训练中进行了自我教育,自我提高,潜移默化地培养了学生的优秀道德品质。

总之,教学过程中情感的渗透可以为英语教学创设良好的氛围,使得课堂更加轻松与和谐。同时,不仅促进了师生之间的关系,使得学生对教师更加信任与尊重,也使得学生更加喜欢教师所教的科目。

(作者简介:庞有田,湖南省宁乡市第四高级中学教师)

在英语写作教学中重高输入，促优输出

◁ 曾向锋 ▷

写作能力是高中英语教学中培养学生的重要语言技能之一。写作在英语教学中起着举足轻重的作用，在《普通高中英语课程标准（2017年版）》中，写作技能占有重要作用。写作旨在考查学生根据所给图画、表格、提纲等信息，综合运用所学知识完成写作任务的能力。它要求学生不但要有扎实的语言基本功，而且要有较强的逻辑能力和语言表达能力。写作教学在高中英语教学中占有相当重要的地位，可是学生的写作现状却不容乐观。那么如何在英语教学中提高学生的写作水平呢？

一、高考英语书面表达评分标准最高要求

高考英语书面表达评分标准最高要求是第五档 21~25分，要求应用较多的语法结构和词汇；具备较强的语言运用能力；有效地使用了语句间的连接成分，使全文结构紧凑；完全达到了预期的写作目的。由此可见要想在高考大战中获得写作的胜利，除了基本功之外，还要使用较复杂的句式结构或较高级的词汇，有较强的语言运用能力，这些输出要求离不开平时教师在教学过程中对输入教学的重视，加强输入教学，让学生有话可说，能说会道，从而使写作有血有肉。

二、学生写作现状

1. 写作词汇贫乏

写作基础主要指遣词造句的基本功。但是在此方面大部分的学生最为头痛的正是词汇短缺，平时积累的词汇不足或者只是些 good, kind, very 这样的普通词汇，以至于他们在需要用语言表达时，感到腹中空空、力不从心，写出来的句子常常枯燥无味，经常是几个常用词汇的堆积，更别说生动形象、有血

有肉了。从平时的习作中我们可以看出,很多学生的作文内容贫乏,思路受阻,因此,所写内容单调、平淡。有的作文空话连篇,翻来覆去用那么几句话,显得苍白无力。

2. 写作技巧缺乏

许多学生在写作技巧方面缺乏全面系统地学习和练习。具体表现为不审题、不构思,想一句写一句,写到后面发现不对就涂涂画画,把卷面弄得乱七八糟,卷面没有美感,文章到处是错误,并且每句都是简单句,内容没有高度,没有档次,当然分数也上不了档次。

写作属于输出型题型,输出首先要求输入,学生习作中常见的错误都是因为输入不够,学生的词汇量严重不足,导致使用的语言干巴巴的,不生动。所以英语教学要从积累词汇、多样化的写作训练和模仿优秀作文范文入手,同时根据已有的课本资料积累写作词汇,分类写作模式,增加写作的素材。

三、写作优输出教学策略

1. 注重写作教学输入的词汇汇编积累

高中英语新课程标准对写作能力的要求之一是结构完整。英语属于结构语言,它有自己的基本句型、固定搭配、固定短语等,这些都是固定不变的,所以要想在写作时在词汇上运用自如,必须加强词汇记忆。首先,教师要指导学生在平时学习的过程中进行写作词汇的积累,同时教师也要勤于钻研,把一些常用的词汇编制成资料印发给学生,让学生定期反复识记,并且在每次写作的时候表扬那些用了印发资料上词汇的学生,无形的激励其他学生去记词汇、用词汇,从而达到运用自如,这样写作词汇在识记、运用中不断得到巩固,达到牢记不忘的效果,学生的词汇量也会不断增加,慢慢地写作时就不会词汇贫乏,下笔无神了。这种词汇最好是分类汇编,譬如人际关系类,笔者曾从字、词到句子篇章做过这样的汇编。

Words and phrases:

(1) get along well with

(2) concerned   be concerned about/for sth.

(3) blame sb. for doing sth.   blame sth. on sb.   be to blame (for sth.)
put/lay the blame for sth. on sb.

(4) gratitude   be grateful to sb. for sth with gratitude

（5）communicate   communication   communicate with sb.

（6）considerate   consideration

（7）encourage   encouragement   encourage sb. to do sth.   encourage sb. in sth.   discourage

（8）compete   competitor   competition   compete in sth.   compete with sb.

（9）share   adopt   intimate   quarrel   alienate   relationship   community   a generation of   company   attitude   measure   discuss   comment   resolve   mock   play tricks on   rely on share with sb.   harmony   worse off   a positive attitude   argue with sb.   make a difference lie   be in a dilemma   get acquainted with sb.   in trouble

sentences：

Nowadays, young men look so busy in modern society that＿＿＿＿＿＿他们永远无法和父母随心所欲地生活在一起或交谈，even on some festival days. However, to the parents,＿＿＿＿＿＿＿＿＿＿＿＿＿＿＿＿＿他们真正希望的是自己的孩子能来看望他们，just for a little time of give them a frequent telephone call.＿＿＿＿＿＿＿＿＿＿＿＿＿我们父母年龄越大越感到孤独。However busy we may be, we should try out best＿＿＿＿＿＿＿＿＿＿＿花更多时间和他们交流，陪伴他们。It is not just because they once gave us so much selfless love, but＿＿＿＿＿＿＿＿＿＿＿＿＿＿照顾好他们是我们的责任。

＿＿＿＿＿＿＿＿＿＿＿＿＿＿＿＿＿＿＿＿＿＿＿＿＿当我是一个中学生时我遇到了我的英语老师Mr. Dong，他是一个善良又体贴的老师。At that time, I was not interested in English at all and＿＿＿＿＿＿＿＿＿＿从来没想过在英语上赶上其他同学。＿＿＿＿＿＿＿＿＿＿＿＿＿＿＿是董老师鼓励并照亮我的生活。"It's never too late to learn," he told me. I stuck to reading English aloud in the morning and keeping a dairy in English every day. Finally, I made my dreams come true.

In my opinion,＿＿＿＿＿＿＿＿＿＿＿＿＿＿＿＿＿＿＿＿＿＿对学生而言，得到老师的帮助很重要，这对学生的整个一生将会有持久的影响。When students have a hard time in their studies or lives, their teachers' coming along will bring sunshine to lighten the darkness. Certainly, _____学生们会永远记住他们的老师, which makes them study and work harder to contribute more to society.

虽然我们不一定把所有的表人际关系的词汇编出来，但做总比不做好。有总比没有好。笔者相信通过这样的积累，学生写作词汇增加的同时，词汇的使用率也自然高起来，毕竟词汇内容不再是凌乱的、散的东西。

高考高分作文不是有词汇就行了，而是要有高级词汇，所以教师汇编词汇的同时一定要注重高级词汇的积累，譬如最常见的作文词汇之普通词汇和高级词汇对比：

记住：memorize sth =keep sth in mind

想做某事：want to do sth=be intended to do

我认为：I think=in my view/as far as I am concerned/From my point of view

合作：work together=cooperate with sb

我（个人）认为：（In my opinion & I think）=For my part；From my point of view//I（firmly）hold the view that...

刚开始的时候有学生即便是积累了这些高级词汇，但平时习惯用普通词汇，往往写作文时习惯"我相信"就是I believe，"我认为"就是I think，输入的高级词汇和他们的作文似乎无缘，这是因为他们习惯于原来的思维，没有有意识地使用高级词汇，所以教师一提醒就记起高级词汇的好处来，自己一写就用不上。同理，教师在提醒学生要有意识地使用的时候，不要只记高级词汇忽略普通词汇，平时教师也要注重高频词的操练，如表目的是作文中使用频率特高的词汇，有aimed at非谓语形式做状语的，有with the purpose of, with the intention of, intend to, desire to, have the desire to do sth等，笔者设计如下：

要求学生把"To improve our English and increase our interest in English, English Week is carried out."一句进行修改，尽可能多地写出不同的句式。答案不尽相同，如：

（1）English Week is carried out.with the purpose of improving our English and increase our interest in English.

（2）Aimed at improving our English and increase our interest in English, English Week is carried out.

（3）Our school had a desire to improve our English and increase our interest in English, determined to carry out English Week.

Practice：

（1）我和一些好朋友到一些名胜去旅游，旨在拓展我们的视野。

（2）我想做一份兼职工作，目的是更多地了解社会，同时可以赚到一些钱，可谓一举两得。

（3）为了鼓励学生参加户外运动，4月10日，我们学校组织了一次登山。

此外，通过激励机制和榜样示范的作用，在每次作文讲评时高调赞赏使用了所学知识的学生，这样经过一段时间的训练、鼓励，学生使用高级词汇的意识就慢慢培养起来了，文中的高级词汇也慢慢多了起来，整个文章因此增色不少，不再是干巴巴的那几个看来没感觉的词汇了。

2. 注重写作句式多样化的培养

高考优质作文要求文章有高级句式，如引用名人名言，使用三大从句（定语从句、状语从句和名词性从句），使用倒装句，使用强调句，使用非谓语动词形式等。但教师光喊口号是没有用的，因为大部分学生知道要用高级句式但不知怎么用，因此，教师要有一个具体的策略让学生每次写作能真正用上这些高级句式。

（1）强调句的使用。强调句在作文中的使用频率较高，但在阅卷的过程中，学生使用的概率很小，究其原因是有些学生使用强调句，虽然内容有 it is...that 这样的结构，但并不能表达文中需要强调的内容，于是笔者选用了一些高考作文例句，让学生观察句子有什么特点，学生得出的结论是被强调的内容比较长，往往是从句或not...but结构，翻译时往往在被强调内容前加个"是"字，这样学生就能感知到什么时候用强调合适，而不是为了强调而强调，而且笔者让学生背诵几个强调内容不同特点的经典句型，让学生在每次写作时能够进行模仿。如：

① 是谅解而不是惩罚能改变一个孩子。（强调not...but结构）

② 是自信帮助我们克服各种困难。（强调要表达的重点"自信"）

③ 是在老师和朋友的帮助下，我取得很大的进步。（强调介宾短语）

④ 是李老师说的话让我认识到自己的优势。（强调主语从句）

⑤ 直到我到这儿，我才意识到这个地方不仅仅因为它的美丽还因它的天气闻名。（强调not until从句）

（2）名词性从句的运用。笔者同样精选了一些例题，让学生了解到不使用名词性从句和使用名词性从句的不同之处其实就是在简单句前加个It is universally acknowledged that，It is obvious that，there is no denying that，there is no doubt that. I hold the belief that 等就把简单句变成了高级句式，看到如此简单，学生就来了兴致，每次写作的时候都喜欢用，如：

① 众所周知，学好英语对我们大家都有好处。

② 显然，我们早该采取一些有效的措施来解决问题。

③ 不可否认的是，空气污染是一个极其严重的问题，因此应该采取有力措施来解决它。

④ 我们真诚的希望有关部门迅速采取有效措施来阻止污染进一步恶化。

⑤ 总之，我完全相信，随着现代社会的进步，悠闲的生活方式正在增多。

⑥ 最糟糕的是，旅游时你的钱可能被偷。

⑦ 毫无疑问，要适应一个新地方的生活是需要一段时间的。

当然，名词性从句的运用中what引导的从句使用频率也较高，在此就不逐一列举了。

（3）引用名人名言。名人名言特别多，让学生记太多他们基本记不住，不如挑几个有代表性地让学生记，在写作时适时套用，如：

Practice makes perfect.（熟能生巧。）

Where there is a will, there is a way.（有志者事竟成。）

Beauty without virtue is a rose without fragrance.（无德之美犹如没有香味的玫瑰，徒有其表。）

Failure is mother of success.（失败乃成功之母。）

（4）倒装句的使用。倒装句使用的条件有很多，教师在指导学生使用时要重点突破几个可常用的，如not only...but also等的使用。

① Not only will it make us enjoyable but also it'll be beneficial to our spoken English.

② Only when we realize the importance of ...can we create a more beautiful world.

③ Only in this way can we...

高级句式重在不断引导，不断强调写高级句式的意识。经过一段时间的训练，学生在一篇写英语歌曲比赛的文章的开头，各种高级句式运用娴熟，精彩纷呈。

引用名人名言开头式：

As a classical saying goes, no pains, no gains. I understood it in an English song competition, I learned it from my experience in an English song competition, which was memorable and unforgettable.

强调句开头：

It was Friday when I participated in an English song competition that was an unforgettable and memorable experience for me.

It was what I did in an English song competition last Friday that left a deep impression on me.

回忆式开头（使用非谓语）：

Looking back on the day when I participated in the English Song Competition, I felt excited.

诗意开头：

Life comes in a package, which includes a mountain of things, like my experience in the English Song Competition on Friday.

倒装句开头：

Never will I forget the day when I gained success in an English Song Competition.

目的式开头：

Last Friday, our school carried out an English song competition ①aimed at developing the students' interest in English, ②which was impressive.

这样的作文句式呈现在每次作文讲评的试卷里，无疑是一种鼓励，也是一种榜样示范。

3. 利用面批面改形式，注重教师的指导作用

教师批改是写作教学的有机组成部分，批改过程中，教师的指导作用就在于肯定学生的成绩，指出错误，给学生以恰当的评价。根据笔者的教学实践，经过高级词汇的汇编积累和高级句式的观察模仿使用训练后，大多数学生的习作不再像以前那样只是干巴巴的口水话，然而仔细一看，有些学生的高级句式套上去了，但是从句里面竟然"缺胳膊少腿"，如，教学中，我引进了表原因的一个高级句型"the reason why... is that..."。有学生写出"The reason why the students wanted to take part in the voluntary activity is that their kindness to the olderly"。这就是学生的成分不清楚导致的。这样的情况除了上课时进行讲解之外，课堂外的面批面改也起着至关重要的作用。面批时学生容易认清自己的问题症结所在，下次写作时就能记得自己犯的错误类型和特点。在对有高级句式意识的学生面批时，首先要肯定他的高级句式，哪怕结构不对，以激励他们继续使用高级句式，同时帮助其分析结构和错误的原因。长期训练下去，不但在训练的过程中积累了相当的词汇，而且掌握了各种高级句式的写作特点，不会因腹中空空而乱编乱造句子或使用干巴巴的语言了，最终会下笔如有神，在写作上取得突飞猛进的成果。

参考文献

［1］人民教育出版社英语室.全日制普通高级中学教科书（必修）英语［M］.北京：人民教育出版社，2004.

［2］梁志鹏.新课程标准解读［M］.北京：北京师范大学出版社，2017：20-21.

（作者简介：曾向锋，湖南省宁乡市第四高级中学教师）

英语词汇教学中的新尝试

◇ 李 莉 ◇

英语教师的角色是多重的，笔者认为，一名优秀的英语教师必然会是一名优秀的设计师，而学生则是先后经历搬砖工、砌墙工、粉刷工等再到建筑师或者工程师。英语教师需要帮助引导这些搬砖工持之以恒积累"原始材料"，也就是词汇的积累。但是，众所周知，词汇的学习，词汇的积累是极其枯燥的，所以，在本文中，笔者结合自己的教学实践浅谈重要的词汇教学。

一、学生词汇学习的"三座大山"

由于教材设计的缺陷，小学、初中阶段对音标学习以及通过音标记单词强化得不够，导致学生在高中阶段仍然会因为音标学习不过关而对词汇学习造成障碍。一般而言，学生对语音的敏感性其实是较强的，如果单一地呈现中文意思，他们可能很难瞬间反应过来，但是，只要经老师或者周围同学稍微在读音上加以刺激，他们的思维会立刻活跃起来，但因为平时在读音上缺乏强度较大的训练导致在运用过程中思维短路或者头脑一片空白，这在一定程度上打击了学生主动参与到英语学习中的信心与积极性。

时态不清晰是第二个困难，由于时态不清晰，导致在写作过程中出现动词时态变化错误。中文在表达时态时，不需要借助动词的变形，如"我要吃饭了""我正在吃饭""我吃过了"，受母语的影响，学生的时态意识比较弱。例如，在记叙一个故事时，前句使用过去式，下一句却用一般现在式了。

另外，高中阶段比较突出的问题是对词义的狭隘理解。英语一词多义或者一词多配的现象很多。例如，小学阶段就已熟悉的tell一词，教师会不断强化tell是"告诉"的意思，但是随着知识的日积月累，到了一定阶段之后，tell表示"断定、辨别"的第二含义会呈现在考题中。由于词义理解的狭隘化，导致学生答题错误。再如，所有的学生都知道better的意思是"更好"，但忽视了它还可以作为动词解释为"使……更好"。又如"take"一词，它的搭配就有take up, take on, take in, take over, take off, 等等，很多学生可能非常熟悉其中的某些搭配，但是对于其他搭配，由于主客观因素的影响可能会觉得非常陌生。这种情况可能是因为教师在教学过程中用汉语解释意义致使学生理解词义比较狭隘，或词汇在丰富的语言环境中运用能力比较薄弱。并且一词多配也会加重学生的记忆任务，记忆不到位就很容易连锁反应一样产生另外的困难，例如词组固定搭配的混淆。因为机械记忆之后，遗忘率也是很高的。另外，虽然推测词义技能的强化在很大程度上能够帮助学生减轻在阅读听力时遇到生词的压力感。但是学生一般碰到生词时在心理上就会有畏难情绪，或者直接查阅字典，这都减少了学生推测词义的锻炼机会。当然，这也与平时在阅读教学过程中忽略此方面的练习有关，因为一堂阅读课可能直接就是阅读题的训练，而学生在阅读时遇到生词就直接查阅生词表。然而如果不能及时培养推测词义的能力，随着阅读篇幅的增长和程度的加深，这样的情况会在很大程度上影响学生的阅读、听力能力，也会对学生的英语综合能力产生影响。

第三个困难就是笔者之前提到过的写作词汇运用能力差，这不仅仅表现在写作上，还体现在口语能力跟不上应试能力。所以部分英语学习者尤其是高中生大部分都停留在哑巴英语，导致不少学生产生"英语无用"的消极观念。

二、教师词汇教学的新尝试

笔者在教学中坚持"观察、模仿、接受、运用"的教学理念。在词汇教学方面，主要是先引领学生对课文中key words或者key phrases进行观察，并逐步上升到完成教研组集体准备的学案，在模仿、接受之后完成相应的练习，就是完成了词汇部分的学习。个人认为这是典型的"3P模式"，即presentation（呈现），practice（练习），production（产出）的一种显性表现形式。

但是这样很容易使教学目标陷入"加法思维"的误区，并在英语学习中不能很好地促使学生主动、健康的发展。（卜玉华，2009，5）诚然，促进学生主动、健康的发展是新基础教育改革的强大生命力所在。这与"学科育人"有异曲同工之妙。英语学科既是一门人文学科，又是一门以语言的形式呈现与众不同的西方文化的学科。因而在执教过程中，不仅应该体现英语学科的特性及其特有的学科因素，还应该综合多维角度，关注学生发展的要求，促使学生全面发展。而不是使教学过程呈现出严重的教学封闭化、机械化和线性化。

（卜玉华，2009，14）因此，笔者在教学过程中加入创新运用所学单词短语的教学环节。

案例一：

笔者通过PPT把执教班级的班主任照片展示出来，要求学生依照图片运用所学短语写出几个句子，经过短时间思考之后，学生们很快就"蹦"出如下句子：Our class-teacher makes great contributions to developing our class. Our class-teacher is in charge of us. We show great respect to him等。这样，通过呈现学生非常熟悉甚至与其紧密联系的生活片段，不仅能够激活学生的思维，而且能够真正帮助他们运用所学英语知识。

张思中主张在英语教学中运用词汇教学和阅读教学的方法。（卜玉华，2009，18）个体英语单词脱离文本是没有生命的，只有置于阅读中，才能显示其生命力，在阅读过程中，应该体现两大优势：其一，复习旧单词；其二，逐步熟悉新单词。

教师在教学过程中的角色不仅是知识的呈现者、对话的提问者、学习的指导者、学业的评价者、纪律的管理者，更是课堂教学过程中信息的重组者。英语教学过程不应该只是丰富学生的英语语言知识和形成英语技能，使学生具备参与英语活动所需要的知识、技能和能力，它同时也是教育过程。

案例二：

学生利用所学短语，分组编故事。笔者真的有被学生无穷的想象力折服，学生的故事有励志版、美国剧情版、童话故事版，还有他们特有的青春版。这样的词汇教学方法能助长学生的情谊，形成团结、相互帮助、友好合作的良好社会道德。在整个词汇教学过程中，如果把学生比喻成形形色色的车辆，那教师充当的角色应该是一名交警，指引他们有序向前行驶，而不是把自己定义成一个"拖车"。

词汇教学过程中，空降给学生新知识点这确实是难以避免的，所以很多学生尤其是高中生面对庞大的单词、短语库时不可避免地陷入了"记忆式学习法"。这也是为什么很多男生学英语不如女生的原因所在，因为他们不愿甚至可能会抵触枯燥的、高强度的记忆。而这样就与英语学科育人价值之一的"语言综合能力的形成与学生主动健康成长"背道而驰。

案例三：

笔者在教学实践中，主要采用游戏的形式，尽量寓教于乐，变着花样让学生愿意参与到词汇的记忆中来。高中生的竞争意识比较强，所以笔者通过竞赛的形式让学生比比看谁在一分钟之内记得最多。另外，还可以通过"累加"的游戏，即第一位学生说出任意一个词汇，第二个学生要在第一个学生的基础上说一个新的词，第三位学生则要把前两位的都说出来后再补充一个新的，这样一直往后推，越到后面越有挑战性，并且全班学生都能调动起来。在一次实例课程中，笔者所带班级学生就成功轮到了第十八位学生。这样的词汇活动不胜枚举。但是只有在不断地摸索实践中，才能创造出更有效率，更有实用价值的教学方法。

三、结语

英语词汇作为语言的三大要素之一，是语言学习必需的建筑材料。词汇量的多少能直接影响学生的英语能力。很多学生往往因为词汇量太少，看不懂语篇，甚至在考试过程中看不懂题目，这都会打击到他们学习英语的积极性和信心。这样如何更快、更有效地帮助学生掌握一定的词汇量并能熟练地把它们运用到口语和写作之中需要一些更深入的探索和思考。应对词汇教学中出现的种种问题，书中有提到相对应的教学策略，其中比较核心的是在阅读教学中处理好词汇学习的重心。在阅读教学中，刚开始可将阅读要求设计得稍微简单一点，比如只要学生完成段落大意与段的配对即可，这样能减轻学生在阅读过程中的压力感和恐惧感，因为他们不需理解到篇章中的每一个词的意思就可大概把握段落的中心大意。紧接着，应该着重培养学生根据上下文的线索推测出某些陌生词汇的意义，培养他们相关方面的能力。

当然，帮助扩大学生的词汇量，我们不仅仅要研究思考词汇教学方法，还应该不断鼓励学生进行大量的课外阅读，教师可在此过程中为学生提供与他们英语能力相符合的课外阅读材料，在阅读中，会看到相同单词的重复出现或者同一单词在不同情境中的出现，并不断接受陌生词汇的刺激，这既能提高学生的阅读能力，也能帮助学生更快、更有效地掌握更大的词汇量。

参考文献

[1] 卜玉华."新基础教育"外语教学改革指导纲要（英语）[M].南

宁：广西师范大学出版社，2009.

[2] 陶志琼，王枬.教师角色与教师发展新探[M].北京：教育科学出版社，2001.

[3] 杨连瑞，肖建芳.英语教学艺术论[M].南宁：广西出版社，2005.

[4] 杨崇得.英语教学心理学[M].北京：北京教育出版社，2003.

[5] Harmer. Jeremy. How to teach English [M].北京：外语教学与研究出版社，2008.

（作者简介：李莉，湖南省宁乡市第一高级中学教师）

教海拾贝

——彭建伦高中英语名师工作室教育教学思考和实践

高中英语词汇教学策略探析

◎ 唐红波 ◎

掌握词汇是学习英语的关键要素，阅读教学的基础任务就是词汇教学。很多学生在学习英语的时候都遇到了掌握词汇的难题，而词汇量不足的问题则严重阻碍了学生阅读能力的提高。本文通过分析词汇教学在高中英语教学中的有效应用，对相关问题进行探讨，期望对学生的词汇水平与阅读能力的提高有所帮助。

一、多媒体情境的创设

在学生入门词汇的学习期间，要根据学生的学习情况设定不同的词汇情境内容，根据英语文章的中心思想设置多个不同情境，以各种情节色彩为学生创造生动形象、容易让学生印象深刻的情境，为学生创造一个轻松无压力的学习环境，让学生对英语词汇产生强烈的学习欲望，才能达到最佳的学习状态。学生在学习情境下需发挥他们对词汇的主观意识，这种生动又有趣的学习让学生对词汇的说、写和语言的表达能力有进一步提高。

多媒体词汇学习情境需要学生和教师一起亲临现场。单纯的词汇学习和句子的理解大多数学生都比较容易掌握，但是反复而又单一的词汇学习只能让学生记住这些词汇，并不能让学生熟练运用这些词汇，我们要让学生增加熟练运用词汇和语言交流的表达能力。多媒体学习词汇情境需根据不同的词汇创造不同的情形，让学生不光能看到，还能身临其境地感受学习情境，学生的词汇学习能力才能得到提升，在这样轻松自在的词汇学习情境中长时间反复学习，从而达到提升英语学习能力的目的。

多媒体学习的情境要设置不同的学习情境，因为学生的学习基础和需求有所不同，掌握的词汇量也不尽相同；在设置情境词汇、情境学习的时候不能一概而论，而是根据学生对词汇掌握的程度进行调整。对词汇掌握较多且语言交流能力较强的学生设置具有语汇想象力的学习情境；而词汇的运用和理解掌握不牢固的学生应该选用清楚明了、浅显易懂的词汇学习情境。学生感受和理解能力的差异让教师在设置多媒体学习情形的时候，需要根据学生不同时期和不同的词汇的掌握能力设置不同的学习情境。在多媒体技术的辅助下，教师采用不同情境设置的教学法，还应当针对不同的学生设置不同的教学方法，对掌握能力优秀的学生设置相对应有词汇发挥空间的学习情境，使学生在学习过程中达到巩固记忆和扩大词汇量的目的；对于那些理解能力较差的学生可以用轻松、便于理解词汇的学习情境，慢慢提升学生对词汇的记忆力和理解能力。

二、应用探究式学习模式

巧设教学任务，引导学生主动探究也是高中英语词汇教学中一个非常有效的手段，教师可以在思维导图的基础上对词汇进行教学和复习，不仅能够加强学生对词汇的认知，还能彻底激发学生对词汇学习的兴趣。比如，在进行人教版高中英语 Great scientists 的教学时，教师就可以利用思维导图的方式来开展教学活动，让学生以小组的形式，在 Great scientists 的基础上制作出一张思维导图。在这张思维导图中，要将本篇文章的重点词汇融入其中，主要包括 defeated，announce，challenge，re-ject，cure，handle 以及 contribute 等。与以往传统的词汇记忆法相比，学生更加热衷于任务记忆法。这种方法不仅能够充分激发学生的探究欲望和创新意识，还能使学生积极参与到词汇学习中，通过自己的努力，与小组成员合作完成任务，在培养生生之间感情的同时非常容易将词汇记忆在脑海中，为今后的学习奠定了扎实的基础。

在进行高中英语词汇教学时，教师不仅要充分发挥教材的作用，还应该积极开发其他资源的优势，将其应用在英语词汇教学中，加强学生的自主探究，提高学生的学习能力。如，语音教室、英语角、市政文化措施以及多媒体教室等都是重要的教学资源，对学生词汇能力的提升具有非常重要的意义，而且还能提升学生的文化素养。另外，在实际教学中教师还可以充分发挥多媒体的作用，在课上为学生播放一些英文影片，如《泰坦尼克号》，学生在欣赏影片的过程中，不仅能感受其中的情感，还能锻炼口语发音。除此之外，教师可以在课堂上播放英文版《美国队长》，这部影片发音非常地道，不会对学生产生误导，切实提高了学生对英语词汇的学习欲望。通过原版影片的播放，学生被带入到一个全英文的环境中，为学生营造了一个良好的学习氛围和课堂环境，通过寓教于乐的形式提高了课堂教学的质量，对学生口语能力、词汇量的积累具有非常重要的促进作用。

三、结语

词汇和阅读的关系是相辅相成，相互促进的。想要提高学生的阅读能力，这就要求教师要有正确处理二者关系的能力。在阅读教学中，教师要研究好教材，以课本为基础，进行词汇教学，同时，联系生活实际。教师要选择科学的教学方法，帮助学生记忆词汇，养成良好的习惯，还要从学生实际情况出发，因材施教，制订合理的教学策略，帮助学生不断地提高他们的英语水平。

参考文献

［1］董娜.高中英语词汇教学［J］.学周刊，2016（5）：131.

［2］宋艳芳.浅谈高中英语词汇教学的现状及策略［J］.英语教师，2016,16（3）：66-68，71.

［3］姚远，周捷.高中英语学困生词汇学习策略实验研究［J］.宿州教育学院学报，2016,19（6）：136-138.

（作者简介：唐红波，湖南省宁乡市第一高级中学教师）

高一英语写作中谓语部分be动词错误分析

◎ 向书桂 ◎

一、数据收集

本研究素材是两个平行班级考试的128份作文。作文内容如下：假设你是红星中学高三（1）班的学生李华，校报英文版正在开展"续写雷锋日记"活动。请根据以下四幅图的先后顺序，将你所做的一件好事以日记形式记述下来，向校报投稿。注意：①日记的开头已为你写好。②词数不少于60个。

本文的主体时态是一般过去时。但是在学生作文中，有30处be动词错误现象。错误情形分类如下：

第一类：谓语部分形式是"am/is/are+do"。

（1）They are both give thanks to me.

（2）They are have some bags.

（3）We are want to have a trip.

（4）I'm help other people.

（5）He is look at a map.

第二类：句子的谓语构成是"was/were+do"。

（6）Finally, the bus was come.

（7）He was need to go to the National Park.

（8）We were talk a lot while we were waiting for the bus.

第三类：谓语部分出现了"was/were+did"形式。

（9）An old man was got lost.

（10）We were waited for the bus No. 20.

第四类：谓语用"am/is/are+does"这种形式。

（11）I am observes their faces.

(12) They are talks something.

那以上错误到底是什么原因呢？本文从以下几个方面进行了初步分析。

二、理论依据及对be动词错误的分析

（一）错误分析

错误是指语言学习者用外语说话、作文时出现偏离目标语表达法的现象，它反映出学习者对目标语某方面的知识还未掌握或掌握得不全面。错误表明了学习者过渡能力与目标语系统的差异。科德（1967）提出，学生的错误提供了学生在学习语言的过程中的某个阶段所使用的语言系统的证据，因为错误能揭示学习者的过渡性语言语法与目的语语法之间的差异，错误能显示学习者的学习过程，能提供大量信息。

错误分析理论是对学习者在学习第二语言中出现的错误进行研究和分析的理论。错误分析就是通过对学生用目的语生成的话语和将该语言作为母语的人所生成的话语的差异的研究，从中找出学习者所犯错误的规律，并进一步了解英语学习的心理过程。1967年Corder发表的论文 *The significance of learners' errors* 是错误分析的奠基之作。Corder指出，对学习者的错误进行分析有三个作用：

（1）对教师来说，如果他对学生的错误进行系统分析，便可发现学习者在向目的语接近的过程中已达到了哪个阶段，还剩下多少需要继续学习的内容。

（2）向研究者们提供学习者如何学习或习得语言的证据，了解其在学习过程中所使用的学习策略和步骤。

（3）错误分析对学习者本人也必不可少，因为我们可以认为犯错误是学习者为了习得而使用的一种学习手段，它是一种学习者用来检验其对所学语言的本质作出假设的一种方法。错误在具体的英语教学实践活动中时时出现，教师和学习者本人应意识到这是语言习得过程中的必经阶段，通过对错误的分析可以了解对所学内容的掌握程度、学习方法和策略的使用情况，以便进一步深入学习。（束定芳、庄智象，1996）

（二）错误分类

1. 语际错误

在讲语际错误前先来谈谈语言迁移及负迁移理论。语言迁移指的是在英

语学习中，学习者由于不熟悉目的语的语法规则而自觉或不自觉地运用母语的规则来处理目的语信息的一种现象（Odilin，1989）。母语和目的语之间的共性而引起的迁移称为"正迁移"，即母语的语言习惯被正确地运用到目的语中。相反，学习者把母语中的知识不恰当地运用到目的语中的现象被视为"负迁移"，即母语干扰。而不一样时学习者会把母语的习惯迁移到目的语的学习当中形成干扰，而错误就是这种习惯的负迁移或干扰的结果。这样产生的错误就是语际错误。

英语谓语动词是英语句子的重要组成部分，它具有人称、数、时态、语态、语气等曲折的形态变化和使用限制。英语句子的谓语动词具有丰富的形态变化，用来体现不同的时态、语态、语气。英语"时"和"态"的语法形式由谓语动词的特定形式来体现。动词的形式对判断语言信息的含义起着至关重要的作用。另外，在英语中，受动关系主要通过谓语动词的被动语态形式来表达。被动语态形式是一种有标记的动词形式，其形式为be+V-ed或者get+V-ed。例如：English is spoken by many people.

与英语相比，汉语中的动词在构成时态方面的用法就要简单得多。汉语是一种非形态语言，动词没有形态变化，在传达时态方面的信息时，或是在动词后面加上时态助词"了""着""过"表示动作进行的状态，或者是在句子中使用表示时间的名词"过去""现在""将来"或副词"曾经""刚刚""已经""将要"说明动作发生的时间。例如，我去北京。我去过北京。我将要去北京。另外，汉语中主谓之间的受动关系主要通过被动句来表达。被动句是一种有标记句式，其标志是句中的语态助词。典型的语态助词是"被"字，它构成典型被动句。例如，我被送到医院了。非典型的语态助词有"叫""教""让""给""由"等，它们构成非典型被动句。

我们知道，英语中的be动词汉语里有"是，在"的意义，于是学生受汉语的干扰，习惯把"是"的含义翻译出来，当要表达"他是在看地图"这个含义的时候，就写出了句子"He is look at a map"；当要表达"他们是在谈论事情"，就写成了"They are talks something"。这种把汉语的习惯迁移到英语的学习当中形成干扰，于是be动词错误就由这种负迁移产生了。同时，像刚才这样的句子没有用过去时，也是受汉语的干扰。比如，我们经常会看到学生写出类似的句子：I'm like playing basketball.

2. 语内错误

语内错误大多是由于目的语结构的复杂造成的。这些错误是学习者根据现有的有限目的语的输入做出了错误的假设而产生的错误,可以看作是正常的语言发展的错误,称之为"发展性错误"。其实质在于学生把有限的目的语的材料归纳得出的规则应用到更大范围的语言材料上去。语内错误也是错误分析的重点,对应用语言学家研究学习者的外语学习的心理过程具有重要意义。语内迁移造成的错误表现为过度概括、忽略了规则的限制、语言规则的不完整应用、错误的假设概念。上述收集的例句就是忽略了一般过去时的构成规则(did),也就是忽略了目的语的语法规则。英语中,谓语部分出现be动词的情况:

A. 主系表的句子中:主语+am/is/are/was/were+表语。

B. 现在进行时或者过去进行时的谓语中:am/is/are/was/were+doing。

C. 谓语含有被动语态的句子中:be+ done。

当对英语的这些语法规则不清楚的时候,就会出现They are have some bags. Finally, the bus was come. An old man was got lost. I am observes their faces. 等类似的句子。

3. 诱导性错误

除了上述语际和语内干扰引起的错误外,本研究认为学生所犯的某些错误更多的是受学习环境的影响,而不是由于学生对语法掌握不完整造成的,也并非受到母语干扰的影响。这些错误常常被归类到诱发因素这一范围内。主要是学习环境,即由教师提供的某种特定的教学方法,或者是教学材料、练习等。譬如在讲解一般现在时和一般过去时时,很多教师会进行对比讲解,这样,在学生未掌握一般现在时(do/does)的用法之前,又同时讲解一般现在时的用法,反而会增加他们的理解或记忆负担。于是学生会不记得用一般过去时(did)写作,而是用一般现在时,并且不断出现 be 动词的一般现在时或一般过去时与实义动词的一般现在时或者一般过去时的混用。

4. 学生学习策略的差异

学习策略是学生摸索单词、语法规则和其他语言项目用法的方法。对目的语的规则的过度概括或泛化是学生的常用策略。一方面面对大量的目的语输入,学生一时不能完全消化,就把其中的规则简化为一种简单的系统,以便减轻学习负担,这便是简化或过度概括(束定芳、庄智象,1996)。对于高中生来说，翻译学习策略在外语学习过程中似乎是不可缺少的。但是翻译，特别是纯粹字面上的翻译很可能是有风险的。当学生想表达"他是需要去国家公园"这句话的时候，如果纯粹字面的翻译就会产生"He was need to go to the National Park"这样的句子。

三、教与学的建议

1. 巩固英语句子结构知识和时态知识

除了汉语负迁移引起的错误外，学生还因为对英语语言知识掌握不系统，不扎实而造成 be 动词的错误运用。因此教师可以针对这种现象设计相应的合作、探究任务。例如，让学生合作探究 be 动词的用法和英语句型知识并附上有代表性的例句，送老师审稿后对两个知识点分别形成班级特制试卷，印发全班，让基础好的学生讲解，把知识梳理一遍，最后进行朗读背诵。这样学生对英语句子结构知识和时态知识有了更深的认识，避免be动词后加do/does/did的错误。

2. 设置情境，进行专项练习

有针对性地设置各种时态练习，主要是对基本构成的操练，通过在丰富的语境中和练习中的be动词使用，可以帮助学生逐渐认识易错的动词语法在实际中的使用规律并逐渐内化，最终具备语言生成能力。

3. 慎用翻译法学习策略来写作

毕竟英语和汉语有很大的不同，因而要避免语际错误的发生，避免负迁移的影响。

4. 找一本语法书，学习相关知识

英语学习者可以找一本适合自己水平的语法书，结合课堂上教师传授的关于句子结构和句子成分的相关知识，深入学习英语的句法结构，做到心中有数。在此基础上，逐步培养对复杂句子结构进行语法分析的能力，首先认清句子的主干部分，其次是枝叶部分，从而尽可能地避免谓语部分是be+do/does/did的错误。

5. 勤写多练

熟能生巧是永恒不变的真理。因此让学生多写，就一定会收到很好的效果。在评价学生作文时可以采用自评、互评、集体评和教师评相结合的方式，不断提高其自我纠错的能力。

6. 培养兴趣

先让学生从最简单的话题写起，字数不要太多，对于学生的习作一定要找出优点，整篇文章写得不好，那可以挑出好的一段来评讲，哪怕有一句写得好也要鼓励，对于学生所取得的点滴进步都要进行及时公开的表扬。另外可以举行一些各种范围内的写作比赛，扩大获奖比例，评出各个类型的好的习作，及时公布表扬或印发学生写作作为范文。

四、本研究的不足

本研究仅仅是收集了128名高一学生的一次考试的作文，样本的数量有限，这样的研究结果也许不能很好地代表整个高一英语学习者作文中谓语部分出现be动词错误情况。此外，be动词错误的原因也许还有其他不可控制的因素。be动词错误在学生的其他作文中还会体现在be动词的缺失、be动词的误用等方面，笔者对这种情况也不做探讨。最后，尽管本论文有不可避免的限制和不足，但笔者仍希望本研究能对高中英语教学的发展和学生的英语写作能力的提高有些许裨益。笔者会继续进行高中英语写作研究，尽自己最大努力为英语教学的发展提出合理化建议。

参考文献

［1］Corder, S.P. The Significance of Learner's errors［J］. International Review of Applied Linguistics，1967，5（4）.

［2］Odilin, T. Language Transfer［M］. Cambridge：Cambridge University Press，1989.

［3］束定芳，庄智象.现代外语教学理论、实践与方法［M］.上海：上海外语教育出版社，1996.

［4］王兰兰.中国大学生英语写作中的一般过去时错误分析［J］.学术研究，2016，2.

［5］金香花.中国朝鲜族大学生英语写作中动词错误分析［D］.延吉：延边大学，2010.

［6］席文来.初中生英语写作中的偏误分析［D］.成都：西南交通大学，2012.

[7] 刘贤飞. 初中英语写作中汉语迁移错误分析研究 [D]. 苏州: 苏州大学, 2013.

[8] Rod Elis. Second language acquisition [M]. Shanghai: Shanghai Foreign Language Education Press, 2000.

[9] Elis, Rob. The Study of Selind Language Acquisition [M]. Oxford: Oxford University Press, 1994.

[10] 林立. Second Language Acquisition: Theory and Practice [M]. 北京: 高等教育出版社, 2007.

[11] Chamot, Malley, A.U. Learning Strategies in Second Language Acquisition [M]. Cambridge: Cambridge University Press, 1990.

[12] Littlewood William. Foreign and Second Language Learning [M]. Beijing: Foreign Language Teaching and Research Press, 2000.

（作者简介：向书桂，湖南省宁乡市第一高级中学教师）

第六部分

文化意识

中学英语教学中跨文化意识的培养

◎ 邹鸿鹰 ◎

一、理解语言必须了解文化

莎士比亚在一首十四行诗中写道："Shall I compare you to a summer's day? You are more lovely and more temperate."（我能否将你和夏天相比？你比夏天更可爱、更温和。）

莎士比亚将情人比作可爱温和的夏天，咱们中国人读来却不免有些疑惑，因为夏天总是给我们炎热难耐、酷暑难熬的感觉。这迥异的感觉十分贴切地反映出中英两种语言中存在很多的文化差异。中国在亚洲，属大陆性气候，夏季骄阳似火，而英国位于欧洲，属海洋性气候，夏天明媚温和，令人惬意。若不理解这种差异，读起这美丽的诗歌来是无法体味到它的神韵的。

语言和文化密不可分。一方面，文化是语言的基础，两种文化的差异决定了其语言（包括词法、句法、表达方式等）的差异；另一方面，语言又是文化的载体，是文化的一部分，它映射一个民族的特征，不仅包含着该民族的社会文化背景，而且蕴藏着该民族的人生观、价值观、生活方式和思维方式。因此可以说，学习一种语言实际上就是理解一种文化。美国著名语言学家萨王尔指出："文化可以解释为社会所做的和所想的，而语言则是思想的具体表达方式。"由于语言是一种民族文化的表现与承载形式，不了解这个民族的文化，也就无法真正学好该民族的语言。由此我们可以看出，语言与文化关系密切，两者相互依存，相互作用。语言承载文化，文化制约语言。清楚认识语言与文化二者的关系，有助于培养学生的文化意识，加深对语言的理解，提高运用该语言的能力。因此，理解语言必须了解文化。高中英语这门课程的教学中，必不可少的要进行文化差异的教学，培养学生形成跨文化交际的意识和能力，真正让他们做到活学英语，活用英语。

二、《普通高中英语课程标准（2017年版）》对文化意识的阐述和目标要求

1. 阐述

文化意识指对中外文化的理解和对优秀文化的认同，是学生在全球化背景下表现出的跨文化认知、态度和行为取向。文化意识体现英语学科核心素养的价值取向。文化意识的培育有助于学生增强国家认同和家国情怀，坚定文化自信，树立人类命运共同体意识，学会做人做事，成为有文明素养和社会责任感的人。

2. 文化意识目标

"获得文化知识，理解文化内涵，比较文化异同，汲取文化精华，形成正确的价值观，坚定文化自信，形成自尊、自信、自强的良好品格，具备一定的跨文化沟通和传播中华文化的能力。"文化意识是得体运用语言的保证，跨文化意识的培养已成为英语教学的一个不可分割的部分。英语教师要重视跨文化意识的培养，以扫清交际过程中出现的障碍。

三、在教学中多渠道培养跨文化意识

对"文化意识"界定的目标不仅仅涉及掌握文化知识（knowledge），还要求对理解能力（understanding）、自觉意识（awareness）和实际跨文化交际能力（competence）进行培养，四个层次缺一不可。教师可以通过配置合理的教学素材传授文化知识，而意识和能力的培养则要依靠师生共同参与的教学活动以及教师日常教学中的潜移默化，来不断提高学生对中西方文化差异的敏感性和自觉性。

1. 在词汇教学中培养跨文化意识

许多学生认为学习英语就是认识词句短语，了解语法，能写出句子或文章。但在实际运用中，只掌握这些而不理解其中的文化内涵，经常会犯错误或闹出笑话，达不到交际的目的。

英语语言魅力无穷，每个词汇所包含的意义丰富多彩，但基本可以分为两大类，一类是指示意义（denotation），即字面意思，也就是词典上的文字意义；另一类是引申意义（connotation），即文字隐含的意思，也叫作词语的文化内涵。现以最常见的单词dog为例。汉语中，有关狗的成语或句子很

多，比如"狗腿子""狼心狗肺""狗拿耗子多管闲事"之类，多含贬义。而狗在英语中却是忠实、可爱、聪敏的象征，因此与之有关的短语有好多是褒义或中性的。"You are a lucky dog"意思是说，你小子运气够好。"Every dog has its day"是说，狗有狗运，人也一样，总有走运的一天。"dog-tired"指的是一天劳作非常累，形容像狗一样忠实勤恳地劳动。又如"dragon"一词。中国人视龙为权力和力量的象征。天子贵为龙，龙袍、捋龙须、龙颜大怒、龙马精神、龙的传人等词都可以体现对龙的尊崇。但在西方国家，龙却是一种邪恶的动物。再如表示颜色的词语。"John, you look blue today. What happened？""Recently, the company has been in the red." "She is a green hand in the company."等句中，blue，red，green 都不再表示颜色了。"blue"意指"忧郁的，沮丧的"，"in the red"为"负债，亏损，赤字"之意，而有着green hand的人实际上是指"生手，没有经验的人"。"You are crying for the moon if you hope the boss will leave us no task."句中的moon在中文里是很容易让人联想到花好月圆、风花雪月、闭月羞花、月亮代表我的心等美好意象的物体。而对于西方人，月亮只是遥不可及的宇宙天体，没有亲切美好之意，如"cry for the moon"，指的就是无法企及的愿望，痴人说梦；"cover oneself with the moon"也绝不是花前月下，感受甜美月色，而是流浪汉露宿街头。

　　词汇是语言中最活跃的成分，也是文化负载量最大的部分。词汇的意义往往与所在国家的文化、政治、地理、宗教等有关，并在表达方式中反映出来。Seelye认为，"如果学生（或者教师）不了解词的文化内涵，他就不知道那个词的意义——不论他是否会读出或译出那个词"。他坚持对于词的文化内涵进行对比可以帮助学生了解异文化的结构和观点，这种学习应该尽早开始。不理解词汇承载的文化内涵，引起误解就是很经常的事了，而这种误解会进一步阻碍与不同文化背景的人正常的交流。最痛心的例子莫过于在一个私人可以拥有枪支的美国社会，一个留学生因为听不懂美国人的口语"freeze（站住！不许动！）"而被枪杀。生命的代价血淋淋地提示着我们文化内涵在词汇学习中的不可忽略性。

　　和中文一样，英语中还有许多具有文化内涵的成语、习语、俚语、谚语、格言等，与西方国家的成语典故、神话传说、文学名著、宗教等息息相关，所以，在教授词汇的时候，教师应适时介绍一些相关的文化背景知识，使学生能了解这些词语背后的故事，真正理解它们的内涵，以便把它们掌握和运用到恰当之处。所以，在词汇教学中渗透文化意识，应该成为培养跨文化意识的首选途径。

2. 在交际用语中培养跨文化意识

中国的学生在国际上以努力而著称。他们学习英语时，往往能花大力气去记住众多单词正确的读音拼写以及意思，但如何正确运用这些词语和在实际生活中进行良好的交际却是他们的软肋。机械的一个单词一个单词套用，或者按照中文的习惯"硬译"是他们在口语交际中最常犯的错误。常听的一个笑话能折射出这种令人不知所措的交际。一个外国人出于礼貌赞扬一位中国的Lady，"You are so beautiful." 该Lady十分谦虚地回答"where，where（哪里哪里）"，于是那个外国人只能仔细观察着她，勉强地说"your hair，your nose，your mouth，your..."。殊不知，一个简单得再不能简单的"Thanks"即可应付这赞扬。所以，与隐私至上的西方人打招呼不必问他们吃饭了没有或者要去哪里，说声Hello就可以了，或者谈谈天气。如此种种，需要我们的英语教师在教学中模拟情境，有针对性地介绍其中包含的文化内涵，使学生获得真正的交际能力。那么，我们就不会再有交际出糗的尴尬了。

3. 在语法教学中培养跨文化意识

每种语言都有自己独特的语法体系，不能用另一种语言的语法去套用理解。而且，即便是看似枯燥单调的语法条条框框里也隐含着丰富的文化因素。理解这些文化因素，会让我们对语法有更好的理解和应用。例如，"The bread and butter is on the plate，John."一句中，我们通常会奇怪bread和butter为两样事物，谓语动词怎么会用单数。其实，西方人以面包为主食，且经常是将面包切成片涂上黄油一起吃，所以"bread and butter"就是指涂了黄油的面包片，为不可数的名词了。而在"He doesn't just write for fun, writing is his bread and butter."一句中，"bread and butter"进一步引申为"生活必需品，谋生之道"了。鉴于此，语法教学中教师要尽力挖掘其中的文化因素，使语法讲解鲜活起来的同时，增强学生的文化意识。

4. 在阅读教学中培养跨文化意识

阅读是我们获取信息，学习知识的首要途径。丰富的阅读材料给学生提供的更是大量的文化因素。首先，有些阅读材料本身就给我们介绍了英语国家的宗教、文化、风俗、习惯、节日、历史、地理、风土人情等，阅读这些材料，能使我们最快地了解原汁原味的西方文明。

其次，还有些阅读材料，我们理解时不仅需要足够的语言知识，还要借助已知的文化背景知识。例如，阅读文章时，了解大意是阅读的关键所在，为了能迅速抓住中心，了解一下东西方作者写作特点很有必要。东方人重综合思维的能力，写作特点往往是一波三折，开头往往与主题关系不大；而西方人重分析思维能力，因而写作方式呈直线型，即直截了当，主题一般在首段的首句。我们来读一下朱自清先生的《荷塘月色》，然后将其与一个美国学生在汉语水平考试中写的另类版《荷塘月色》进行对比，就能很好地体会这种不同。

朱自清《荷塘月色》：

曲曲折折的荷塘上面，弥望的是田田的叶子。叶子出水很高，像亭亭的舞女的裙。层层的叶子中间，零星地点缀着些白花，有袅娜地开着的，有羞涩地打着朵儿的；正如一粒粒的明珠，又如碧天里的星星，又如刚出浴的美人。微风过处，送来缕缕清香，仿佛远处高楼上渺茫的歌声似的。这时候叶子与花也有一丝的颤动，像闪电般，霎时传过荷塘的那边去了。叶子本是肩并肩密密地挨着，这便宛然有了一道凝碧的波痕。叶子底下是脉脉的流水，遮住了，不能见一些颜色；而叶子却更见风致了。

美国学生另类版《荷塘月色》：

最近比较烦，考试没过关。听说荷花开，于是塘边转。来到荷塘边，满眼荷花鲜。有袅袅地开着的，有打着朵儿的。微风吹来，花香入脾。然而，我还是很烦，花开得再好，我的考试还是失败了，郁闷不是一点点。

又如，英国浪漫主义诗人Shelly在著名的《西风颂》（Ode to the West Wind）中赞颂了使英国万物复苏的和煦西风。他写道："The trumpet of a prophecy！O wind, If winter comes, can spring be far behind？"中国元代词人马致远的《天净沙·秋思》中的"西风"则是愁苦悲凉的意象。

最后，教师可结合所学教材对阅读中涉及有关文化知识的语句加以注释，做到语言讲到哪里，文化知识解释到哪里。如Madame Curie文中出现了"In 1903 Marie and Pierre Curie were given the Nobel Prize for Physics."这一句子，教师就可以向学生讲述有关诺贝尔奖的情况。总之，语言传递的文化信息是英语阅读教学中不可忽视的重要组成部分，英语教师要帮助学生认识到文化是多元的，变化的，具有民族性的，要给学生提供更多的阅读材料，包括原著和根据原著改编的简易读本，让学生通过大量阅读增强文化意识，形成跨文化交流的能力。

5. 在课余活动中培养跨文化意识

课堂是教学的主阵地,但是课余适宜的活动也能进一步夯实基础,促进学生跨文化意识的培养及运用的能力。在条件允许的情况下,教师可以组织学生开展各种课余活动,浓化英语文化氛围,更好地培养学生跨文化交际的意识和能力。比如,英语戏剧表演竞赛、英语角、英语晚会、英语文化研究性学习、英语板报手抄报、英语广播电视台等。

四、结语

胡文仲先生说过:"语言是文化的一种表现形式,不了解英美文化要学好英语是不可能的。反过来,越深刻细致地了解所学语言国家的历史、文化、传统、风俗习惯、生活方式以致生活细节,就越能正确理解和准确使用这一语言。"而根据王振亚、王育良等研究者对高中毕业生的调查研究结果来看,学生的跨文化交际能力远远低于语言能力,这将使他们很难适应跨文化交流的需要。所以,英语教师应在讲授英语知识的同时,通过多种途径介绍英语文化背景知识,有意识地提高学生的英语文化意识,消除文化障碍,提高学生对英语国家文化的敏感性,培养学生的跨文化意识和跨文化交际能力,以达到《普通高中英语课程标准(2017年版)》的要求,让学生能够学以致用,为跨文化交际打下良好的基础。

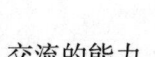
参考文献

[1] 中华人民共和国教育部.普通高中英语课程标准(2017年版)[S].北京:人民教育出版社,2018.

[2] 肖万祥.高中新课程实施解说[M].长沙:湖南师范大学出版社,2007.

[3] 王振亚.以跨文化为目的的外语教学[M].北京:北京语言大学出版社,2005.

[4] 傅山云.高中生跨文化交际能力测试的分析[J].中小学英语教学与研究,2008(1).

[5] 陈俭贤.依据新《课程标准》培养学生跨文化意识[J].中小学英语教学与研究,2008(1).

[6] 金静怡.高中英语阅读课教学中培养学生跨文化意识和能力的研究[D].大连：辽宁师范大学，2008.

（作者简介：邹鸿鹰，湖南省宁乡市第一高级中学教师）

中学英语教学中汉语迁移现象浅析

☒ 黄京亚 ☒

现代心理学认为，迁移是一种学习中习得的经验对其他学习的影响，即原有的知识对学习新知识产生的影响。语言迁移是指在第二语言学习中，学习者在使用第二语言时，借助于母语的发音、词义、结构规则或习惯来表达思想的现象。如果母语的语言规则和外语是一致的，那么母语的规则迁移会对目标语有积极的影响，这被称为正迁移。负迁移则是指，如果母语的语言规则不符合外语的习惯，会对外语学习产生消极影响。

中学生处于第二外语学习的起步阶段，在英语学习中受到汉语的影响尤其大。汉语在一定程度上对学生的英语学习起到了促进作用，形成语言的正迁移。但另一方面，也对其进行了一定的误导和干扰，对学生的学习起到了负面影响。这样的正、负迁移体现在学生英语学习的各个方面，如语音、词汇、句法等。根据我们的教学实践和教育教学理论，可以有效地利用汉语的正迁移现象，同时尽量规避一些负迁移，促进学生的英语学习。

一、汉语在英语语音学习中的迁移现象

1. 语音的正迁移

汉语拼音包含声母和韵母，韵母又分为单韵母和复韵母。而英语单词的读音是由音素构成的音节组成，音标分为元音和辅音，元音包括单元音和双元音。我们通过观察和实践发现，声母与辅音、韵母与元音不仅在形状上，同时在读音上也存在一定的对应现象。如：汉语拼音中的b、p、f、d、t与英语中的/b/、/p/、/f/、/d/、/t/在拼读时的作用和读音都是一致的；汉语中的鼻音m、n也可以在英语中找到与之对应的/m/和/n/；单韵母a、o、e、i、u的读音，在英语中也有长元音/ɑː/、/ɔː/、/ə/、/iː/、/uː/，还有短元音/ʌ/、/ɒ/、/ə/、/ɪ/、/u/。因此，在拼读方面，可以借由汉语拼音的帮助，更快地学会音

标的读音。

2. 语音的负迁移

汉语拼音的声母和韵母在学生的英语学习中起着促进作用的同时，也带来一定的负影响。首先，汉语拼音的声母读音是由声母+韵母拼读而成，如：b的读音为bo，d的读音为de，t的读音为te。而英语中辅音在单独发音时是不能发出元音的，这使得很多中国学生会将一些辅音结尾的单词念错，如cat念成/kætə/。一些以辅音字母+不发音的e结尾的单词则更容易犯错，如 tide 念成/taidə/。这就是我们平常在语音教学中需要注意的问题。

二、汉语在英语词汇学习中的迁移现象

1. 词汇的正迁移

汉字的表达很形象，原因之一是其中有很多表示意义的偏旁部首，比如，江、海与水有关，花、草跟植物有关，铜、铁跟金属有关。恰好英语中也有很多带有意义的词根、词缀，如否定前缀dis-、un-、in- 等，macro-（宏、大），micro-（微），后缀-ible（可……的），名词后缀-tion、-ment等。因此，在记忆英语单词时，可以试着将这些词根、词缀联系起来，这样便能起到事半功倍的效果。

2. 词汇的负迁移

汉语在词汇上对于英语学习产生的负迁移影响主要体现在词形变化和词语搭配上。首先，汉语词汇的词性并不一定体现在词语的形态上。例如，一些词语既可以做形容词，又可以做名词，这需要在语境中进行分辨，如"我们很幸福"（"幸福"做形容词）和"我们的幸福"（"幸福"做名词）。这使得很多学生在使用词语的时候分不清楚其词性，因此容易写出诸如"our happy"的表达。而在词语的搭配方面，由于两种语言习惯的差异，学生经常会有一些不符合英语习惯的表达，如 body health（physical health），serve for the people（serve the people）等俗称Chinglish的错误说法。归根到底，词汇方面的负迁移还是来源于思维方式的差异，而没有进行思维转换的学生往往忽视了这些差异，以至于犯了错误而不自知。

三、汉语在英语句法学习中的迁移现象

1. 句法的正迁移

英汉两种语言虽属不同的语系，但在基本句型上仍有不少相似之处。譬如：

（1）S+V eg. He is very tall.（他很高。）

（2）S+V+O eg. My mom is cleaning the house.（我妈妈在打扫房子。）

（3）S+V+P eg. I am a student.（我是个学生。）

（4）S+V+IO+DO eg. She gave me some books.（她给了我一些书。）

（5）S+V+O+C eg. We asked him to get there early.（我们叫他早点到。）

这五种基本句型结构在英汉两种语言中大体上一致，所以我们的学生在学英语句型时并没有很大困难，这也是汉语对英语学习所产生的积极的正迁移。

2. 句法的负迁移

在语言学界，人们基本上达成了一种共识：汉语是隐性语言，讲究精炼，重意合而不重形合，即我们常说的"形散而神不散"；而英语属显性语言，强调句子的形式和结构的完整，并且有丰富的连接词来表达句际关系。在重"神"的汉语里流水句、松散句得到了极好的发挥，常常是小句与小句之间形式独立，只用逗号隔开，直到意义表达完整。中国学生在英语写作时，仍承袭这种表达模式，以致句中或句与句之间隐含的逻辑关系不能清楚地表达出来，常常写出不被接受的英语流水句。例如：

I get up at six o'clock and read my English book, then I have my breakfast and go to the classroom.

这就使得我们在平常的英语教学中，引导学生去欣赏并学习运用语言之美成为一种很难到达的理想状态，也是我们需要思考和解决的问题之一。

总而言之，由于中西方文化背景的差异，导致英汉语言在很多方面存在着差异。中国学生由于固有的汉语思维定式，在学习英语的过程中不可避免地会受到影响。这些影响阻碍着学生英语的习得和交际的效果。但是与此同时，英语和汉语也存在一定的共同之处，可以有效地帮助我们的英语教学，提高教学效果。因此，在英语教学实践中，只有仔细对比研究两种语言，重视其异同，竭力避免汉语对于英语教学的负迁移作用，并且充分激活和利用汉语的正迁移，才能尽可能地提高英语教学的质量，帮助学生更好地掌握英语。

参考文献

[1] Ellis, Rod. Understanding Second Language Acquisition [M]. Shanghai: Shanghai Foreign Language Education Press, 1986.

[2] 许余龙.对比语言学[M].上海：上海外语教育出版社,2002.

[3] 鲍瑞.语言迁移与英语教学[J].语文学刊·外语教育教学,2009（11）.

[4] 郭钟庆.英语语言迁移研究现象概述[J].江苏教育学院（社会科学版）,2004（7）.

[5] 刘玉萍.二语习得中的母语迁移及其对英语教学的启示[J].辽宁行政学院学报,2009（3）.

（作者简介：黄京亚，湖南省宁乡市第十一高级中学教师）

高中英语文化意识的培养困境

◎ 邹莹洁 ◎

英语不仅仅是一门语言学科,还是一种文化学科。这是因为语言与文化有着密切的联系。在高中英语教学活动中,教师不仅要引导学生扎实地掌握基础的英语语言知识,如词汇、语法等,还要挖掘语言中所蕴含的文化内涵,采取多样化的方式将其展现在学生面前,使学生在教学的过程中,受到文化的熏陶,进而促进其文化意识的发展。在立德树人背景下,核心素养的提出为高中英语教学活动的开展指明了新的方向,其中,文化意识作为不可或缺的一个维度,在核心素养培养过程中发挥着重要的作用。结合英语教学特点和核心素养培养要求,教师在高中英语教学活动中,要对学生的文化品质培养给予充分的重视,借助多样化的方式引导学生感知文化、理解文化,形成文化意识,进而促进其文化意识的发展。但是,就当前的高中英语教学活动的开展情况来看,学生文化意识的培养还是面临着诸多的问题。对此,在本文中,笔者主要就高中英语文化意识培养困境及其原因进行详细说明,为教师探寻有效的培养方式指明方向。

一、高中英语教学中培养学生文化意识的现实困境

1. 教师技能短板:缺乏理论储备,文化底蕴薄弱

教师作为英语教学活动的组织者、引导者,其要想使学生在教学活动中形成文化意识,首先要从自身的文化品质入手,既要具备一定的英语国家的文化知识储备,还要引导学生进行跨文化交际,并发现学生身上的不足,以此进行有针对性的引导。尽管新一轮课程改革已经实施很多年了,教师在三维目标的引导下,对文化意识的培养早已不陌生。文化意识的养成有利于学生形成文化品质。但是,从一些教师的教学过程中可以发现,尽管教师对文化意识、文化品质的培养给予了充分的重视,但是其自身有限的文化知识储备限制了英

语文化教学的有效开展。也就是说，一些教师所储备的相关文化教学理论是不足的。大部分教师掌握了英语语言、语法知识等，但是对于语用学理论、跨文化交际学等知识知之甚少，由此导致其难以在英语教学活动中立足教学所需对学生讲述文化内容。除此之外，一些教师自身薄弱的文化底蕴还影响着其文化教学的开展。就我国的基本国情来看，大部分高中英语教师是没有出国进修过的，在缺乏跨文化交际的经历下，其跨文化交际经验是严重不足的。在教学活动中，教师在有限的文化底蕴的引导下，往往无法立足教学内容对其中所蕴含的文化内涵进行深入剖析，甚至害怕学生深究文化差异内容。教师文化理论储备的缺失和文化底蕴的薄弱限制着学生文化意识的养成。

2. 学生态度：重视知识学习，轻视文化修养

高中阶段的学生往往面临着繁重的学习压力，甚至一些学生在教师长期的照本宣科中将知识学习作为重点，认为只有扎实地掌握了英语知识，在考试中取得优异的成绩就是学好了英语。在这样重知识学习，轻素养养成的过程中，学生的英语素养，甚至母语素养都是差强人意的。在这种长期忽视自我文化意识培养的过程中，不少学生患上了"文化失语症"，无法灵活地运用所学的语言知识进行交际，有效的跨文化交际的实现更是无从谈起。久而久之，在没有有效的目的语文化输入的情况下，学生也能将所积累的语言知识输出出去，导致其文化品质的养成存在种种问题。尽管我们常强调文化意识的培养，但是其培养是与教师的教学行为有着密切联系的。对此，在英语教学活动开展中，教师要充分地发挥其专业素养，借助多样化的方式引导学生转变其传统的学习态度，激发其文化学习积极性，使其在多种活动中真正地获得文化熏陶。

3. 内容方法：内容单薄，方法单一

众所周知，教学内容和教学方法是开展高中英语教学活动的血肉筋骨。倘若在高中英语教学活动中，教师所讲授的教学内容是不符合学生学习所需的，其所使用的方法是无法调动学生学习积极性的，那么，课堂教学效果自然也不尽如人意。在当前的高中英语文化教学活动中，大部分教师往往将教材内容作为教学的重点（尽管在新版英语教材中蕴含着丰富的文化因素），在传统理念的驱使下，照本宣科，直接将英语知识展现在学生面前，忽视了文化内容。而且，一些教师在教学活动中，也难以根据教学所需，为学生补充与其有关的文化内容，由此导致教学内容单薄，学生无法从中获得有价值的文化知识。

这些现象的存在严重限制着高中生英语文化意识的培养。那么，造成这些问题的原因是什么呢？

二、高中英语教学中培养学生文化品质现实困境的根源

1. 应试教育的消极影响

就高中阶段的学生而言，高考仍然是一道分水岭，倘若学生能顺利通过高考，将会继续接受教育；倘若高考失败，则无法继续接受教育。相较于小学生和初中生来说，高中生具有更大的考试压力。在教育活动中，我们是无法否定高考的作用的，但是其所带来的消极影响是我们不能忽视的。在应试教育背景下，高中英语教学活动的开展集中在词汇、语法等基础知识和学生应试能力的培养上，如此，将课堂教学时间分散给文化教学，无形之中就是在浪费时间。在这样的情况下，无论是教师还是学生都无法充分重视文化意识培养，文化教学自然就可有可无了。

2. 教师专业素养发展滞后

正如上文所提及的，教师是高中英语教学活动的组织者、引导者，教师缺乏文化理论储备、文化素养较为浅薄等，自然会影响其教育教学活动的开展。通过对高中英语教师进行调查发现，大部分教师对自己的英语语言知识和语言技能的掌握是充满自信的。但是，其英美文化常识积累、英美文学赏析等水平则差强人意。缺乏文化素养，开展英语文化教学自然会存在诸多的问题。除此之外，教师传统的英语教学观念和教学方式，也会限制英语文化教学活动的有效实施。

3. 文化教育自身具有操作难度

相较于语言教学而言，文化教学活动的开展存在着较大的操作难度。因为文化是无形的，丰富多样的。在教学活动中，教师可以立足具体的知识内容，向学生讲述显性的文化内容，如历史文化、艺术成就、风俗习惯等，但是这些显性文化内容背后所蕴含的文化价值，要如何讲授，讲授程度如何，都是难以把握的。而且，在意识形态的差异下，向学生讲述英美文化对于以汉语为母语的高中英语教师而言也是困难重重。

通过以上分析可以发现，无论是从教师层面还是从学生层面、教学层面等来讲，受应试教育的限制以及文化教学的操作难度的影响，在高中英语教学活动中有效实施文化教学，培养学生的文化品质是困难重重的，这就需要我们

英语教师，在核心素养培养的引导下，不断学习，提升自身的专业素养，利用多种教学方式，向学生展现丰富多彩的文化内容，使学生在文化内容的熏陶下养成文化意识，促进其文化品质的养成。

参考文献

［1］李彪林.基于学生核心素养培养的高中英语课堂导学思考［J］.科教导刊（下旬），2018（08）：129-130.

［2］韩笑.在高中英语教学中培养学生文化意识的研究［D］.武汉：华中师范大学，2017.

（作者简介：邹莹洁，湖南省宁乡市玉潭中学教师）

高一英语写作中汉语负迁移现象分析及教学提示

◎ 向书桂 ◎

一、汉语负迁移概述

在第二语言的习得过程中,学习者的母语会直接影响第二语言的习得,也就是"语言迁移"(Language Transfer)现象,其研究始于20世纪四五十年代,是指"一种语言对学习另一种语言的影响"。当母语与目的语的语言习惯相同或相似时,会产生促进目的语习得的"正迁移"(Positive Transfer),反之,当母语与目的语有着不同的语言习惯时,会产生干扰目的语习得的"负迁移"(Negative Transfer)。在目的语习得过程中,正负迁移共同作用于目的语学习,各自的程度取决于汉语与目的语的相似或相异程度。可是,英汉两种语言在诸多方面都存在明显差异,高一学生受汉语思维模式和语言习惯的影响,容易用已知的汉语知识去理解和运用英语。因此,汉语的负迁移现象在英语习得中非常普遍,极大地影响了其语用能力。下面笔者将分析汉语负迁移在高一学生英语写作中的体现,并探讨如何克服汉语负迁移和提高学生的英语写作水平及综合语言运用能力。

二、高一学生英语写作中的汉语负迁移现象分析

英语语言知识的学习包括语音、词汇、语法、语篇和语用知识。学习语言知识的目的是发展语言运用能力。语言能力指在社会情境中,以听、说、读、看、写等方式理解和表达意义的能力,以及在学习和使用语言的过程中形成的语言意识和语感。英语语言能力构成英语学科核心素养的基础要素。英语语言能力的提高蕴含文化意识、思维品质和学习能力的提升,有助于学生拓展

国际视野和思维方式，开展跨文化交流。汉英两种语言的差异在语音、词汇、语法、语篇和语用知识及文化等诸多方面都有体现，所以汉语的负迁移在这些方面都普遍存在，下面笔者将从词汇、语法、语篇和语用知识四个层面分析汉语负迁移对高一学生英语写作造成的影响。

（一）词汇负迁移

词汇又称语汇，是一种语言中所有词和词组的总和。学习词汇不只是记忆词的音、形、义，更重要的是在语篇中，通过听、说、读、看、写等语言活动，理解和表达与各种主题相关的信息或观点。词汇方面汉语负迁移主要体现在以下几个方面。

1. 词义负迁移

在汉英词汇中，存在着意义完全对应、部分对应和不对应三种情况，学生常常因为对词的字面意义和隐含意义不清楚而造成负迁移，如"use"和"take up"都可以理解成"用"，所以中文句子"写这本书用了他所有的业余时间"学生的英文是这样的："Writing this book used all his free time."此处的"use"如果换成"take up"，变成"Writing this book has taken up all his spare time."会更恰当。

2. 词性负迁移

汉语缺乏形态变化，即一个词用于不同的词性时，词本身形式没变化，同一个汉语词汇常具有不同的语法功能，体现不同的词性，而英语是一门曲折语言，一种词类可以通过曲折变化，即通过在词干中加后缀使词达到其语法功能而变成另一词类。然而许多学生受汉语影响，在英语写作时出现了如下现象。

（1）You didn't have a <u>communicate</u>.

（2）You'd better have a <u>discuss</u> with your father.

（3）I know it is a <u>difficult</u> for you.

（4）You will have a <u>celebrate</u> party.

（5）Everyone should <u>preparation</u> an apple which looks perfect and big.

（6）Happiness and <u>safe</u> are the most important thing.

其中（1）、（2）和（4）句应该分别用其动词对应的名词形式communication，discussion，difficulty。（5）句应该用其名词对应的动词形式prepare，（6）句应该用该形容词对应的名词形式safety。

（二）语法负迁移

英语语法知识包括词法知识和句法知识。词法关注词的形态变化，如名词的数、格，动词的时、态（体）等；句法关注句子结构，如句子的成分、语序、种类等。词法和句法直接影响语言理解和表达的准确性和得体性。

1. 词法负迁移

英语有人称、数、格、时态等曲折变化。看这几个例子，"Here are my suggestion.""We can play game at that night.""A Christmas party will hold in the evening."由于汉语名词的数是加数量词，而英语则是进行词形变化，受汉语思维的干扰，第一、二句中的"suggestion"和"game"忘记了加"s"。同样的，在注重主题的汉语里，很少出现被动语态，所以导致"will be held"这样的动词的被动语态没有用起来。在People like play sports和Play sports is good for our health这两个例子中，"play"都应该加"ing"，一个做宾语，一个做主语，也就是这个动词已经是非谓语动词了，因此就必须改变动词的形式，而这在汉语里是完全不需要考虑的。但是，有时候学生的写作中会出现规则的过度概括，例如学生作文中如下两个错误句子，"You should healthy eating"和"We can singing and dancing"，英语中，情态动词要加动词原形，并和动词原形一起构成谓语，另外，还要用副词来修饰动词。而汉语完全不存在这些语法规则。所以上面两句的正确表达应该是："You should eat healthily.""We can sing and dance."还有，英语中的人称代词有主格和宾格之分，而汉语完全没有主格和宾格之分，受汉语的影响，学生写出了这样的句子："Kids all like he very much.""It must make they happy.""It is suitable for we high school students to take part in it."

再如汉语中任何一个动词可以指现在、过去、将来等时间内的动作，也可以指进行中或完结了的动作，动词本身不发生任何词形变化，动作的时间性、持续性和状态等都由助词和副词来表达。

她明天会来。（将来时，由时间副词表示。）

她昨天来了。（过去时，由时间副词表示。）

她来过了。（表经验、完成，由助词"过""了"表达。）

在高一学生作文中，会发现"Li Jun come back from Beijing yesterday.""He say he has a wonderful time in Beijing."用学生的话说，他们没有"时态意识"，没有"第三人称单数加s的意识"，即没有曲折变化意识，是汉语中的这些空缺或零在起作用。

2. 句法负迁移

句法上，英语句子重"形合"，结构紧凑，注重形式联系，以动词为中心，通过词形变化和各种连词、介词来表现词与词之间的相互关系，通过句子成分的"各居其位"来体现意义。而汉语的句子重"意合"，句子结构主谓宾没有形式标定，主谓之间关系松散，宾语无定格，不追求形式上的完整，往往只求达意，有时甚至无视词类间的搭配，可将一连串的名词叠加以描绘某个意境，如"枯藤老树昏鸦，小桥流水人家，古道西风瘦马……"。所以这样一个中文句子"选一部好手机可能不像你想象得那么容易。"学生的英文是这样的："Select a good mobile phone may don't like you think so easy."写作中出现很多受汉语思维影响的句子，也就是我们常说的Chinglish，举例如下：

（1）People bring gifts send their friends.

（2）Girls all are like gifts.

（3）A diet is not suit you.

（4）I need to tell you can't eat fast food.

（5）And diet will make you don't energetic.

（6）Don't be sad about why them not open your gift.

（7）You believe yourself can learn it well.

（8）Every exam my English always is the first.

另外，英语的句子有一种主系表结构，而汉语里没有这种句子结构，高一学生在写作中经常会出现了遗漏系动词be的情况。请看下面的例子：

（1）You should in charge of your food.

（2）You shouldn't embarrassed about yourself.

（3）It must nice.

（三）语篇负迁移

语篇知识就是关于语篇是如何构成、语篇是如何表达意义以及人们在交流过程中如何使用语篇的知识。

汉语的语篇衔接手段少，不充分使用主题句，成"螺旋形"，导致表达不连贯、含糊、似是而非并具有跳跃性和左右回旋性，习惯于从侧面说明和阐明外在因素后再说出中心，以归纳型为主，而不太注重形式逻辑，表现形式受意念引导，趋于含蓄和灵活，需要较多的意会和感悟。

而英语是"直线型"的,常常采用演绎的方法,即由一般到特殊,并具有开门见山、直截了当的特点。重视语言的分析性、逻辑性和形式结构化。注重"实证",多理性,多科学论辩的逻辑推理,用事实来说明问题,在写作中偏好演绎性的模式,先呈现主要的观点,然后呈现支持信息。所以英语段落里往往在段首出现主题句。

受汉语的影响,学生的作文中常常会出现缺少so,because,but,otherwise,if等关联词的现象,例如:Li Hua is a middle school student. He is enthusiastic about doing community service work. 如果增加恰当的连接词,变为"Li Hua is a middle school student, who is enthusiastic about doing community service work." 这样连接起来的句子显得更有文采,逻辑性也就更强。

另外不充分使用主题句的问题,常表现为受汉语文化思维的影响,说了很多后才点出主题,而英语的习惯是开篇明义后再加以论证的方式。

(四) 语用负迁移

语用知识指在特定语境中准确理解他人和得体表达自己的知识。掌握一定的语用知识有助于学生根据交际目的、交际场合的正式程度以及参与人的身份和角色,选择正式或非正式、直接或委婉、口头或书面语等语言形式,得体且恰当地与他人沟通和交流,达到交际的目的。因此,在英语作为国际通用语的背景下,学习和掌握一定的语用知识有利于提升高中学生有效运用英语的能力和灵活的应变能力。

语用层面的负迁移主要体现为将汉语中的语用意义生搬硬套地用在英语上,如词语搭配错误、词语隐含意义不当或文化内涵不当等。

英语中有大量的词语搭配组合,其中既有文化习俗多年积淀或多年使用而形成的固定词组或成语,也有根据语境按一定语法和语义联系构成的词组,它们与汉语的表达有很大差异,因此容易出现负迁移现象,例如:"to learn knowledge(to acquire knowledge)"或"to eat medicine(to take medicine)"。"dragon"一词,它对应的中文"龙",在汉语文化里代表皇权,象征着权利、尊贵或威严等,而在英语里恰恰相反,代表邪恶势力。另外,与文化内涵相关的语用迁移还有"挥金如土(to spent money like water)""掌上明珠(the apple of one's eye)""百里挑一(one in a thousand)"以及"宁做鸡头,不做凤尾(Better be the head of a dog than the tail of a lion)"等。

三、减少汉语负迁移的教学提示

汉语对高一学生英语写作造成干扰是目的语习得过程中的正常现象。为了最大限度地减少高一学生英语写作中的汉语负迁移,现从词汇知识、语法知识、语篇知识和语用知识四个方面给出如下教学提示。

（一）词汇知识教学提示

词汇学习不是单纯的词语记忆,也不是独立的词语操练,而是结合具体主题,在特定语境下开展的综合性语言实践活动。学生通过听、说、读、看、写等方式,感知、理解相关主题意义,使用词语表达相关话题的信息和意义。同时在这一系列行为中,根据词性、词语的习惯搭配和主题内容,构建不同词汇语义网,积累词块,扩大词汇量,并在大量的语言活动中,强化语感,迁移词语运动能力,最终做到词语内化。在具体教学中,教师要引导学生利用词语结构和文本的语境理解词语的意思,借助词典等资源,学习词语的用法,并大胆使用新的词语表达自己的意思。在日常教学中,教师要结合主题语境,不断地重复有关词语,其中包括教师自己的课堂教学话语和学生发言、对话、讨论的话语,譬如在小组活动前,教师提示相关词语运用的要求,有意识地促使学生在讨论中使用新学的词语。在学生词汇学习的过程中,教师可以根据主题,引导学生使用思维导图梳理词汇。在课堂上,教师要注意词块的呈现,帮助学生关注动词词组、介词词组、名词词组、形容词词组和副词词组的习惯搭配和表达。词汇学习是一个长期综合实践和有效积累的过程,所以高一学生在词汇方面的汉语负迁移现象会随着他们语言能力的提高越来越少。

（二）语法知识教学提示

新课程标准所倡导的英语教学语法观,是以语言运用为导向的"形式—意义—使用"三维动态语法观。因此,在教学中教师应重视在语境中呈现语法知识,在语境中指导学生观察所学语法项目的使用场合、表达形式、基本意义和语用功能,并通过课内外和信息化环境下的练习和活动,巩固所学语法知识,在语境中帮助学生学会应用语法知识理解和表达意义,引导学生不断加强准确、恰当、得体地使用语言形式的意识；在练习和活动的选择和设计上,教师应根据学生实际需求,围绕"形式—意义—使用"采用和设计不同类型的学习实践活动,以既有层次又强调整合的多种教学活动来引导学生发展英语语法意识和能力。

学生在学习中遇到语法问题时，教师要引导学生借助语法书、词典、网络等学习资源来解决所遇到的问题，以提高学生的自主学习能力。

（三）语篇知识教学提示

语篇是语言学习的主要载体。语言学习者主要是在真实且相对完整的语篇中接触、理解、学习和使用语言，因此语言学习不应该以孤立的单词或句子为单位，而应以语篇为单位进行。教师应该有意识地渗透有关语篇的基本知识，帮助学生形成语篇意识，把握语篇的结构特征，从而提高理解语篇意义的能力。同时，教师要引导学生充分利用语篇知识有效地获取和传递信息，表达观点和态度，达到运用语言与他人沟通和交流的目的。

在实际教学中，教师要特别注意处理好语音、词汇、语法与语篇的关系。语音、词汇、语法都是语篇的有机组成部分，在理解和建构语篇的过程中发挥着重要作用。基于语篇的英语教学，并非是在传统教学模式上增加一个语篇层次的教学，而应该是以语篇为单位设计和实施教学。也就是说，语言教学应该围绕语篇来进行。语言教学的主要任务之一是帮助学习者认识到语音、词汇、语法等语言要素是如何相互联系、共同组织和建构语篇的。虽然每一类语篇有其共同的语篇结构和语言特征，但这些结构和特征也不是完全固定不变的。教师要在教学中注意引导学生观察和分析具体语篇的结构和语言特征，即关注语篇的各个组成部分以及语篇所用的语言是如何表达意义的，避免单纯地讲授语篇知识。

（四）语用知识教学提示

语言的得体使用必须考虑交际参与者所处的语境。也就是说，语言形式和语体风格会因交际场合的正式程度、行事程序、交际参与人身份的不同而不同。具体而言，语境主要涉及交际的时间、地点、情境等环境因素，也涉及参与人的交际目的、交际身份、处境及心情等个体因素。因此，在教学中，教师要增强语用意识，在设计口、笔头交际活动时，努力创设接近真实世界的交际语境，明确交际场合、参与人的身份及其之间的关系，帮助学生认识到语言形式的选择受具体交际情境的影响。针对语用知识的教学，教师可以通过讲解、播放视频、模拟实景等方式开展活动，增强学生对交际场合的正式程度、行事程序以及对交际参与人身份的感知，根据交际场合的正式程度选择正式或非正式的语言表达形式开展交流。同时，教师要注意增强学生对交际对象情感距离的感知，并根据这一知识，判断是否要使用正式或非正式、直接或委婉的表达方式，体现对交际对象应有的尊重和礼貌，确保交际得体有效。例如，教师在布置口语交际任务时，要明确交代交际各方的身份、年龄及其之间的关系，描述交际的场合及交际的主题等，使学生明白，要根据交际场合的正式程度，选择得体的礼貌用语和身势语开展交际。此外，教师还需要在教学中有意识地帮助学生学习不同的书面文体，如记叙、说明、新闻、论述等，及其特有的文体结构和语言表达特征。了解和学习这些结构和特征有利于学生恰当地使用书面语篇形式进行交流。同时，教师还要帮助学生了解不同文化的价值观和社会习俗，在交际时，避免冒犯对方的文化禁忌，从而有效地实现与他人的沟通与合作。

综上所述，在英语写作中消除汉语负迁移的影响需要高一学生在教师的引导下，不断学习词汇、语法、语篇和语用知识，也是教师综合培养学生的语言能力、文化意识、思维品质和学习能力的过程。在平时的教学中，我们要善于发现学生英语各项知识的使用情况，将问题及时反馈给学生，有意识地引导学生扬长避短，帮助他们认识汉英语言的共性与差异，并在写作中加以运用，固化英语思维的习惯，消除汉语的负迁移，成功地写出地道的英语作文。

参考文献

[1]樊长荣.外语教育：研究与实践[M].长沙：中南大学出版社，2004.

[2]中华人民共和国教育部.普通高中英语课程标准（2017年版）[S].北京：人民教育出版社，2018.

[3]刘春燕.英语写作中的汉语负迁移及对策[J].重庆科技学院学报（社会科学版），2008.

[4]赵琳.大学生英语写作中汉语负迁移现象分析及对策[J].佳木斯教育学院学报，2012.

[5]叶堃.英语写作中的汉语负迁移现象及对策[J].外语教育与教学，2011.

[6]张传征.高中英语写作中母语负迁移现象及对策研究[J].创新教育，2009.

[7]何春景.汉语思维负迁移对高中英语写作的影响及对策[J].福建教育学院学报，2012.

[8]王璐.高中英语写作中的母语负迁移现象及对策[D].长春：东北师范大学，2016.

［9］刘志强.高中英语写作中汉语的迁移及对策［D］.苏州：苏州大学，2008.

［10］姚兆男.论汉语负迁移对高中英语写作中词汇错误的影响［D］.大连：辽宁师范大学，2012.

（作者简介：向书桂，湖南省宁乡市第一高级中学教师）

第七部分

思维品质

——彭建伦高中英语名师工作室教育教学思考和实践

营造创新环境，培养创新思维

◁ 刘卫明 ▷

一、真实的任务设置营造真实的创新环境

任务型教学（task based learning）认为，以功能为基础的教学活动中有许多活动并不是来自真实生活，最多只能称其为"准交际"，而要培养学生在真实生活中运用语言的能力，就应该让学生在教学活动中参与和完成真实的生活任务。现行牛津译林版教材中的阅读材料比较丰富，内容涉及比较广泛：从自然地理到饮食娱乐，从人物传记到科学探险，从地震、火灾、飓风到环境保护……热点话题空间无限。在阅读之前，如果教师能把这些书本知识有机地联系起来，适度地延伸到现实生活中，通过课堂阅读教学让学生用英语完成各种真实的生活、学习、工作等任务，就能够培养学生运用英语的能力，激发学生创新思维的火花。

1. 解决问题的任务

解决问题的任务就是要求学生根据阅读材料的内容，运用自己的知识和推理能力，用英语解决现实生活中可能遇到的问题。

2. 创造性任务

创造性任务一般要求学生在阅读完课文，完成教师根据阅读材料设计的一系列任务链之后进行的任务，这种任务的设计是开放的、发展的，而不是封闭的、静止的。富有挑战性的任务刺激着学生的思维和行为，往往可以使学生闪现出富有独创见解的、与众不同的思维火花。在不断地挑战、刺激和激励中，学生的创造性思维和创新意识逐步得到训练、培养、加强和巩固，并发展成良好的习惯。在阅读教学中根据学生的生活实际去设计真实的任务，来自真实生活的需要，符合人们的生活实际，以便于学生在真实生活中真正参与、亲自操作，用英语去完成真实的生活、学习和工作等任务。只有这样，学生才能产生真实的体验，感受到情境的真实、任务的真实（而不是模仿、准交际），英语综合运用的能力才可能得到真正的提高，创新思维的火花才能被激发。

二、真实语言环境拓展学生的创新思维空间

1. 真实的交际性阅读环境

与传统的阅读教学所采用的自下而上的知识性阅读法相反，运用外语相互式积极学习法（interactive learning）和任务型教学的课堂模式组织的阅读课教学是一种交际性阅读。在安排学生完成一系列的阅读任务的同时，教师可以运用卡片、数据、表格、录音、音乐、身体语言、幻灯、多媒体等手段，为学生营造一个可以理解的、富有实际意义的阅读交际情境，并以此为依托，激发学生对英语的爱好，对任务探究的兴趣，对发现问题、寻求真知的执着追求，并积极开口交际、主动地学习。从教育的组成来说，主体、客体和手段向来都是三位一体的。多年来，我们一直习惯于主客体直接接触的教育方式，教育者和受教育者之间的交流不需要任何间接的媒体。完全个性化的语言、动作及其形成的教学方式在相当大的程度上决定着教学的效果。以教师为中心的传统教学，忽视学生的自主发展。课堂上，教师讲，学生记，相同的教学内容，统一的练习，使学生的个性培养被忽视，学生特长无从谈起，学生的思维训练受到制约。而在开展英语阅读课的研究性学习时，我们可以利用多媒体教学在同一空间营造出一个相对个性化的教学环境，使每个学生都可得到与教师充分交流的机会，使个性化教学成为可能。学生可以根据自己的兴趣爱好，结合自己的知识能力水平，选择相应的教学程序学习。如果遇到疑难问题，可以通过计算机直接查询，尽快得到解决，学生还可以根据反馈的信息了解自己的学习情况，分析学习中的成败得失，改进学习方法，调整学习目标。这样，学生的学习潜力得到充分开发，学生的个性化发展达到最适宜自己的发展程度。学生眼界的有效开拓、注意力的高度集中和动手动脑能力的培养，都激发了学生去积极主动学习，从而有利于他们思维的训练与创新能力的培养。

2. 真实的合作环境

英语研究性学习的关键是学生"活动"，语言是活动的，语言是交际的工具，而任何工具都有一个特性：活动。工具是由人操作的，人们要学会语言就必须通过操作活动，而交际就是一种活动。人们通过活动掌握语言、学会交

际,也就是说,通过有制约的、有目的的语言活动达到交际的目的。而英语研究性学习正是利用活动的教学方式,教师要activate(起动)学生,学生要善于activate(激活)已学的知识,以接受新知识,并activate(活化)自己进入交际角色。在运用外语相互式积极学习法和任务型教学的课堂模式组织的阅读课教学中,教师给学生一个自主的思维空间和行动空间,为学生完成阅读任务提供了自然的互动环境,形成了有利于培养创新精神和发展创新能力的教学环境,使学生的认知行为得以顺利发展。

三、真实的师生关系为学生搭建创新平台

伟大的教育家苏霍姆林斯基说过:"学生来到学校,不仅是为了取得一份知识的行囊,更主要的是为了变得更聪明。"在英语阅读课的研究性学习中,教师在运用外语相互式积极学习法和任务型教学的课堂模式进行阅读课教学时,师生角色(teacher/student role)不同于传统的师生关系。在课堂上,学生是交际者,是任务的沟通者,具有学习的自主性,而教师则扮演助学者(facilitator)、任务的组织者(organizer)、完成任务的监督者(monitor)和"伙伴"(partner)。教师的作用是帮助学生跃出教科书规定的知识架子,学"活"书本,从而使学生变得更聪明,更具有创新精神。

总之,英语研究性学习课的形式多种多样,然而要想上好英语研究性学习课一定要根据学生的实际情况和学校的具体条件,有针对性、有组织、有计划地开展活动。在英语阅读课的研究性学习课中,教师运用外语相互式积极学习法和任务型教学的课堂模式,来训练学生在学习的过程中进行探究式和研究式学习。它给学生的学习带来了如下革命:从书本的学习走向生活的学习;从注入知识的学习走向开拓智能的学习;从按部就班的被动学习走向富有创新精神的主动学习;从整齐划一的学习走向重复个性化的学习;从依赖教师的学习走向自主的学习;从追求高分的学习走向追求最佳学习状态的学习。通过开展英语阅读课的研究性学习,把英语学科与研究性学习有机地结合起来,创设各种合作学习的活动,使学生的思维在体验、实验、讨论、合作、探究等活动中得到了锻炼,英语的综合技能得到了发展,自主性和创新能力也得到了培养,这将为学生的全面发展和终身发展奠定初步的基础。

(作者简介:刘卫明,湖南省宁乡市云帆实验中学教师)

论如何在高中英语教学中实施创造教育

◎ 匡芳 ◎

创造教育在高中教学阶段是指根据创造学的基本原理,以培养人的创新意识、创新精神、创造个性、创新能力为目标,有机结合哲学、教育学、心理学、人才学、生理学、未来学、行为科学等有关学科,全面深入地开发学生的潜在创造力,培养创造型人才的一种新型教育。在英语教学中贯穿创造教育的理念,有利于培养学生的创造性思维,使学生学活书本,学会学习,学会探索,变得睿智,也只有这样,我们的英语教学才是成功的,才是符合素质教育要求的。那么在英语教学中,教师如何实施创新教育呢?笔者在教学实践中,做了以下探索。

一、巧设课堂,激发学生的创造动机

创造动力系统的三大要素包括内驱力、情动力和意志力。激发创造动机包括内部动机的激发和外部动机的激发两个方面。在英语教学中应根据教学内容或语言材料,尽可能多设信息沟,使课堂知识层层递进,结合学情设置难度和数量适中的思考题,或让学生从同一来源的材料或信息中探求不同答案,培养学生积极求异的思维能力,使学生通过成功的体验激发自身对活动的兴趣,从而调动学生积极运用语言材料组织新的语言内容,训练他们从同一信息中探求不同答案的求异思维能力。同时教师还要通过及时鼓励推动学生的创造行为。

在课堂教学中,教师应当尊重各种不同类型的学生,以分类关心、个别引导、全员帮助的态度来积极营造和谐、互学、相帮的教学氛围;对有智力问题、有严重缺点、有过错失误、有不同意见的学生更要关注;特别注意不伤害学生的自尊心。教师在教学的设计和安排上必须更加注意教学方法新颖而有创意,以便更好地调动和发挥学生的主体性,使他们真正成为学习的主角。在英

语课堂教学中，教师可以采用多种方法，通过多种途径，引导和激励全体学生主动参与，锐意创新。教师在教学过程的设计和安排上要注意发挥学生的主体性，更尊重学生的独立人格，激发学生的探究欲望，想方设法培养其独立获得知识、创造性运用知识的能力。

例如，笔者在教学牛津英语模块一Unit 3的Dying to be thin一课时，首先以减肥短片导入，让学生迅速进入话题，然后在进行文章结构梳理和快速阅读之后，把课堂交给学生，由学生通过再次阅读文章自主设计问题，提供答案，最后以小组活动的形式让学生相互提问，并通过小组竞争机制调动学生参与度，较大程度地发挥了学生的潜能，激发了学生的创造力。

二、发挥教师主导地位，引领学生走上创造之路

陶行知说："我们必须重提要着重创造，让学生自动的时候，不是让他们乱动，而是要他们走上创造之路，手脑并用，劳力上劳心。"

创造教育不是让学生没有目标没有方向的创造，在学生为主体的创新课堂中，教师应该积极发挥主导作用，要善于挖掘教材中蕴含的创造性因素，合理设疑创设情境，让学生能够在教师的引领下，积极运用所学知识大胆进行发散创造。同时，英语作为一门语言，要求学生课后要做大量的积累，只有先有大量的输入，才能有高质量的输出，这就是陶行知所说的"劳力上劳心"。

写作教学中，笔者鼓励学生用不同方式表达意义，经常通过句型转换激发学生思维。例如，"他写那篇文章花了三个星期。"学生给出了以下的表达方式：

（1）It took him three weeks to write the article.

（2）He took three weeks to write the article.

（3）The article took him three weeks.

（4）To write the article took him three weeks.

（5）It took three weeks for him to write the article.

（6）Writing the article took him three weeks.

三、培养自主探究，提高创新能力

创造教育要求我们注重个性发展，让学生的禀赋、优势和特长得到充分发展，以激发其创造潜能；同时注意启发诱导，激励学生主动思考和分析问

题。创造教育还重视非智力因素，注重培养学生良好的创新心理素质，强调实践训练，全面锻炼学生的创新能力。学生应该是课堂学习活动的主体，教师应注重培养学生独立学习能力，让他们有更多的自主学习、独立思维的时间与空间；让学生在学习中学会如何去获得知识的方法，以达到培养创新的意识，提高创新能力的目的。在英语课堂教学中，教师可以采用多种方法，通过多种途径，引导和激励学生主动参与，锐意创新。教师在教学过程的设计和安排方面要注意发挥学生的主体性，尊重学生的独立人格，激发学生的探究欲望，想方设法培养其独立获得知识，创造性运用知识的能力。

例如，在语法教学中，以往的教学基本以"填鸭式"为主，老师讲，学生记，一堂课下来学生的笔记本上写得满满当当，但是真正能理解会使用的却不多。笔者在平时的语法教学中，积极从生活中寻找实例，并将其转换为不同形式的练习，课堂以练带讲，让学生在练习中总结用法，课堂的语法知识都由学生自己总结，老师只负责引导、修正。如讲解非谓语动词做状语时，笔者以电影《灰姑娘》（*Cinderella*）为题材贯穿课堂设计练习，通过"Loved by her parents, Cinderella lived in a happy life in her childhood." 和 "Not loving Cinderella, her step-mother abused her." 两个句子让学生自己发现并总结过去分词和现在分词做状语的区别，了解非谓语动词做状语时逻辑主语的位置，并以改错、填空、看图写句子的形式对该语法点的不同考点进行学习，学生通过自主练习、自主发现和解决问题、自主总结的方式获得知识，最大限度地培养了学生的自主探究能力，从而使创新能力得到了提高。

四、培养合作探究，让创造教育更上一层楼

陶行知曾提出："创造的民主是动员全体的创造力，使每个人的创造力得到均等的机会，充分的发挥，并且发挥到最高峰，所以创造的民主必然与我以前所课的民主的创造有关联。民主的创造，是要使多数人的创造力能够发挥。"要想让创造教育在英语教学中更上一层楼，就必须将合作探究引入课堂。教师应利用英语教材声情并茂的特点，借助图片、实物、录像、多媒体课件等帮助学生积累丰富的表象，创设认知冲突，激发学生的参与动机，加大思维空间，鼓励学生尝试、创造，通过分组讨论、分组对话，引导学生主动参与教学过程。在教学过程中，要让课堂活起来，让学生能在自由的环境中相互探讨，相互提高。

例如，学完Advertisements一课后，笔者让学生对怎样防止广告欺诈进行讨论。由于题目离学生的生活很近，他们乐于接受，讨论热烈；每一方为了讲清自己的基本思路和观点，批驳对方的基本思路和观点时，需要调动各自的智慧和积极性，使自己的思维处于高度活跃状态；同时，由于每个人的知识背景、思维习惯以及观察问题的角度和方法都不相同，通过讨论也可以互相启迪，达到思维的互补性。

五、鼓励质疑，创新观点

"解放小孩的嘴。小孩子有问题要准许他们问。从问题的解答里，可以增进他们的知识。孔子入太庙，每事问。我从前写过一首诗，是发挥这个道理：'发明千千万万，起点是一问。禽兽不如人，过在不会问。智者问得巧，愚者问得笨。人力胜天工，只在每事问。'但中国一般习惯是不许多说话；小孩子得到言论自由，特别是问的自由，才能充分发挥他的创造力。"（《陶行知文集》第753页）

课堂教学的优良效果，不在于学生是否规规矩矩地坐，面无表情地听，唯唯诺诺地举手，小心翼翼地回答。这种整齐划一，恰恰封闭了学生的思维，学生的思想逃脱不了教师所设置的栅栏，始终囿于就事论事的常规中。要培养学生的创新力，教师应努力创设民主、宽松、和谐的教学氛围，让课堂活起来，使学生敢想，敢说，身心愉悦，有安全感，自由地、敏捷地去探索，这样创新思维的火花才会迸发出来。教师要鼓励学生提出自己的问题，敢于挑战权威，提出创新观点。在教学中，教师应善于引导学生于无疑处觅有疑，善于激疑，有意训练学生发现问题的能力。正如爱因斯坦所说："提出一个问题往往比解决一个问题更重要。"因此，教师应鼓励学生质疑问难，培养他们敢于标新立异、别出心裁，敢于逾越常规，敢于想象猜测；敢言别人所未言，敢做别人所未做，宁愿冒犯错误的风险，也不要把自己束缚在一个个狭小的框内的创造品格。巧设问题，培养学生的英语思维能力。在教学"Cultural differences"一课时，一位学生提出与众不同的问题：If I marry in the USA, what shall I do? 他的问题提得很突然，但很符合青少年质疑的天性，笔者立刻让大家讨论他的问题。保护了这个学生创造的天性，又鼓励了其他学生。

只有教师创造性的"教"，学生才能创造性的"学"。作为一名中学英语教师，除了使学生掌握基本的语法、词汇，培养他们的阅读理解能力、书面表达能力以外，培养学生的创新思维也是我们义不容辞的责任，是社会赋予我们的职责。英语教师应始终把教会学生思维作为自己肩负的使命，努力朝培养学生创造性思维能力的方向发展。

参考文献

［1］朱俊杰.浅谈高中英语教学的创新教育［J］.小作家选刊（教学交流），2011.

［2］陶行知.陶行知文集［M］.南京：江苏教育出版社，2008.

（作者简介：匡芳，湖南省宁乡市第十三高级中学教师）

教海拾贝 —— 彭建伦高中英语名师工作室教育教学思考和实践

农村高中英语阅读教学中学生思维品质提升策略的探索

◎ 吴 灿 ◎

一、问题的提出

《普通高中英语课程标准（2017年版）》指出，普通高中英语课程应在有机衔接初中学段英语课程的基础上，通过必修课程为所有高中学生搭建英语学科核心素养的共同基础，使其形成必要的语言能力、文化意识、思维品质和学习能力，为他们升学就业和终身学习构筑发展平台。同时还指出，普通高中英语课程倡导指向学科核心素养的英语学习活动和自主学习、合作学习、探究学习等学习方式，教师因设计具有综合性、关联性和实践性特点的英语学习活动，使学生通过学习理解、应用、实践、迁移、创新等一系列融语言、文化、思维为一体的活动，获取、阐释和评判语篇意义，表达个人观点、意图和情感态度，分析中外文化异同，发展多元思维和批判性思维，提高英语学习能力和运用能力。

然而在农村高中的实际教学中，因为学生的眼界和英语能力的局限性以及学校片面强调学业成绩等原因，部分教师在设计阅读课课堂教学任务时忽视了《普通高中英语课程标准（2017年版）》的要求，任务设计仅仅停留在对文本浅层信息的处理上，缺乏对文章深层次理解的训练，导致缺乏对学生思维品质的有效训练。

二、提升思维品质的重要性

思维品质指思维在逻辑性、批判性、创新性等方面所表现的能力和水平，思维品质体现英语学科核心素养的心智特征，思维品质的发展有助于提升学生分析和解决问题的能力,使他们能够从跨文化视觉观察和认识世界,对事物做出正确的价值判断,因而思维品质是英语学科核心素养的重要组成部分。

每个人都有思维,都具有强有力的基于神经系统的天生的思维能力,为什么还需要提高思维品质?第一,人类具有天然认知缺陷,仅仅依靠天生的认知能力,无法形成准确认知,难以快捷找到解决问题的方案。而人类需要准确认知现象,也需要快捷解决问题。第二,人类每个个体神经系统发展过程不同,思维能力发展程度不同,每个个体神经系统差异、思维发展差异导致每个个体对现象的认知准确度、速度存在差异,即有人看问题看得比另一些人更准确,找出解决问题方案更快捷。思维品质决定每个个体思维的成果质量,有助于我们更为准确地认知现象,更为快捷地形成问题解决方案(当然,人类不可能绝对准确地认知现象,也不可能快捷地形成解决任何问题的终极方案)。所以,人类需要提升思维品质。

有相当一部分学生的阅读效率不高,除了语言水平、文化知识、注意力、动机、兴趣、情感、意志等因素,其中一个重要原因是学生的阅读思维没有被充分激活,或者说激活程度不高。

阅读理解的过程其实就是对文本的加工和解码的过程,是分析、综合、概括、判断、推理的过程。而只有具备深刻、灵活、广阔等思维品质才能更好地完成思维过程。因此,要具备较强的阅读理解能力,培养学生的思维品质是重要途径之一。

三、在农村高中英语阅读教学中提升思维品质策略的探索

农村高中由于其地理交通及其他因素的影响,学生学习英语的愿望普遍不强烈,英语知识较为薄弱,眼界普遍不及城镇学生开阔,并且部分学生对英语学习有排斥心理。因而在设计教学任务时要特别注重自身学情,必要时尽量简化任务难度,尽可能使学生获得成功的经历,从而激发其对英语学习的激情和对外面世界的渴望。笔者在以下方面对提升学生思维品质进行了探索。

1. 按图索骥,提升思维的准确性

对英语的理解与表达有助于发展思维的准确性。教学时,有意地设置对原文细节理解的题目有助于提升思维的准确性。具体来说,我们可以设计正误判断的题目、细节理解型的阅读理解题型、基于原文的语法填空题型、基于原文的短文改错题型、复述课文等活动。均以原文为基础,视学生基础水平进行

相应的难度处理。

例如，在教授译林版《牛津高中英语》模块六第三单元的阅读材料"The UN –bringing everyone closer together"时，笔者对第一自然段进行了处理，设计成语法填空题型。对表达作者积极态度的几个形容词如happy，pleased，honored进行设空。学生迅速并准确完成了教学任务，并且由此得出此时作者的态度是积极的。之后笔者对部分消极词汇进行了设空，这样也帮助学生成功总结出Reading Strategy 中 understanding the speaker's attitude 的阅读方法。按图索骥，以易入难，四两拨千斤，学生们充满自豪感，对自身的英语学习也充满了自信。

2. 巧妙设问，提升思维的深刻性

英语语言的文化内涵有助于发展思维的深刻性。教学时，教师应有意地设置思索性问题（包括综合分析类、概括类、推理类等），提升学生深入地、逻辑清晰地思考问题的能力，帮助学生理解文本的深层内涵。具体而言，可以设计分析文本结构、概括文本主题等分析概括类任务，或者设计词义猜测、作者意图等推理性阅读理解题型。

例如，在教授译林版《牛津高中英语》模块六第一单元阅读材料 "Stand up for your health" 时，笔者设计了问题：What is the meaning of the title? 引发学生对标题含义的猜测与讨论。最后学生总结出了两种含义，推测出"一语双关"。通过设问、引导、讨论和总结，加深了学生对文章主题的深层次理解，也加深了对"双关"这个文学手法的理解。

3. 乾坤挪移，提升思维的灵活性

英语学习对学生思维灵活性的提升有得天独厚的优势。因为两种语言异同，本身就有助于发展思维的灵活性。并且英语语言中需要分析判断动作的主被动关系、时间的先后关系等，教师可以很好地利用它来提升学生从不同角度理解分析问题的方法。具体来说，我们可以设计课文原文的英汉互译题目，让学生以命题人的角度对课文原文进行语法填空题型设计并相互完成，或者以课文内容拓展的辩论等活动。

例如，在教授模块五第二单元阅读材料 "The Economy or the Environment—must we choose？"之后，笔者设计了一个微型辩论活动环节。Generally, based on an arguable topic, a debate consists of two debaters holding opposite ideas as well as a host.Would you like to have a try? Let's open the floor for discussion...Step 1: Work in groups, and decide which view your group is for. Step2: List all your reasons. Step 3: Report to your classmates.

通过以课文内容拓展的辩论，提升了学生思维的灵活性，也再一次加深了他们对课文内容的理解。

4. 我有我态度，提升思维的批判性

批判性是指一种有目的性的，对产生知识的过程、理论、方法、背景、证据和评价知识的标准等正确与否做出自我调节性判断的思维过程。英语文化的批判性传统有助于发展思维的批判性。

阅读的高层次要求已经不再是简单的解码，也不是纯粹获取信息，而是读者根据自己的经历和已有的知识与文本中的内容相联系，对信息进行筛选、分析、解释、评价并且确定作者的目的和语气，以及对作品人文理念的鉴赏。具体来说，我们可以设计小型辩论、作文写作、头脑风暴等活动。

例如，在教授模块五第三单元阅读材料 "The perfect copy" 时，笔者以当时的热点新闻 "中国诞生世界首例基因编辑婴儿" 为线索，开展了讨论。题目新颖并带有时事特征，本就是热议的话题，瞬间点燃了学生的表达欲望。让学生对此开展热烈的讨论，引导他们在思考中突破思维定式，克服程式化思维，面对新的科技产品树立了批判性的观点。

5. 思想无疆域，提升思维的开放性

英语学习本身可以促进思维的开放性。教师教学时，可以设计相应的开放性问题，要求学生在理解阅读内容，理解分析题意的基础上，激活相关的知识链接，开启有联系的、全面的思维，更好的理解阅读内容的同时又有新的拓展。

例如，在教授模块五第二单元阅读材料 "The Economy or the Environment—must we choose？" 时，笔者设计了讨论教学任务：After reading the debate, which speaker do you agree with? Tell the reasons. 不同的人考虑问题有不同的角度、不同的观点。通过这样没有答案的开放性题目，使学生通过讨论分享、相互借鉴、相互启发，达到了提升思维开放性的目的。

6. 看我七十二变，提升思维的创造性

运用英语进行书面表达、口语表达、课文复述、课文续写以及表演、展示等，可以发展思维的创造性。教学中，教师可以设计与阅读文本（体裁）相关的有价值的活动或任务，引导学生积极思考创新，提升思维的创造性。

例如，在教学中，戏剧体裁的阅读文本很受欢迎。因而在教授模块一第二单元阅读材料"Home Alone"时，我们可以设计学生分组表演的活动，也可以设计对故事结尾的续写，这都是提升创造性思维非常好的方式。

四、结语

有的农村中学教师认为在学生基础不好，学校条件有限的情况下，只能对教材内容进行浅层的理解分析，通过大量做题来提高学业成绩，无暇顾及学生思维品质的提升。殊不知，学生做题能力的匮乏极大源于思维品质未获得足够的培养。一旦学生的思维品质提升了，对英语的学习热情点燃了，那么学生会自己去钻研、去理解、去分析，他们的学业成绩自然会得到飞速发展与提高。而且这些学生具备了自学能力，对其裨益远远大于片面追求学业成绩的好处。

因而在阅读教学中，农村高中教师应尽可能将语言教学与思维品质的提升联系在一起，在设计教学任务时，多考虑提升学生的思维品质的策略，以提升学生思维品质来促进学生英语阅读和各方面能力的提高。

参考文献

[1] 中华人民共和国教育部.普通高中英语课程标准（2017年版）[S].北京：人民教育出版社，2018.

[2] 刘慧君.从认知策略探析英语阅读思维活动——一项对英语专业学生的调研[J].中国外语，2008（1）.

[3] 李杰.在英语阅读教学中培养思维品质的策略[J].基础教育研究，2013（12）.

[4] 林崇德.发展心理学[M].北京：人民教育出版社，2009.

[5] 鲁子问.英语教育促进思维品质发展的内涵与可能[J].英语教师，2016（5）.

[6] 罗清旭.论大学生批判性思维的培养[J].清华大学教育研究，2000（4）.

[7] 洪娟，叶淑斌.批判性思维能力的培养与英语专业阅读高层次理解要求[J].长春理工大学学报，2011（10）.

（作者简介：吴灿，湖南省宁乡市第七高级中学教师）

第八部分 8 学习能力

英语作业布置艺术

◎ 谢 芳 ◎

一、问题的提出

教师既要提高教学质量，又不能加重学生的负担，两者之间似乎有着深刻的矛盾。科学布置作业就成为一个重要课题——布置什么类型的作业？布置多少？比如英语作业，抄单词、抄句子几乎是每个教师都会选择的作业形式。学生一行行、一页页地抄，有时都成了机械劳动，这种抄写真的有必要吗？

二、语言学习特点

第二次世界大战后，美国教育家弗里斯根据结构主义语言学理论批判了语言翻译法，提出了"听说法"。听说法根据结构主义语言学"语言是言语，不是文字""语言是结构模式的体系"的理论，提出以口语为中心、以句型为纲的教学主张，强调模仿、强化固定短语记忆并大量重复的重要性。

那么，语言的学习是怎样一个过程呢？从母语的学习过程中可以找到答案。一个婴儿从出生起，就开始接受各种各样的语言信息。这些信息在不断循环往复的过程中逐渐储存进大脑，慢慢地，婴儿开始运用头脑中储存的语言信息模仿他人来表达简单的意思；随着年龄的增长，头脑中储存的语言信息越来越多，表达的意思也越来越复杂。由此可见，语言的学习实际上是一个在头脑中大量储存语言信息并在实践中练习、提高的过程。

湖南省开始新课程教育改革以来，高中英语教材选择了更富时代气息的译林版《牛津高中英语》。在深入研究教材、多年探索教学方法的过程中，笔者逐渐走出了传统的作业布置模式，以科学的教材观创造性地处理教材，巧妙地布置作业，让学生爱上作业，爱上英语。

三、作业特点

1. 年级特点

《普通高中英语课程标准（2017年版）》指出，学生应"充分发挥自己的学习潜能，形成有效的学习策略，提高自主学习的能力……学会运用多媒体和信息资源，拓宽学习渠道，形成具有个性的学习方法和风格"。笔者认为，对于不同年级学生的各种作业，应根据特点进行布置。高一学生处在知识积累的初级阶段，宜多进行背诵、模仿，重点是培养学生的兴趣，养成良好的语言观察习惯，培养好的思维意识。高二学生要应对学业水平考试，因此，课本词汇和语法的梳理以及书面作业要稍微加大布置量。对于高三学生，各方面都已经有较扎实的基础，作业应当突出泛读，网络是非常好的资源，原汁原味的文章能让学生在阅读理解、应用能力和积累背景知识等方面得到全面提升。

2. 多样化特点

英语学习是一个"认知、记忆、内化、运用"的过程，需要不断积累和反复。

（1）朗读背诵、广泛阅读。除了给学生布置有声作业，朗读背诵之外，教师可遵循由浅到深，由易到难，由课本到课外的原则，布置课外泛读任务。《英语课程标准（实验稿）》要求语言技能八级的高中学生课外阅读量达到30万词以上。课外阅读是英语实践活动的重要形式，"课外阅读可以巩固课内所学过的读写知识，提高阅读和写作水平"，"课外阅读的根本目的是提高学生整体英语素质，为其终身学习奠定坚实的基础"。可以说，阅读的质量对于学生总体素质的提高起到了不可替代的作用。因此，教师要指导学生多进行课外阅读，培养自主式阅读训练。

（2）内外结合，重视探究。几乎每一天的课堂上，学生都会遇到新的语言现象。对于比较简单的内容，笔者往往要求学生先讨论再查找工具书，然后课堂上集体解决。遇到比较复杂的问题，三言两语讲不清楚，笔者就会要求学生课外进行探究作业，次日课堂进行检测和进一步学习。

四、作业形式

基于以上语言学习的特点和作业的特点，笔者尝试运用以下四种作业形式。

——彭建伦高中英语名师工作室教育教学思考和实践

1. 语言观察

新课程提倡自主学习、合作学习、探究学习，现代课程理念提倡活动、民主、自由，学习活动应该是一个生动活泼的主动而富有个性的过程，学生们能平等地参与课堂教学。语言学习如同在浩瀚的海洋中吸取水分，单纯依靠教师的传授是不够的。唯有对学生进行词块自主意识培养，让其在语言学习过程中进行自主学习，观察单词、短语、句型、惯用法的表达，积极思考、合作交流，才能促进其学习能力的提升。

因此，在布置语言观察方面的作业时，笔者下了一番功夫。学生初进课堂，笔者就灌输"语言观察"的概念。每一位学生都必须拥有"四个一"：一本好字典，一个积累本，一支彩色笔，一个好学伴。课后作业布置语言观察任务，课堂上采用独立汇报或者合作交流的方式，让学生分享各自用彩色笔标记的各种类型的词块（lexical chunks），遇到不懂的地方，主动查找字典等工具书，与学伴探讨交流，从对方的积累本上取其精华。笔者将这种方式简称为"三一重工"，即想一想，问一问，查一查。通过积极主动的语言观察，学生既锻炼了自己的思考能力，又培养了交际能力和探究能力，在观察细致到位得到教师赞许之后，那种成就感更加促使学生积极主动地学习。

2. 朗读、背诵

古人云，"熟读唐诗三百首，不会作诗也会吟"。简单的一句话点明了语言学习的基本方法：熟读成诵。我们知道，人在学习甚至是休闲时会经常背诵一些名言佳句、诗歌短文、数理公式和外语单词等。那些都是锻炼记忆力的"硬功夫"。马克思年轻时就常常用不熟练的外文背诵诗歌，锻炼自己的记忆力。

背诵这种作业形式，不仅符合语言学习的特点，也符合青少年的记忆特点。科学研究证明，每天坚持10至20分钟的背诵，能增进记忆力。尽可能让学生多背、多记一些东西，扩大语言信息储存量，既充分利用了现有的记忆资源，又能提高学生的记忆力，有益于学生的终身学习。通过朗读和背诵，学生不但容易记住单词，更重要的是，背诵有助于培养学生学习英语的浓厚兴趣和良好的语言习惯，打好语音发音基础，提高学生听、说、读、写的能力和口头交际能力。

在学习Module4 Unit2 Project时，笔者布置学生背诵了一篇题为"Winning isn't everything"的文章。后来练习写2013年湖南卷高考英语作文，该题为根据四个关键词"match, winner, loser, result"写作文。几乎所有的学生都觉得有话可写，文思如泉涌，多半学生在谈感想时都仿写了最后一句：In defeat, we found something more precious than victory- we found friendship, honour and respect. 这是多么深的领悟啊！

3. 仿写

（1）语法仿写。非谓语动词是高中英语语法中的重点、难点。高中教材对于不定式的系统学习安排在Module 5，笔者科学地运用教材资源，引导学生从高一开始进行非谓语句子的仿写。例如Module 1 Unit 2 Reading 部分有这样一些句子：

Eric runs in after it, followed by a big dog, walking very slowly.

Daniel has his armed crossed and looks upset.

They never even gave me a chance to defend myself.

We spent all of yesterday waiting there for him, and that's why we had no time to clean the house.

课后布置作业时，笔者要求学生发挥其想象力进行仿写，许多学生写出了意想不到的精彩句式。例如：

The old man looked at me in surprise, trembling.

I'd like to have my hair cut tomorrow.

I'm longing for a chance to study abroad.

I spent half an hour doing my English homework, and then I have more time to get relaxed.

如果从高一开始就这样给学生灌输非谓语动词的基本用法，每遇到一处都进行简单讲解和仿写，学生就会在潜移默化中掌握了基本知识。等到系统学习相关语法时，学生只需要对零散知识进行网络构建，进一步梳理知识，就能运用自如了。

（2）作文仿写。从高二开始，笔者就每周给学生布置作文仿写的作业，要求学生运用课本中所学的相应单词和句型进行写作，课后完成，课内反馈。因此，一到晨读时间，学生总是书声琅琅、精神抖擞。学生相互练习，以求在课堂上有精彩表现。

这种仿写作文的方式，操作简单，省时高效。在课堂抽查时，被抽中的学生锻炼了思维能力、表达能力、勇气胆量，更重要的是，对其他学生也是非常好的听力训练。集体评论是非常重要的一个环节，学生往往能够很快地发现上台发言的同学用到了哪些生词、句型、固定搭配，偶尔的错误也能及时指出和纠正，并在课堂上加强练习，巩固课本知识。

4. 开放性作业

新教材的设计理念是：以学生为主体，教师为主导，以交际为目的的操练。因此，在语法学习阶段，笔者尝试了布置创新作业。平时布置作业时，如果教师常常使用某一种单一的题型（如"汉译英"）会显得很单调，容易让学生失去兴趣，因此笔者在设计作业时花了一番心思。比如，考查学生对定语从句的掌握时，笔者是这样变化题型布置作业的：①选择题；②填空题；③改错题；④看图说话；⑤运用教室里的人物和物品练习定语从句。又如，学完时态、语态的所有内容后，笔者将学生优劣搭配，分成实力相当的若干个小组，要求他们利用手中所有的资料，自己设计一张相关考查试卷，再与其他组交换测试，互相检查，合作交流，以达到共同提高的目的。这样的方式，给学生留有很大的自主学习空间，同时能激发学生的探究欲和学习兴趣。

五、结语

布置作业的形式很重要，多花心思巧留作业、指导学生有意识、高效率地完成作业，是提高教学质量的重要因素。在追求教学质量的竞赛场上，教师不要因过多重复练习加重学生负担，而应该多研究教材，巧留作业。当所有的学生都愿意上英语课，不为作业叫苦，这才算比较合格的英语教师。

参考文献

[1] 中华人民共和国教育部.普通高中英语课程标准（实验稿）[S].北京：人民教育出版社，2003.

[2] Joanna Bake, Heathet Westrup.The English Language Teacher's Handbook [M].Continuum：Wellington House, 2000：91-98.

[3] 许韶歆.让英语走进学生的生活[J].英语新世纪，2008（4）.

（作者简介：谢芳，湖南省宁乡市第一高级中学教师）

谈如何把时间还给学生

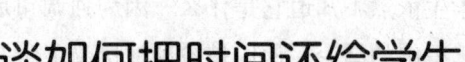
王晓利

新课程改革重在课堂教学改革，而课堂教学改革的核心问题就是改变教师的中心地位，确立学生的主体地位。如何让教师从讲授过渡到引导，如何让学生实现从被动学习到主动学习的转变，是我们教师面临的一大挑战。要战胜这个难题，首先要把时间留给学生，让他们进行思考、体验、探究、展示等自主学习。下面笔者结合自己的教学实践和反思，谈谈如何把时间还给学生。

一、淡化教者

每一个教师都有自己既定的教学任务和明确的教学目标，导致我们想要在课堂上完整甚至完美地展示教学内容，于是，我们口若悬河，眉飞色舞，把一节课的时间都用在了教师本身素质的展示上，忽略了是谁在学习。而学生则忙着机械地做笔记，很少有时间自己动嘴，动心，动脑。归根究底，就是教师不让学生参与到课堂教学中，只想按照既定的备课，毫无意外地讲完想要学生掌握的知识。因此，作为教师应忘记展示自我，慢慢地把目光投向学生，关注学生，给他们多一点点的时间。笔者认为，可以从以下几个方面入手。

第一，课堂上，放慢进度。我们不是为了实现教学进度而教学，而是为了学生能够掌握知识而上课。理解知识是为了运用知识，形成技能，提高能力。这就要求学生必须了解知识的来龙去脉，并且去独立思考和动手实践。学生亲身参与的这个过程，需要时间，需要锻炼，需要指导，但不需要教师代替他们去操练和思考。有的教师担心，如果不讲完这道题，考试时出现这种题型怎么办。但问题是，即使你真的把这道题为什么会考，怎么考，怎么解决告诉学生，学生仍然一知半解，因为他们记不住，也理解不了你的解题过程和答案。唯有慢下来，给学生充足的时间自主学习，咀嚼思考，让他们自己去探索解题方式和落实问题，才能实现知识的掌握。以英语中的强调句讲解为例。假如告诉学生，强调句是用来强调除了谓语和定语以外的句子成分的句子，并且，教师针对每一种情况都举例说明，这一节课，学生收获了关于强调句的所有知识点。然而，学生依然不知道它是什么。因为强调句是什么，怎么理解运用，不是由他们自己得出的结论，他们是被动地接受了所有关于它的知识点，过不了多久他们便会忘记老师说过的话，就像从来没有学过一样。既然如此，还不如少学一点，学透彻一点。

  第二，提问时，等待答案。教师提出问题，要给学生留足一定的思考时间，催促学生回答不符合教学规律和学生发展情况。尤其是在公开课上，为了追求教学过程的流畅和彰显教学效果，教师一般都是在提出问题之后，把认为能够答出问题的学生喊起来。这置大多数正在思考的学生于何地？是不是大部分学生认为反正有人来回答，于是懒于思考，做一个静待答案的旁观者？还是学生们聪慧过人，适应快节奏的课堂？有时候连听课的教师都缓不过来，更何况听课的学生。思考的过程才是最有价值的学习。多给学生一点时间，让学生想，让学生做，让他们养成思考的习惯，提高答题的思维能力，才符合新课程改革和学生发展的要求。

  第三，自习时，自主学习。浏览学生的课表，大多数时间都在上课，自习的时间非常少。甚至有些教师生怕学生没有掌握当天所学，晚自习都去给学生加班加点的上课。这样马不停蹄地上课真的有益于学生吗？每天需要消化这么多门课程的新知旧识，时间在哪里？更何况有些学生基础差，本来就跟不上其他学生的思维反应速度。所以，教师不要操之过急，给学生充分的自查自悟的时间，让他们对知识的理解变得清晰起来。华中师大附中的教学楼里写着几个醒目的大字——"把时间还给学生"。他们确实把晚自习和双休日还给学生了，让学生拥有更多互动探究、主动思考的时间。事实证明，他们取得了想要的结果。

  综上所述，如果教师慢慢来，不匆忙赶进度，不着急得到标准答案，不催促学生尽可能快地回答问题，不害怕学生提问，给他们更多的时间思考和探究，让学生们反思和消化，也许，学生们会变得更加善于解决问题，更加勤于思考和解决问题。笔者曾经做过这样一个课堂表现的对比。在讲课文阅读时，要求一个班的学生迅速阅读课文，并回答几个关于课文的问题，时间刚过两分钟，笔者抱着怕时间不够用，内容讲不完的态度，要求学生回答。结果，学生们久不言语，课堂气氛沉闷。笔者继续给学生时间，然而思维被打断，学生们只能重新开始。不到五分钟，笔者又催促着学生回答问题。此时，学生们仍然困惑。于是，在另外一个班，在完成同样的阅读任务时，笔者给足了十五分钟，最后，他们对答如流。两相比较，在赶时间的时候反而浪费了时间，在慢下来的时候反而收获了师生互动。

二、关注学生

关注人是新课程所倡导的核心理念。如何关注学生的需求，把时间还给学生，可以从以下几个方面着手。

第一，关注学生的课堂表现。教师透过学生的课堂表情和行为，反思课堂提问的有效性和观察学生的掌握情况。上课时，一部分学生露出困惑的表情，明显是因跟不上教师节奏，思维受限。这时，教师应该停下来，适时地设问，引导学生思考和解答疑惑；有时，还有些学生会因为胆怯不敢向老师提问，转而与邻桌的同学讨论，此时，教师应该把时间交给学生，让他们来提出疑问。爱因斯坦曾说过，提出问题比解决问题更重要。能够提出疑问的学生，说明他们在思考。教师不要因为学生的问题打断自己上课的思路而置之不理，而应该通过观察学生的课堂行为，找到这部分提问的学生，并引导大家共同思考，找到解决问题的办法。还有的学生，上课埋着头，目光呆滞，这类学生通常是因为不感兴趣或者不敢睡觉而表现出瞌睡和思想开小差。此时，不要生气，如何重新吸引学生的注意力，并且让学生有事可做是我们反思的教学行为之一。

第二，关注学生的课后作业。调查学生课后作业完成的时间和质量来反思作业量的布置和课堂实效。如果学生作业做不完，那就没有时间反思；如果作业完成质量不高，说明没有掌握课堂知识，需要时间整理和理解。根据作业情况，调整课堂容量和课堂安排，尽量留出足够的时间让学生用心完成作业，并做好错题整理，回顾所学知识。

综上所述，把课堂时间和空间留给学生，封住教师的嘴，开启学生的思考和表达之路。做一个善于倾听和耐心等待的教师，不轻易打断学生，适时地给予点拨和点评。同时，在课堂上不要吝啬对学生的表扬，对敢于表达的学生要鼓励和表扬。课后，不要占用学生反思和总结的时间，让他们自由地发挥和成长。作为教师，我们只是引路人，引领学生走向知识的殿堂。这既是新课程改革的方向，也是我们致力于高效课堂的方向之一。

参考文献

[1] 段旭，赵洋毅. 关于课堂教学改革的几点思考 [J]. 教育现代化，2017（12）.

[2] 蒋民香. 把课堂时间还给学生 [J]. 当代教育实践与教学研究，2016（9）.

[3] 邵晶. 把课堂的时间还给学生 [J]. 考试周刊，2017（71）.

[4] 朱燕. 课改在师生的转换处 [J]. 读写算·教师版，2017（29）.

（作者简介：王晓利，湖南省宁乡市第四高级中学教师）

课堂话语与学习效率初探

◇ 周荃 ◇

学生听不懂教师的课堂指令？学生不愿意主动回答课堂提问？学生英语表达能力欠缺？学生整体学习效率低下？这些缺乏英语学习兴趣的表现与教师的课堂话语有着莫大的关系。教师的课堂话语对课堂教学的组织及学生的语言习得都是最为关键的。这不仅因为教学内容只有通过完美的教师话语的组织与传授才能达到理想的教学效果，而且还因为它本身起目的语使用的示范作用，是学生语言输入的又一重要途径。（Nunan，1991）因此，教师课堂话语的质量会影响甚至决定课堂教学的效率。那么，教师如何调整话语输出的质量，在有限的课堂教学时间内最大限度地增加学生参与课堂的机会，从而提高学生的学习效率？本人认真研习新课程标准，并结合教学实践，从以下三个方面谈谈教师话语对提高学习效率的促进作用。

一、导入话语

良好的开端是成功的一半。导入是课堂教学的第一步，如果教师能通过简单的、启发性的话语将学生引入当堂课的语言情境中，激发学生的好奇心与学习兴趣，那就能为整堂课做好铺垫。例如，模块二第三单元的The Curse of the Mummy这堂课，本人设计了如下导入：

（展示几张金字塔和木乃伊图片）

T：What do you know about the mummy?

S1：Egypt, pyramid.

S2：King.

S3：mysterious, unbelievable.

……

T：It's believed that the mummies in the pyramids have extraordinary power.

Now, just imagine: Who will be cursed by the mummies? and what are the fate of them?

（学生们表达了自己的各种猜测）

T: Let's check your imagination by reading the text.

在图片的直观吸引下，学生的想象有的符合逻辑，有的天马行空。他们好奇自己所想的能不能在文章中得到印证，学习的欲望也就被激发出来了。英语课堂的导入形式多样，教师应能充分利用多媒体，从兴趣、话题、互动等方面设计高效的导入方式，从而提高课堂效率。

二、提问话语

"提问是启动话语的典型手段。"（Ellis，1994）设计巧妙的提问，有助于激活学生的思维，调动学生学习、探究的兴趣，让他们积极主动地参与课堂活动，因此教师的课堂提问应有启发性、层次性，还要注意提问方式的灵活性。

第一，在传统的教学模式中，一堂课45分钟的65%～90%被教师占用，学生的"学"几乎等于"听讲，记忆，抄写和答题"，这显然无法保证教学目标的实现。"外语课堂的佳境就是学生学有所思，学有所悟，学有所获，学有所盼，教学活动的出发点和落脚点都是学生的学。"（陈素萍，2009）

例如，学习虚拟语气在条件状语从句中的应用时，笔者先展示几个例句，然后提问：

Can you find out some similar sentences in the text?

What can you know from these sentences?

学生通过小组活动，反复阅读，发现规律并得出结论。

在及时的反馈练习（选择题和填空题）后笔者继续提问：Could you make some similar sentences?

新课程理念下的教学的本质，就是教师引导学生通过自己的体验、感知、实践、参与和交流形成语感；通过观察、发现和归纳等方式，掌握语言规律，形成有效的学习策略。

第二，通过提问，教师也能检测学生的学习情况，及时发现问题。为保证课堂提问的有效性，教师需要根据新课程标准结合学生的实际情况，精心设置一些难易适中，具有一定思考价值的问题。例如学完模块一第三单元的

Dying to be thin一课后，笔者设计了以下几个问题：

1. How did Amy lose weight?
2. Is it a healthy way? why?
3. What lessons have you learnt from Amy's experience?
4. What's your advice for those who want to lose weight?

Long MH & Sato（1983）将提问分为展示性问题（display question）和参考性问题（referential question）两大类。展示性问题指的是再现已有明确答案的问题，如用"yes"或者"no"回答的一般疑问句，用or并列几个答案的选择疑问句，或者用有固定答案的特殊疑问句。这类问题旨在引导学生回忆、再现已有的知识。以上第一和第二个设问都属于陈述性问题。参考性问题的答案具有开放性和多样性的特点，学生只需围绕主题，根据自己的理解发表意见。这类问题有利于培养学生的语言思维。以上第三和第四个问题属于探究性问题。这样有目的的设置问题，能使不同层次的学生都有参与课堂活动的机会。

第三，教师提问的方式对学生参与教学的积极性有着极其重要的影响。课堂上，教师应根据学生的差异性采用让学生主动回答、指定学生回答和集体回答的方式，来促进全体学生的参与积极性。在任何班级，学优生和学困生都是一种自然存在。对待学优生，教师可引导其主动回答问题，还可以采用追问的形式加深学生对问题的理解，并锻炼其语言表达能力。对于学困生，教师应给予更多的鼓励与宽容。比如，以微笑和温和的话语营造气氛；适当延长等待时间；增加展示性问题的数量等来激发他们参与课堂交流。

三、评价话语

适时、正确、灵活的评价方式对促进课堂的有效性也起着不可忽视的作用。

首先，教师对学生回答的准确恰当的评价应建立在用心聆听的基础之上。"倾听是教师的道德责任。教师如能实现真正的倾听，才能唤起学生自主、积极地投入学习，使生命和生命呼应和交融。善于倾听的教师总能够将学生的'声音'转化为有效教学的资源。"（肖成全，2006）当学生的话语得到尊重时，其主体意识会明显增强，话语输出也会增加。倾听时，教师应通过观察学生的即时表现，充分理解学生的观点来决定何时参与，如何参与。

其次，教师对学生回答出现的错误应适时适当地纠正。比如：

T: Did those people who entered the tomb of the king die of the curse of the mummy?

S1: I think I don't know the real reason. But I feel like collecting more information about it.

T: Sorry, it is "I don't think I know the real reason."

S1: Yes, I don't think I know the real reason.

S2: I think they must be infected with the bacteria in the tomb.

T: Must be infected?

S2: Oh, they must have been infected with the bacteria in the tomb.

面对学生回答问题时出现的错误，教师可以直接纠正，也可以通过重复、反问等形式给学生自己纠正的机会。

最后，教师对学生回答的评价应有针对性并体现人文关怀。课堂上有的教师经常会对学生的回答脱口而出以下抽象又模糊的表扬：Good! Excellent! You did a very good job! 而有的教师在学生的回答与标准答案不一致时，否定其观点或者直接转换对象重新回答。在新课程背景下，教师的评价能从纠正语言、传输信息和帮助学生养成良好的学习习惯及培养英语学习兴趣方面对学生产生重大作用。因此，教师应注重课堂话语的指向性和差异性以及人文关怀。比如：

Good! You got the right answer. You must have read the text carefully.

You have a large vocabulary and use the words properly.

I'm sorry that you misunderstood what I said, but your pronunciation is wonderful.

It doesn't matter. I believe you can do it better next time.

在课堂上，教师通过变换眼神、手势、语气与语调、结合情感策略和语言策略，真诚地指出学生具体的优劣，能让学生加强对自身学习情况的了解，也利于融洽师生关系，从而提高学生学习英语的积极性和效率。

著名教育家夸美纽斯说："教师的嘴，就是一个源泉，从那里可以发出指示的溪流。"作为学生语言输出的引导者和示范者，每一位英语教师都应不断提高自身驾驭课堂话语的能力，激发学生的学习兴趣，引导学生自主学习，从而提高其学习效率。

参考文献

[1] Ellis, R.The Study of Second Language Acquisition [M].Oxford: Oxford University Press, 1994.

[2] Nunan, D. Language Teaching Methodology [M]. New York: Prentice Hall, 1991.

[3] 中华人民共和国教育部.普通高中英语课程标准（2017年版）[S].北京：人民教育出版社，2018.

[4] 陈素萍.让学生真正拥有课堂话语权[J].中小学外语教学，2009.

[5] 刘霞.英语教师课堂话语失误现象分析[J].中小学外语教学，2009（4）：41.

[6] 刘旭东.中学英语教师课堂反馈话语研究[J].中小学外语教学，2009.

[7] 孟春国.中学英语教师课堂提问行为研究[J].中小学外语教学，2004.

[8] 肖成全.有效教学[M].大连：辽宁师范大学出版社，2006.

（作者简介：周荃，湖南省宁乡市第十三高级中学教师）

——彭建伦高中英语名师工作室教育教学思考和实践

也谈如何激发学生学习英语的兴趣

袁妙玲

英语作为一门外国语言，由于缺少真实语言环境，中国学生对英语学习有一种惧怕感或抵制情绪。但兴趣是最好的老师，学生一旦对英语感兴趣，就会产生无穷的动力和强烈的感情。如何激发学生学习英语的兴趣呢？下面谈谈笔者在教学中的一些做法。

一、创设灵活多变的教学方法，激发兴趣

教师精心设计的教学环节，会让学生耳目一新，兴趣十足，对教师产生敬意。所以教师要努力钻研教学方法，结合学生实际，吸引学生注意力，使其对课堂教学产生兴趣。同时力求将生动活泼的气氛和严谨认真的要求有机结合起来，充分挖掘教材的内涵，将自己丰富的情感融进教学内容和教学过程中，并通过独具匠心的教学方法调动学生的好奇心、想象力，激发他们的情感体验，引起他们的愉快感受和学习兴趣。教师以艺术的魅力寓情于景、寓教于乐，使学生自发主动地学习英语。为了增强学生学习英语的兴趣，应给学生更多的运用英语进行交际的机会。针对教材的特点，充分思考各个教学环节，把知识性和趣味性融为一体，使学生的学习积极性经久不衰。通过活动，学生把所学知识运用于实际，使学生认识了自我，取得了不同程度的成就感，增强了自信心，增添了学习英语的兴趣和乐趣，变"要我学"为"我要学"，进而提高了对英语学习的兴趣。

二、创造和谐融洽的师生关系，培养兴趣

课堂上，轻松、愉快的学习环境，好的师生关系直接影响学生的英语学习。我们都知道，亲其师，信其道。笔者的学生时代，教师是课堂的主宰，是绝对权威，学生必须完全服从于教师的领导，严重抑制了学生个性的健康发

展，扼杀了学生的创造力与学习的兴趣。在现在的教学中，教师是教学活动中的主导者，学生是学习活动中的主体，一切的教学活动都以学生为中心。课堂中，笔者面带微笑与学生交流，从微笑的眼神中学生读懂了老师的信任与关怀，会喜欢上你，也就喜欢上你所教的英语课，这就是所谓的"爱屋及乌"。在课堂上笔者喜欢说："谁愿意来给老师解决这个问题？"以激发学生的主动性。当学生犯错误时，多正面鼓励，不要每错必纠。因为学生尝试着进行言语操练时，犯点错误是不可避免的。对于每一个学生来说，学习英语需要的是更多的鼓励与赞赏。课堂气氛活跃，学生的学习兴趣就会油然而生，学习质量也会大大提高。

课后，在与学生的交流中，教师要不吝啬对学生的赞美，要努力挖掘学生的闪光点，哪怕只有一点点的微小进步，都要大加赞扬，一旦学生得到老师的赞美，就会产生积极向上的学习力量就会认为：我能行，我肯定能够学习好英语，老师都表扬我了。这种坚定、奋发向上的学习力量在他们的心中就会生根发芽。

三、运用赞赏式批语，提高兴趣

英语教师在批改作业时，应该善于发现学生的优点和特长，正面诱导。给优秀的学生以表扬和赞赏，给遇到困难、情绪低落的学生以必要的安慰和鼓励。这就要求英语教师能根据学生的不同心理、性格特点和英语水平选择不同的评价语，这种因人而异的激励式评价语具有一种独特情感魅力和积极的影响力。

好孩子是夸出来的！人的精神世界最本质的需要就是渴望得到赏识。赞赏是孩子追求成功的"金钥匙"。赞赏教育就是通过激励、表扬手段，肯定学生的优点、长处，鼓励他们不断追求成功。赞赏教育已经毫无疑问地成了社会公认的思想理念。赏识教育专家周弘曾经说过："无论什么人，受激励而改过是很容易的，受责骂而改过却是不大容易的。"教师把学生当成一个受尊重的个体，把赏识作为启迪学生心灵成长和提高教学效率的法宝，会成为激励学生不断成功的动力。

在平时改作业的时候，笔者总喜欢写上几句简短的评语，如Great! Perfect! Wonderful! Excellent! Well-done! Come on! What a beautiful writing! 甚至还用篇句来作为评语，如："Great! Be more careful, and you will make greater progress."这样做能及时对学生的作业加以肯定或是比较委婉的指出存在的问题。发作业时,学生第一时间就是去看教师的评语,知道自己昨天的任务完成情况和问题所在。无形中恰当地评价,也给学生营造了一个和谐的氛围和环境,拉近了师生间的情感距离,这些评语长久保存在学生的作业本上,让学生不断体味教师的用心,不知不觉地感受到教师的一番苦心和关切,这样对英语教学大有裨益。

因此,作为英语教师,在批改作业时,应多多浇注你的柔情和爱心,让学生感受到英语教师的魅力和学习英语的魔力,让英语作业评语将教学中"情感效应"发挥到极致,为有效教学增添光彩。

四、运用多媒体教学,提升兴趣

每个人都有好奇心,而学生的好奇心更强。传统的一本书一支粉笔的教学方法因其过于呆板,往往不能满足学生的心理需求。而在教学中使用多媒体可以吸引学生的注意力,提高教学效率。多媒体辅助教学,营造了逼真的语言氛围,又利用游戏、讨论、角色表演、竞赛等来丰富课堂活动,还创设了多种情境,让学生在情境中学会交际、学会合作、学会竞争、承受挫折。这种于声、形、像等多功能于一体的教学,使教学变得生动,不再只是简单的字母组合。它把教材中机械的、静态的知识转变成动态的、易于理解与接受的知识,把教学的精髓完美地呈现出来,刺激了学生的各种感官,学生的学习积极性也大大提高了。

利用多媒体进行教学能使原来十分枯燥、乏味的教学内容变得生动、活泼,而且会使学生真切地感受到知识与现实生活的紧密联系,体会到知识就在自己身边,在生活中无处不在,从而促进学生积极主动地投入到学习当中。

五、明确学习的长期性,保持兴趣

在教学的过程中,经常有学生告诉笔者,自己认认真真地学了几天或是记了好几周单词了,可是考试成绩还是没有长进,很受打击。笔者告诉他们,英语水平的增长不是一蹴而就的,它是一个长期坚持和积累的过程,积累多了,就会从一定的量变转化到质变。学好英语的办法其实很简单,要养成良好的学习习惯,另外要多读、多记、多积累,也可自编口诀记忆。

1. 养成良好的学习习惯

教会学生勤动笔。在教学中，笔者要求学生多动笔，多记录。首先要学会记课堂笔记。要快速地把教师在课堂上讲的重难点记下来，便于课后复习巩固提高。还要学会课后总结、书面造句、提问题并回答、看图写话、同学或朋友之间写信、记日记等。特别是要养成记日记的好习惯，因为记日记有助于提高运用英语进行写作的能力。

教会学生学会预习。只有先预习，才能发现不理解的新知识，才会认真思考，课上才能认真听教师讲，才能学会所学内容。光学还不够，课后还要及时复习、巩固、消化理解。古语云："学而时习之，温故而知新。"只有常复习，才能起到事半功倍的效果，增强学习的信心，提高学习的效率。

教会学生新旧联系。世上万事万物都不是孤立的，它们之间都有着联系。因此，我们在学新知识的同时，要联系以前学过的旧知识。譬如在学since句型的时候就要联系before，when等句型。这样多联系，既学会了新知识，又复习巩固了旧知识，对学习很有帮助，是很好的学习方法。

2. 多读多记，长期积累

就像婴儿学说话一样，如果你都没读过英语，没有任何的语感，是不可能说出英语来的，更别说写英语、运用英语了。笔者平时要求学生读单词，读课文，有时给学生提供精美实用的背诵材料。譬如，语言地道、文笔优美，最好为英美人士所写的文章；故事、寓言、名言警句、名人演讲、名著片段、影视对白等；写作中的一些高级词、句和优秀范文。这些材料不能太简单，也不可太难，短小精悍、语言活泼，这样学生就会感受到英语语言的美，激发学习兴趣。积累多了，自然就提高了。

3. 自编口诀记忆法

记忆的时候也可以通过口诀记忆。口诀言简意赅，便于记忆。有的内容有现成的口诀，如关于 be 动词用法的口诀："我是am，你是are，is用于他、她、它，复数都用are。"有的内容没有现成的口诀，我们可以自己编。

对学生来说，兴趣将直接影响学习效果。只有平时养成良好的学习习惯，持之以恒，不断地积累，明白学习是一个长期的过程，保持兴趣，这样才能学好英语。

"知之不如好之，好知不如乐知。"兴趣是最好的老师。可见，兴趣的培养在英语教学过程中是至关重要的，它是学好英语的前提和保证。为此，我们在英语教学中,要努力寻求最适合教育对象的教学方法,不仅要想方设法激发和培养学生的学习兴趣,同时还要千方百计保持他们的兴趣,使学生的英语学习保持积极向上的姿态,从而达到真正学好英语的目的,实现高效的英语教学。

(作者简介:袁妙玲,湖南省宁乡市第四高级中学教师)

借助语言观察能力的微课教学探究

◎ 谭 聪 ◎

英语教学要培养学生听、说、读、写、看的能力。传统英语教学模式采用一味灌输的教学方法，学生被动学习，有抵触情绪，不利于学生的身心发展。在英语教学中运用微课，符合新课程改革的要求，创新了英语教学方法，促进师生间的良好互动，让学生主动参与到英语学习的过程中。所以，在英语教学中开展微课教学势在必行。

一、微课对于英语教学的重要意义

英语是一门语言学科，英语核心素养中的一项重要内容就是学习能力。学习能力是学习英语的必要条件，它是指学生积极运用和主动调适英语学习策略、拓宽英语学习渠道、努力提升英语学习效率的意识和能力。然而学生在学习英语的过程中通常因为其诸多的语法感到困惑，受传统教学法的阻碍，学习能力得不到提高。此外，由于一堂课的时间限制，教师缺少足够的时间针对某一知识点进行详细的讲解，导致学生无法在短时间内充分掌握一个知识点的运用，继而难以利用知识点进行后续的英语学习。微课教学可以有效解决这一问题。一旦学生对某一知识点产生疑惑，教师就可以寻找涵盖此部分知识点内容的微课视频，这样就能够对这一知识点进行及时补充，帮助学生巩固知识点。由此可见，微课的建立不但能够解答学生疑问，而且能帮助学生巩固知识点。此外，微课的建立也能够减轻教师在课堂上的教学压力，且每次制作的微课可以保存下来，以备之后的教学所需。这也符合教师建立属于自己的资料库的理念，将知识系统化，将资料系统化。

二、微课的理念和特点

微课的建立主要以视频为传播载体，并且将教师针对某一知识点的重点讲解进行记录。微课也注重对学生进行课后练习，教师通常在录制微课后会在视频中插入针对这一知识点的课后练习。这样做的好处就是加深学生对这一知识点的印象，从而提高学生的应用能力。微课不受时间、地点、空间的限制，并且能够针对学生在学习过程中所遇到的问题进行及时讲解，从而帮助学生梳理知识点，完善知识体系。

1. 时间短，信息容量丰富

高中英语教学中的微课教学时长一般为5~8分钟，时间虽短，但却能使教师的教学风格得到前所未有的展示。教师可按照自己设计的逻辑进程，选用最适合自己的教法，有针对性、大容量、高效地组织教学。

2. 主题突出，内容具体

一个微课就是一个主题，或者说一个微课就是一个信息点，它所研究的问题来源于高中英语教育教学中的口语、听力、英语阅读、语法重难点、学习策略、学习方法、教育观点等有待解决的、具体的、真实的问题。

3. 实施方便，运用灵活

高中英语教学中的微课视频及配套辅助资源的总容量一般在几十兆左右，视频格式是支持网络在线播放流媒体格式，学生可流畅的在线观摩课例，查看教案、课件等辅助资源，也可灵活方便地将其下载保存到终端设备（如笔记本电脑、手机等）上实现移动学习。

三、微课的教学案例

在21世纪的今天，互联网信息技术已经被广泛应用于生活中。教师必须紧跟信息化潮流的脚步，争取将传统的教学方式进行改革，争取做到将信息技术与教学进行有机结合，从而对教学方法进行创新。教师只有清楚地意识到微课对于学生学习英语的重要意义，才能够从学生的需要出发，为其打造一个全面高效的微课堂。下面，笔者简单描述一下语法课中微课的教学案例。

（一）教学思路

高中英语微课虽形式上"微"，但内容上"精"，整体效果追求"妙"。人教版必修三第二单元语法项目为Preparatory Subject "it"。笔者深知语法的教学是枯燥的，所以决定借助微课来教会学生it的用法。为了吸引学生的注意力，微课的标题设计为Magical it。

（二）教学过程

1. 引入部分

播放歌曲《我是真的真的很爱你》的视频，笔者提出看法："表白何须如此拼命，Magical it来帮您"，成功地将学生的注意力吸引到微课视频上，进而提出微课的主题：Learning the Usage of Preparatory Subject "it"。

2. Part 1：Empty Subject it

首先，要求学生听一段剪辑好的音乐，并发现句子的共同点：几乎每个句子都含有it。让学生产生疑问，it到底有哪些用法呢？接着，笔者告诉学生Magical it有两种用法，其一是形式主语，其二是强调句型中的it。同时提出语言观察的任务，要求学生观察并发现形式主语it的共同点和所运用的句型。本堂微课中所有的例句都是笔者的原创句子，话题是与2017年湖南卫视的电视节目《我是歌手》有关。例句如下：

（1）It's not hard for me to love you.

（2）It is kind of Lin Zhixuan to offer to exchange his singing orders with the other singers.

（3）It is a good habit for a singer to drink warm water.

（4）It took the staff almost one year to prepare for the show.

这些例句的选择为整堂课的任务Recommend a famous singer to your penfriend with magical "it" properly做好准备工作，力求实现微课的每个环节都为任务做准备。接着笔者留出几秒钟的时间让学生观察这些例句，并总结以上四个例句的共同点。然后笔者总结出 "Conclusion 1：It is/was adj/n. to do...；It takes/took sb. time/money to do..."。

其次，提出指令 Observation and Exploration，要求学生观察例句：

（5）It is useless/no use arguing about the song in the finals with the agent.

笔者再次总结 "Conclusion 2：It is/was a waste of time/no fun/no good/no use/useless doing sth"。

接着，继续提出指令Observation and Exploration，要求学生运用语言观察能力发现几个例句的共同点，例句如下：

（6）It is natural that the talent music TV show Singer 2017 should be famous in the world.

（7）It is a fact that in the semifinal Du Lisha and Peng Jiahui were eliminated.

（8）It wasreportedthat Sandy Lam，together with her musical guest Zhang Huimei won the first place in the finals.

（9）It was suggested that Dimash should sing a Chinese song for the show Singer 2017.

（10）It seems that Dimash has won the love from many Chinese fans.

同之前的步骤一样，留出几秒钟的时间给学生思考，要求他们自己尝试总结句子的共同点，然后笔者总结Conclusion 3：It is/was+adj./n./过去分词或者It seems/seemed+that从句。

3. Part 2：the Emphatic Sentence（强调句）

首先，笔者提出问题：Who was it that Li Jian invited as his musical guest? 引导学生回答：It was Yue Yunpeng that Li Jian invited as his musical guest.

接着，发出指令Observation and Exploration，要求学生观察例句：

（1）It was Yue Yunpeng that Li Jian invited as his musical guest.

（2）It was Li Jian that invited Yue Yunpeng as his musical guest.

（3）It was from Tsinghua University that Li Jian graduated.

与此同时，笔者提问："如何判断强调句呢？"稍做停顿后，笔者告诉学生去掉It is/was...that...句子依然完整的就是强调句。

然后，笔者要求学生继续观察强调句可以强调哪些句子成分。稍做停顿之后，笔者总结Conclusion 4：It is/was +主语/宾语/状语+that+陈述句。

4. 微课结束部分

笔者用俏皮的口气向学生们提出问题："Magical it的用法你知道多少呀？接下来，请同学们以小组合作讨论的形式回忆一下它的用法吧！"

（三）教学反思

微课其实不微，它的每个步骤始终贯穿课堂教学服务的宗旨，整个过程就是一个完整的教学过程，而且微课中含有大量的音频、视频以及图片和文字，且由教师口述教学变成视频教学，对教师的要求更高。

从以讲授为中心转变为以学习为中心的课堂，中间的桥梁是"问题化学习"。"问题化学习"让我们看到，所有的教学必须以学生学习为主线去设计，必须让学生在真实的学习过程中发生并且展开。然而，本堂课的信息量比较大，实际留给学生思考的时间并不多，所以，笔者认为以后再设计微课时一定要将学生的思考时间设计进去，不能变成传统的灌输式教学，穿新鞋走老路的做法必须得到根本转变。

四、结语

爱因斯坦曾说过:"教育无非是将一切已学过的东西都遗忘后所剩下来的东西。"遗忘掉的东西就是所学的具体知识和内容,而剩下来的就是所谓的能力品格(素养)。微课的目的在于帮助学生尽量记住某个知识点,降低遗忘的比率。微课的设问方式必须考虑两个方面,一是是否引人入胜,让学生有峰回路转、豁然开朗的感觉,让学生感到"梦里寻他千百度,蓦然回首那人却在灯火阑珊处";二是是否有"一语惊醒梦中人"之功效。微课自身优势在教学中的作用体现,对一线教师提出了更高的要求。首先,教师要提升自己的专业素质。在微课的制作过程中,教师会发现自身教学的不足,不断改进,从而促进自身的专业能力不断发展。其次,加强教师使用信息技术的能力。微课的制作需要运用到视频拍摄、剪辑、计算机、互联网等多项技术,教师在制作微课的过程中,使用计算机的能力会不断提升。最后,加强教师之间的交流,促进资源共享。教师可以借助互联网,观看国内外其他教师的视频,进行资源和教学方法的积累、分享和交流,促进教师的不断成长。尽管微课有着很多传统课堂教学所无法比拟的优势,但是微课并不能完全取代传统课堂,微课只是传统课堂的补充,在实际的教学过程中,教师要将二者紧密结合,充分发挥微课的作用,促进教学效率,提高教学成绩。

参考文献

[1] David Crystal.How language works [M].Avery:Avery Trade, 2007.

[2] Penny Ur. Grammar Practice Activities [M].Cambridge:Cambridge University Press, 2009.

[3] Jeremy Harmer. How to teach English [M].Beijing:Foreign Language Teaching and Research Press, 2000.

[4] 薛婷婷.浅谈微课在英语教学中的应用 [J].青春岁月, 2016.

[5] 祝士芹.浅谈微课及其在英语教学中的应用 [J].教学研究, 2016.

(作者简介:谭聪,湖南省宁乡市第一高级中学教师)

教海拾贝

——彭建伦高中英语名师工作室教育教学思考和实践

运用策略，培养高中学生英语自主学习能力

张灵梅　张红梅

一、问题的提出

培养自主学习的能力是教育的重要任务，它既是素质教育的需求、时代的要求，同时也是课程改革的方向和英语课程的任务。

在知识经济和信息技术迅速发展的今天，教育的最终成品是独立的学习者。学习者的自主性是每个学习者和每位教师的目标。《普通高中英语课程标准（2017年版）》指出："基础教育阶段课程的最终目标之一是培养学生成为一个自主的学习者，为学生的终身学习和发展打下良好的基础。"《基础教育课程改革纲要（试行）》第10条要求"教师在教学过程中应与学生积极互动，共同发展，要处理好传授知识与培养能力的关系，注重培养学习的独立性和自主性，引导学生质疑、调查、探究，在实践中学习，促进学生在教师指导下主动地、富有个性地学习"。1996年国际21世纪教育委员会向联合国教科文组织提交的报告《教育——财富蕴藏其中》指出，教育的四大支柱是learning to know，learning to do，learning to live together 和learning to be，这四个支柱的共同基础是学生的自主学习。

因此，教育者应真正实现教育的本质和功能，发现每一个学生的价值，发挥每一个学生的潜能，使学生爱学、乐学、会学、善学，为学生的持续性发展奠定基础，努力达到"不需要教"的境界。

二、自主学习的理论依据

1. 建构主义学习理论

建构主义学习理论认为，知识不是通过教师传授获得的，是学习者在一定的情境，即社会文化背景下，借助于其他人（包括教师和学习伙伴）的帮助，利用必要的学习资源，通过意义建构的方式获得的。建构主义理论的核心是，以学生为中心，强调学生对知识的主动探索、主动发现和对所学知识的主动建构。

2. 以学习论为核心的现代教育教学理念

适应知识经济时代和学习社会的需要，传统的教育教学理念产生了根本性变革。变革的重点表现在三个方面。一是要以教育主体自主性发展和创新教育为中心构建现代教育的理论体系，建立以"学会学习"为中心内容的现代教育理论。二是以"学习论"改造现行的"教学论"，建立以"学习论"为中心的现代教学观念。自主学习要求真正确立学习者主体发展和自主发展的地位，使知识经济时代的教学理论更加符合学习知识、技能与人格发展的内在规律，教师的所谓"教学"，其真正含义由过去的"教学生知识与技能"变为"教会学生学习"，建立以"学习论"为中心的现代教学论。三是以学法研究为中心带动教学观念的根本性变革。构建以学法为中心的教学法理论体系，并不断推进这一教学方法的实践探索。

3. 以理解为核心的学习观

教师要使学生成为自主学习的主体，必须确立学习是一个理解、记忆、运用过程的观念，学生对知识的掌握是一个初步理解、强化记忆、学会应用、加深理解的过程。学习过程的实质和核心在于理解，而不是记忆。确立这样的学习观才能使学到的知识更稳固、更灵活，才有可能使知识成为创造力的翅膀。

4. 动态的结构化的知识观

在自主学习中，教师要确立科学的结构化的知识观，既要重视书本知识的教学，又要注意引导学生对经验的积累和理论化；学生既要重视学习"是什么"和"为什么"的知识，更要重视对"怎么做"的知识的学习。

三、自主学习的实践途径与策略

1. 更新教育观念，定位师生角色

教师要确立为"学"而"教"的指导思想。要充分发挥教师在课堂教学中的主导作用，要把以"教"为重心逐渐转移到以"学"为重心，并做好教与学的最佳结合。以"学"为重心，并不是排斥"教"，也不是不要教师的系统讲授。以"学"为重心，其基本精神就是使学生爱学习，学会学习，具有良好的学习习惯，充分体现他们是学习的主体，而这就需要教师引导培养。学生的认知过程，是在教师指导下，由"不知"到"知"的矛盾转化过程，教师要根据教学任务充分发挥主导作用，运用各种教学手段，促成矛盾转化，从而使学生较快地实现学习上的飞跃。所以笔者认为，"学"是在"教"之下的学，"教"是为"学"而教。

新课程标准提出："在实施新课程的过程中，教师要转变教育教学观念，以适合新课程提出的要求。教师要转变在教学中的角色，不仅仅是知识的传授者，还应成为学生学习的促进者。自主学习并不是完全脱离教师的一种学习模式，但它对教师的角色定位提出了更高的挑战。"

作为教师应真正更新观念，统筹合理安排时间，策划教学，始终将自己置于与学生平等的地位，既当好"管理者""指导者"，又当好"协调者""学习者"，从各个侧面把握好教师这个重要角色，努力创造合作、和谐、互动、融洽的师生关系。

2. 激发学习动机，归还学生主动权

Rod Ellis（1994）指出影响语言习得的内部因素除了个人的年龄（age）、个性（personality）、学习技巧（learning strategies）、学习能力（aptitude）外，还有一个非常关键的因素就是学习动机（motivation）。动机是直接推动有机体活动以满足某种需要的内部状态，是行为的直接原因和内部动力。

英语学习的过程是一个复杂的心理过程，据心理语言家克拉申的研究，它包括输入（input）→过滤（filter）→吸收（intake）→组织（organizer）→监控（monitor）→输出（output）等。

实践还告诉我们，学习英语的过程也是学习者不断克服种种心理障碍的过程。如果一个人的学习目的不明确，信心不足，学习过程中的种种障碍得不到排除，学习就会受到阻碍，语言材料在"过滤"这一阶段就停止不前，无法到达大脑而被"吸收"，当然更无法进行此后的各过程直至"输出"运用了。作为教师，应当关注每一位学生的发展，不断帮助学生建立英语学习的成功感。新课程实施以来，教材难度，特别是词汇量明显增大，许多学生出现了畏难情绪，在课堂和课外的一切教学活动中，帮助学生克服心理障碍，建立英语学习的自信心显得尤为重要。笔者认为，可以从以下几个方面激发和培养学生的英语学习动机。

（1）做受学生欢迎的自主性教师。古人云："亲其师，信其道。"成为学生喜欢的良师益友很大程度上可以促进教学的高效进行。调查表明，受中学生欢迎的英语教师的核心素质有以下几项：①强烈的责任心和敬业精神。教师治学严谨，有足够的耐心和爱心。②过硬的英语基本功。语感强，语言浅显易懂，优雅风趣。③较高的英语书法水平和现代教育信息技术运用水平。④先进的英语教学思想和勇于开拓的创新精神。教法灵活，启发思维，引导发现。⑤较好的个人形象。注重仪表，有较好的个人修养，有幽默感。

同时，要培养学生成为具有自主学习能力的人，教师首先应努力成为自主型教师：教育理念先进，教学方法灵活多样，能很好地把握和内化课程标准，创造性地使用教材，合作教学，科学评价，由传统的知识传授者向学生自主学习的促进者、学生学习的合作者、课程资源的开发者等角色转变。

（2）营造情境，活化教材于动态课堂。课堂教学很有学问，其艺术在于它能让参与者在愉快的氛围中，积极地思考、合作、探究、学有所获。下面笔者以自身经历为例谈谈自己的体会。

本学期初高一新生见面课，笔者先引出"WWW"，问："What does it stand for?"学生短暂地思考和议论后得知"World Wide Web"。笔者就转入正题"Today I'll share a 'WWW' with you"，然后围绕三个问题展开当堂课的内容，"What do you want to know about your English teacher？" "Why should we learn English well？" "How can we become successful English learners？"课堂组织以学生合作交流为主线，共同探讨、分析，既培养了学生的创造性，又轻松愉快地进行了相互了解，同时进行了学法指导和素质教育。

语法内容往往比较枯燥、乏味，但灵活改造教材内容，提供真实的情况，学生感觉更易理解和接受。比如期初，教英语的五种基本句型时，笔者就灵活地给出了新颖、有趣的例句让学生体会。例如：① S+V+P To the world you may be one person, but to me you are the world./Nothing is impossible. ② S+Vi. The sun rises in the east and sets in the west./Everything happens for the best. ③ S+V+O I enjoy losing face. ④S+V+O+O Ms Zhang teaches us English./Dad bought me a P.C. as a prize. ⑤ S+V+O+C I find Jack really cool./All work and no play makes Jack a dull boy.

不管是课堂引入还是课堂教学中的其他环节，不管是语法、词汇还是阅读、写作等不同课型，我们都可以设计一些亮点，让固有的、传统的、单调的变成动态的、新颖的、有趣的，以激发学生学习的动机和欲望。

（3）开展课外活动，强化语言运用。苏霍姆林斯基说过："兴趣的源泉在于运用。"为了增强学生学习英语的兴趣，给学生更多的运用英语进行交际的机会，教师可以设计和组织多种难易适度的活动。通过活动可以让学生把所学知识运用于实际，使学生认识自我，取得了不同程度的成就感，增强其自信心，增添了学习英语的兴趣和乐趣，变"要我学"为"我要学"，进而长久保持其对英语学习的兴趣。教师可以经常性地编辑英语学习园地或办英语壁报，解决疑难问题、分析常见错误、辨析词语用法等，还可适当刊登一些游戏方法、英语小诗歌、谜语、典故、趣闻、学生日记等；可以成立英语课外小组，开展学习课外材料、演唱英语歌曲、表演英语会话或短剧等小组活动；结合实际组织英语竞赛，如英文书写竞赛、朗诵比赛、单词听写竞赛、单词接龙比赛、智力比赛等。让学生在这些活动中互相帮助，互相感染，进而共同提高水平，长久保持学习英语的兴趣。

（4）有效帮助学生，让其体会学习的成就感。有的学生经过长时间的努力，成绩不尽人意，因此对英语学习失去了信心。作为教师，我们应帮助他们树立信心，为他们提供策略上的帮助，同时客观地帮助其分析、认识现状，鼓励其建立自信，努力走出学习的低谷。

另外，表扬、鼓励最能激起学生积极学习的动力，尽量对学生的表现给予积极的反馈，帮助学生及时地体会英语学习的成功感。

3. 加强学习策略指导，帮助形成自主学习习惯

俗话说："授以一鱼，可食一日；授以捕鱼之技，可食一生"。因此，笔者认为教给学生正确的学习方法和策略对培养学生自主学习英语及独立运用英语的能力至关重要。

杰斯珀森说过，教好外语的首要条件是要尽可能地让学生接触外语和使用外语。学外语就像游泳一样，学生必须泡在水中，而不是偶尔沾沾水（get a sprinkling of water now and then），学生必须潜到（be ducked down in）水里去。这样，他才能像一个熟练的游泳者（able swimmer）那样乐在其中。笔者告知学生：英语犹如一座碉堡，要全方位地攻克它，听、说、读、写多管齐下，经常接触和实践，形成良好的学习习惯。以此为前提，讲究学习策略，促进自主学习，提高学习效率。

（1）观察语言，体会规则。关于语言知识、语法学习，我们提倡以下模式：观察语言→接受语言→模仿、运用语言。不是一味地灌输语言知识点，而

是让学生先独立观察发现，然后分组，合作交流、探讨（教师帮助解疑），接着教师组织检查、反馈（以竞赛方式进行，且要求从课文中发现类似表达），教后再让学生提问，师生共同解答。这样，从真正意义上培养学生自主观察、学习语言、运用语言的能力。

（2）培养阅读习惯，提高阅读技能。以教材为主，进行精读指导，分析语篇结构，语言表达，发现和体会语言的美。同时，大力提倡课外阅读，广泛涉猎社会政治、自然科技、史地文学等读物，开拓视野，扩充词汇，提高阅读技能，培养语感。我们主要推荐的课外阅读材料为《中国日报》（*China Daily*）、《21世纪报中学生版》（*21st Century*）、《英语世界》（*The world of English*）、《英语沙龙》《英语双语报》《疯狂英语》《新概念英语》（*New Concept English*）等英文读物。此外还在班上建立了"阅读角"，每周开设一节课外阅读课，定期检查阅读笔记，进行评比。另外，以《创新阅读》为主要材料，系统训练阅读技能，如略读、查读、预测、理解大意、分清文章论点和论据、猜测词义、推断、理解文章结构，理解作者意图和评价阅读内容等，帮助学生熟练地掌握阅读技能，并能在阅读实践中根据阅读目的确定不同的阅读策略，灵活地运用阅读技能，提高学生的阅读能力，为其自主学习和持续发展打下了基础。

（3）积累经典例句，提升语用能力。不管是记忆单词，还是掌握语法规则，或者是创作美文佳作，经典例句都能起到很好的促进作用。例如模块一中"High school is a time of discovery, learning and hard work." "Growing up can be difficult."等都被学生巧妙地运用到自己的写作中。讲解定语从句时，笔者举了以下例句：He who doesn't reach the Great Wall is not a true man. /All that glitters is not gold. /The books you read and the people you meet may decide your future. 学生感觉学得轻松，效果好，而且好的表达逐渐内化成学生的良好语感和语言应用能力。

当然，还有很多英语学习策略，如使用工具书排疑解难，如何有计划地合理安排学习，并自我评价、调整,有效地利用多种媒体获取信息和资料等都有助于"学会学习（Learn how to learn）"，促进自主学习能力的发展。

4. 多元化、科学评价，促进持续发展

新课程标准指出，学生是学习的主体，评价应有益于学生认识自我，树立自信；应有助于学生反思和调控自己的学习过程，从而促进综合语言运用能

力的不断发展……教师应建立多元化和多样性的评价体系，提倡形成性评价与终结性评价相结合。既关注结果，又关注过程，以形成性评价为主；定性评价与定量评价相结合，以定性评价为主；他评与自评相结合，以自评为主；综合性评价和单项评价相结合，以综合性评价为主。

条件许可的话，可为每一个学生建立英语学习的档案，对其学习状况及时了解，并记录英语学习过程中的问题，帮助解决问题，不断确立合理的目标，让学生在实现一个又一个的目标过程中体会一种成就感。

总之，在新课程标准理念的指导下，英语教学的最终目标之一是要培养学生成为一个独立的学习者。学生的自主学习是学生获取知识，养成良好的学习习惯、形成终身学习能力的基本途径。学生自主学习能力的培养和发展是一个长期的和动态的过程。这一过程对于教师来说极具挑战性。教师应努力使自己真正成为学生学习过程中信息的提供者，学习的顾问，学习过程的组织、参与、评价、管理者和语言的使用者，成为自主学习者的典范。

（作者简介：张灵梅、张红梅，湖南省宁乡市第一高级中学教师）

将研究性学习融入牛津高中英语教学的实践与反思

◎ 陈蓉 ◎

《论教学过程中教学方式》一书中提到,教师的指导作用必须不断转化为学生的独立学习能力,即让学生超前预习,然后根据学生超前预习中发现和存在的问题进行教学。这就要求教师培养学生的学习方法,即采用"指导学生自主"学习的方法。

一、培养学生课前预习的良好习惯

指导自主学习就是教给学生学习的方法,充分发挥学生主动课前预习,培养自学能力,激发学生的英语学习兴趣。课前预习是学生对知识进行自我建构的过程,使教与学的关系发生了根本性变化,即打破课堂教学的传统结构,由"学"跟着"教"走,变为"教"为"学"服务。要激发学生对自主学习的愿望,坚持课前预习,在预习中做到动口、动脑、动手,力求培养学生的自学能力和质疑能力,让学生养成阅读习惯。在学生预习新课时,笔者有意识地设计一些有启发性、针对性的问题,让学生带着疑问,带着目的去预习,如学习牛津版教材模块五Unit1 Getting along with others时,笔者先提出这样一个问题:Who is your best friend? 这样能把学生的注意力集中到课文上来,接着通过课文情节的描述,提出相关问题,让学生带着问题去学习,这样可以激发学生的学习情绪,使学生真正认识到朋友的重要性,生活中不能没有朋友,人人都需要朋友。

二、调动学生的积极性,让课堂充满活力

积极性强调的是学生作为主体对课堂教学的参与,其目的在于形成一个

平等、和谐、热烈的教学气氛，变传统的被动接受式学习为积极主动的参与或探究式学习，把课堂还给学生，让学生参与教学的全过程，这就要求教师善于用提问来培养学生的兴趣。爱因斯坦说："兴趣是最好的老师。"心理学实验告诉我们，问题，特别是精巧的问题，能够吸引学生集中精力、积极思维、振奋感情、提高兴致。因此，提问的设计要以某些知识点的落实为依据，从文章巧妙的艺术构思中提出问题，以激发学生的好奇心，激起他们强烈的求知欲，使他们积极投入到学习活动中。积极的学习容易使学生尝到劳动和收获的欢乐，而学习的进步是进一步积极学习的有力的强化物。如学生学习牛津版高中英语模块一Unit3 Looking good, feeling good时教师可以这样发问：Do you want to be good-looking or heathy? 学生的思维就会活跃进来，有的学生这样认为："I want to be good-looking.I should run every day and buy a suitable blouse and a beautiful skirt."有的学生则不这样认为。这样就可以轻松地调动学生参与课堂讨论。我们还应巧妙地控制学生的注意力，开启他们心灵的窗户，只有这样，才能使学生产生学习兴趣和动力，体验学习的成就感，进而走上活泼、主动发展的道路。因此，用巧妙的提问来吸引学生注意力，是教学首先要解决的问题之一，也是体现教师教学艺术的重要方面。以牛津版高中英语模块二Unit1 Boy missing, police puzzled为例，可以提出这样一个问题：What does UFO mean? 这样能把学生的注意力集中到课文上来。接着，可以提这样一个问题：What is the article about? 通过课文情节的描述，提出Who is missing? Who else has been taken by the aliens? Who is in charge of the case? 这样，用问题来吸引学生的注意力，用教材的情节来打动学生、感染学生，牢牢掌握激发学生情绪的最佳点。

三、开放式课堂教学，激发学生参与

英语作为外国语，它的习得离不了语言知识学习，而语言的掌握需要学习者大量的实践练习。在英语教学中，教师不仅要传授知识，还要培养技能，激发学生的智力活动，创设课堂气氛，使学生把学习看作是一种享受，激发学生的学习兴趣和潜能。讨论是英语课堂教学中常用的一种方法，高中英语教学是以语篇为中心的，因此教师应该根据课文内容和学生的实际情况，设计一些难度适中的问题让学生自由讨论或自由发表意见。设计话题时应该让学生在讨论时有话可说，这样才能为学生提供运用所学语言的机会，并能达到提高其言

语技能的目的。

以牛津版模块四Unit2 The honourable games教学为例。教师在课堂先提出几个问题，如：A. How often are the Olympic Games held? B. What are the differences between the Old Olympic Games and the Modern Olympic Games? C. What's the great competition between countries? 让学生带着问题阅读课文。当学生对奥林匹克运动会有了进一步了解后，教师可适时结合中国申办2008年奥运会成功的相关话题，让学生围绕话题分组讨论：

Topic 1：What's the spirit of the Olympic Games？What can you learn from it?

Topic 2：What did Beijing bid for the right to hold the 2008 Olympic Games?

大多数学生都喜欢体育运动，他们通过媒体、网络获取了不少奥运会的知识，让学生围绕这两个话题进行讨论，他们觉得有话可说，开口说英语的恐惧感就消失了，课堂气氛就活跃起来了。学生通过讨论领悟"奥林匹克精神"（Faster，Higher，Stronger）的核心，认识到奥运会不仅仅是体育的竞技，而且是世界人民友好交往与合作发展的时机，从而真正理解了"To hold the Olympic Games is a rich prize for China"的内涵。

再如，在学习牛津版模块五Unit 2 Environmental protection时，首先让学生在课前做好预习工作，在上课前以"What life problems can waste cause？"为题，让学生畅所欲言，阐述各自的认识，然后在深刻理解课文的基础上，提出跟日常生活有关的话题：

Topic 1：Which waste things can be recycled?

Topic 2：What should we do to help reduce waste in our daily life?

Topic 3：What do you think of recycling?

让学生分组讨论，把话题引进学生的生活，引发其联想和创造性思维，这样学生在语言训练的同时，可得到了思想教育，最后从中得出本课的主题：Recycling plays an important part in reducing waste and protecting our environment.

四、运用辩论形式，让学生关注社会，增强社会责任感

在语篇阅读教学过程中，我们应引导学生围绕话题进一步探索或进行辩证思考。通过话题面上的扩展、主观意义上的深入或不同观点的对比，激发学

生主动探究、深入学习和勇于创新的意识。同时，学生在创造性学习过程中，会不自觉地运用语言知识，在真实的语言环境下练习和巩固已有的语言技能。在课堂上，可以采用辩论形式，让学生自由发表自己的观点，畅所欲言。辩论是源于讨论而又高于讨论的一种形式，它对学生的思维能力、口头表达能力和知识视野有更高的要求。在课堂教学中适当组织一些辩论赛，有利于促使学生自主学习。

例如，在学习牛津版模块五Unit 2 Environmental protection时，让学生了解了这一课文后，教师可以根据文后所提供的练习，提供一个辩题："Do you think which is important, economy or environment？"将学生分成四组，让他们利用课余时间组织资料，进行辩论，尽量使更多的学生参与活动，由各组辩手轮流提出观点，助手补充，这样可以极大地活跃课堂气氛，真正让学生在研究中学，并学有所用。

五、放手让学生调查研究，强化体验，学会创新

提高学生运用语言的能力才是语言教学的真正目的。教师应在平时的教学中有意识地引导学生以英语为工具去分析和解决问题。对于教材中的一些科普类、人文或文献类文章，可以让学生通过查阅资料或调查的方式研究相关问题，并指导其撰写调查报告。让学生在学习课文知识的同时，拓宽知识面，深入探讨，抽象概括和发表观点。

例如，在学习牛津版模块四Unit 1 Advertisements一课时，对各种广告做了一定的介绍，而学生对广告的话题非常感兴趣，可以提前向他们提出广告的研究方向，学生分组选定题目，在课前进行了大量的收集、整理、归纳等工作，并按要求用PPT软件做成英语演示课件。在进行本课教学时，先让各小组上讲台用英语展示他们的成果，有讲广告的历史的，有论广告的功用的，有广告语言欣赏，也有介绍不同地域不同时代的广告特色的，其中有一位学生对广告情有独钟，他系统介绍了广告的分类。之后的阅读教学中，学生们热情很高，也轻松地理解了文章的结构，学习的效果令人满意。

总之，研究性课堂学习是师生共同探索新知的学习过程，是师生围绕解决问题共同完成研究内容的确定、方法的选择以及解决问题相互合作和交流的过程。研究性学习的核心是培养学生的创新精神和实践能力，强调体验学习。研究性课堂学习强调了学生的主体作用，同时，也重视教师的指导作用，教师

应把学生作为学习探究和解决问题的主体，并注意转变自己的指导方式，及时了解学生开展研究活动时遇到的困难以及他们的需要，注意观察每一个学生在品德、能力、个性方面的发展，给予适时的鼓励和指导，充分调动学生的学习积极性、主动性，激发学生的兴趣，引导学生表现自己，培养学生的成功心理，使学生善于自学，独立思考，逐步减少对教师的依赖。

（作者简介：陈蓉，湖南省宁乡市第一高级中学教师）

第九部分 教学案例

在对话课中重视创新
—— SEFC SB1A Lesson29的教学设计与设计思路

◎ 彭建伦 ◎

一、引言

课堂是实施创新教育、提高学生素质的主战场,在课堂教学中着重培养学生的创新精神、提高学生的创新能力和语言实践能力,是新时代赋予每位英语教师的职责。高中英语课堂教学倡导任务型教学模式,让学生在感知、体验、实践、参与和合作等过程中完成任务目标,进行情感和策略调整。

教材的编写采用了功能话题和结构相结合的原则,对话课的目标是让学生能在现实生活当中理解和运用某种交际功能。要实现这个目标,需要培养学生的产出(production)能力。语言的产出有三个层次,即适应性输出、练习性输出和交际性输出。

适应性输出(familiarity output):这是一种简单的反馈式的输出,只显示出认识和认知的情况。

练习性输出(practice output):学生在教师的组织下运用多种方式对新的语言项目进行相对简单的"围攻"性的练习,从而达到熟练的程度。

交际性输出(communicative output):学生在一些真实的活动中自觉地承担角色,不受机械制约地、创造性地运用所学语言表达思想,达到灵活运用的高层次要求。

只有设置具有真实性、创造性的情境,促使学生创造性的综合运用语言,才能达到交际性输出的要求,实现对话课的目标。

二、创新在对话课中的体现

创新总的来说包含两个方面的内容：一是具有社会价值的创新，即创造出能为社会、为人类进步带来变革的东西；二是具有个人价值的创新，指的是一个人发现或创造出相对于自己已有知识和经验而言的新知识、新事物、新方法。英语学习中的创新通常属于第二种类型。因此，在英语对话课中发扬创新精神，就要减少教学的强制性，留给学生自由发挥的思维空间，形成有利于培养创新精神和发展创新能力的教学环境，使学生进行群体开放型的学习，进行以自主活动为基础的主动探索型学习，靠自身的努力不断发现和获取新的知识，并将其创造性地运用。具体体现在以下几个方面。

1. 学生学习的主动性

教师精心设计对话教学各个环节，激活学生的认知内驱力（cognitive drive），激发学生的学习欲望，促使学生积极主动地进行认知和实践活动。

2. 学生学习的主体性

学生是对话课的主人，教师的讲解和传授只能帮助学生理解和认知新的交际功能，而不能代替学生的学习。学生在教师的引导下进行知识认知、知识操练以及知识运用。

3. 学生学习的实践性

实践性是指在教学中，学生主要通过动手操作、亲身体验来获取知识和技能，即在做中学（learning by doing）。学生在对话课中要通过语言输入活动（听或读）来了解、获取新知识，通过语言输出活动（说或写）来操练、运用新知识。

4. 学习实践的创造性

尽可能减少简单、机械的操练，增设比较接近现实生活、适合学生创造性运用语言的情境，发展学生的创造思维，促使学生真正掌握语言，达到交际的目的。

三、教学案例

SEFC Book 1A Lesson 29是一堂以就餐为主题的对话课。下面笔者联系这堂课的教学设计，探讨如何在对话课中重视创新。

教学目标：

1. 运用所学的食物名称和有关"就餐"的交际用语。

2. 培养"就餐"方面的交际能力。

教学重难点：食物名称及"就餐"交际。

教学课时：一课时。

教学过程：

第一步：引入

教师：今天老师给你们带来一则好消息，一群英国学生将来访问我们。（展示英国学生的照片）我们该怎样接待他们呢？（先让学生讨论，然后征集学生的建议）好主意！让我们为他们准备一顿佳肴。

设计思路：此话题既引入了新课，又向学生交代了一个比较真实自然的交际任务，促使学生为完成这一任务而积极主动地参与学习和实践，能充分发挥学生学习的主动性。学生在创造性地提出接待方案时，其创造意识也得到了增强。

第二步：展现阶段

1. 准备食物

教师：首先，我们应该为他们准备好食物。现在和你的搭档一起决定应该准备些什么食物。

肉类	蔬菜	饮料	水果	其他食物
……	……	……	……	……

（让学生说出一些食物之后，教师利用多媒体或实物适当解释新词 coffee, ice cream, pancake, soup, beancurd。）

设计思路：此步骤设置了一个小的任务情景，采用以旧引新的方式帮助学生掌握食物名称，为后面的交际对话做好词汇方面的准备，在发挥学生主动作用和主体作用的同时，发展学生的发散思维。

2. 语言观察

教师：我们应该正确地表达食物的数量。仔细观察对话，并从课本中找出第29课第二部分练习的答案。（学生观察之后相互讨论答案，然后在教师的帮助下确定食物数量的表达方式。）

3. 语言观察

教师：就餐时，在不同的情形下我们会使用不同的表达。仔细观察对话，从对话中找出下列不同情形下的不同表达：

第一次提供食物时，我们可以说什么？

第二次提供食物时，我们可以说什么？

如果客人愿意接受食物，客人将怎样说？

如果客人已经饱了，客人将怎样说？

（学生观察之后，相互之间讨论答案，最后师生一起确定答案。）

第一次提供食物时，我们可以说：

Would you like ...

How about ...

Let me give you ...

Help yourself to ...

（教师适当解释新词offer及短语Help yourself to。）

第二次提供食物时，我们可以说：

Would you like some more ...

Let me give you some more ...

Have another ...

如果客人愿意接受食物，客人将说：

Yes, please.

Just a little.

如果客人已经饱了，客人将说：

No, thanks. I've had enough.

I'm full, thank you.

（设计思路：此步骤为认知阶段，学生在教师的引导下进行积极学习，为后面的交际对话做好表达方面的准备，充分体现了学生学习的主体性。）

第三步：练习阶段

教师：听这段对话，并留意语音语调，以便你能够在餐桌上说一口漂亮的英语。

（学生听对话并模仿。）

教师：和你的搭档一起操练这段对话。尽力记住一些餐桌上的用语。

教师：做课本第29课第三部分练习。和你的搭档一起进行轮流问答。

设计思路：此步骤为练习阶段，帮助学生熟练地使用有关"就餐"的交际用语，并模仿地道的语音语调，是实际运用前的热身实践过程。

第四步：运用阶段

教师：准备好就餐了吗？好，让我们一起等待英国客人的到来。他们已经来了。在哪里呢？第1、3、5、7组的同学，你们现在就是英国客人。现在开始就餐。

教师：现在改变角色。第2、4、6、8组的同学，你们现在是英国客人。现在开始就餐。

（设计思路：本步骤为实际运用阶段，学生创造性地综合运用所学语言材料，为本堂课的最高层次。）

四、结语

在对话课中加强学生学习的主动性和主体性，促使学生进行大量创造性的实践活动，这既是时代的需要，也是新《普通高中英语课程标准（2017年版）》的要求，更是实现对话课目标的必要途径。我们有必要进一步探讨在听、说、读、看、写等各种课型当中如何有效地培养学生的创新精神，提高创新能力，培育创新人才。

参考文献

[1] Harmer, J. The Practice of English Language Teaching [M]. Hong Kong: Longman, 1983.

[2] 王才仁. 英语教学交际论 [M]. 桂林：广西教育出版社，1996.

[3] 张明时. 在英语教学中培养创新性思维能力 [J]. 中小学英语教学与研究，2000（4）.

[4] 中华人民共和国教育部. 普通高中英语课程标准（2017年版）[S]. 北京：人民教育出版社，2018.

（作者简介：彭建伦，湖南省宁乡市第一高级中学党委委员、副校长、英语教研组组长）

语言点课堂教学新模式探讨

何明辉

在举国上下热火朝天地进行课改的时候，追求高效课堂已成为教师和学生的奋斗目标。高中英语课文中语言点教学是深受关注的课题，提高语言点教学的课堂效率成为笔者这两年的重要教研任务。笔者在实践中摸索出一套教学模式，提高了语言点教学的课堂效率，得到了师生的认可。

一、创新教学模式

根据高考考纲和中学英语课程标准确定本课的教学目标，紧扣教材，按照"重要新单词→重要新短语→重要新句型→本课语言点的综合演练和高考链接→本课语言点的综合运用"，进行由浅入深的教学。该教学模式重视学生的主体作用，倡导运用任务型教学法和归纳法，培养学生自主学习、合作学习以及创新学习的能力。

二、具体操作步骤

下面笔者以译林版高一英语教材模块一的第二单元"Home alone"为例，具体说明语言点课堂教学模式的操作步骤。

（一）学生以自主、合作的方式，找出课文中重要的单词和短语，并完成学案上的第一个任务

Task1 Translate the following important new words and phrases into English

令……吃惊	容忍	场景	辩解
反正	值得	迫不及待地去做……	处理
负责	对……苛刻/严厉	既然	应该
一团糟	对……粗鲁的	不再	

（二）学生以自主、合作的方式，学习重要新词，完成精编练习，总结该词的用法

Task2　Learn the uses of the important new words

1. 课文原句：Yes, I can't wait to_____the boys! （line 5）

（1）surprise 在此做动词，"使惊奇，使惊愕"。

e.g. They surprised us with a visit. 他们突然来访使我们大感意外。

It_____me to see so many people there. 那个消息令我们吃惊。

（2）surprise 也可做名词，"惊奇，惊愕，意外"。

e.g. Don't tell him about the present — it's_____.

I looked at him_____— I didn't expect to see him again.

（3）做不可数名词常与to 连用，构成固定短语 to one's surprise 使某人惊讶的是……，其形容词是 surprising 令人惊讶的，surprised 感到惊讶的。

e.g._____（令老师感到惊讶的是），he failed in the exam again.

He was extremely_____at the_____news!

2. 课文原句：We won't_____such behavior in our house! （lines 27—28）

tolerate v. 容许，容忍　e.g.

This sort of behavior will not be_____.

I don't know_____（你怎么能容忍那噪声。）

There is a limit to what_____（人的容忍是有限度的。）

3. 课文原句：Act two, _____one.（line 34）

scene n. 有以下几种含义：

（1）（戏剧）场景，布景。

e.g. This play is divided into three acts, and each act has three _____.

这个剧分为三幕，每一幕有三个场景。

（2）景色，风景。

e.g. The_____is a perfect dream when you see the sun rising slowly in the east.

（3）现场，出事地点。

e.g. The murder suspect couldn't explain away his fingerprints at the_____.

区分：

scenery 自然景物，天然风光，舞台布景

e.g. The grassland_____of Tibet is unrivalled. 西藏的草原风景是无与伦比的。

The_____for the play must have cost too much. 那出戏的舞台布景一定很费钱。

sight既可以指眼前看到的景观，又可以指名胜、风景。在表达后者的含义时必须用复数。

view常指从远处或高处看到的景色，有时可与scene互换。

（1）The first time I toured the Great Wall, I was deeply impressed with the beautiful_____.

A. view B. sign C. scene D. scenery

（2）The _____ of the story is Russia during World War Ⅱ.

A. view B. sign C. scene D. scenery

4. They never even gave me a chance to_____.（line 37）

defend v. 辩解，辩护 常用结构：defend sb/oneself/sth（from/against sb/sth）

e.g. How can you_____such behavior?

She_____in court. 她在法庭上成功地为自己进行了辩护。

5. _____, they didn't trust me.（line 41）

anyhow adv. 反正，不管怎样

e.g. He told me not to buy it, but I bought it_____.

6. They don't_____an explanation.（line 42）

deserve v. 值得，应得，应受

e.g. He_____a reward for his efforts. 他积极努力，值得奖赏。

They didn't_____win.

（1）He certainly deserves_____ to prison.

A. to send B. to be sent C. sending D. being sent

（2）Guilin deserves _____.

= Guilin deserves_____. 桂林值得一游。

（三）学生以自主、合作的方式，学习重要新短语，完成精编练习，总结该短语的用法

Task 3 Learn the uses of the important phrases

1. Yes, I_____surprise the boys!

can't wait to do 迫不及待地做

_____. 在周末我迫不及待地去钓鱼。

2. But, but ... you _____ come home until tomorrow! （line 9）

be supposed to 应该……；应当……

他们应该一个小时前到。_____

他不应该因那件事生气。_____

What are you doing out of bed, Tom? You're _____ to be asleep.

A. supposed　　　B. known　　　C. thought　　　D. considered

3. What did you _____ the cash we left? （line 14）

do with 在这里是"处理；利用"的意思。

我有一大堆信要处理。_____

你怎么处理这个问题。_____

do with 和 deal with 的区别

do with 和 deal with 做"对付，处理"之意，只不过用于特殊问句时，do with 与 what 连用，而 deal with 则与 how 搭配使用。

（1）Could you tell me how _____ the matter?

A. to deal with　　B. to do with　　C. dealing with　　D. doing with

（2）I don't know how they deal with the problem. （同义句改写）

_____.

4. The room _____, with pizza boxes on the floor and dirty dishes in the sink.

mess 混乱，凌乱，脏乱

Her hair _____. （很混乱）

The local economy _____. （现在很混乱）

make a mess of 弄坏，把……搞得一塌糊涂，把……弄脏

The heavy rain made a great mess of the garden.

mess 可用作动词，意为"弄糟，弄乱，妨碍"；mess up 混乱，弄糟

I am asking to organize the trip, but I _____. （把它弄糟了）

I've sorted out the books; now _____. （别把它们再弄乱了）

5. We left you in charge! （lines 22—23）

leave 使……处于某种状态

常用结构：leave + O + OC.

其中宾补可以为adj./prep，/v-ing/n./p.p.

请让门开着。_____

别让他在外面的雨中等着。_____

请让我独自一人。_____

charge 在句中为名词，"掌管，照管"，常用结构有：

in charge of ...　负责　　　　　in the charge of　由某人负责

in one's charge　由某人负责　　take charge of　负责

— Who_____the factory?

— Mr. Li will_____the project.

= The project is_____.

The Department stores_____Mr. Li.

charge 作动词，可表示"索价，要价"

e.g. The barber_____ten dollars for a haircut. 理一次发要价十美元。

还可表示"责令；公开指责；控诉"，常与with连用。

e.g. He was_____with stealing a car. 他被指控偷了一辆汽车。

6. Then they won't be mad_____. （line 40）

not any more = no more　不再

not…anymore，其中not用在系动词、助动词、情态动词之后，anymore位于句末。

e.g. Now she wasn't afraid_____.

Time or opportunity lost will return_____. 机不可失，时不再来。

辨析：

no longer = not any longer 也可表示"不再"，用法与no more，not…any more类似，但侧重点有所区别。

no more着重表示数量或程度的减少，动作发生的次数、频率不再延续。常用于将来时，过去时常跟瞬间性动词连用，一般置于行为动词后。

no longer 一般用来修饰表示状态的延续性动词，着重表示动作、状态或时间的不再延续，意为"如今不再"。当修饰动词时，no longer通常置于be或行为动词前，指"与过去比不再"，常用现在时。

e.g. I don't like here any longer.

She could not keep up with him any longer.

7. Do you think we＿＿＿＿＿＿＿＿＿Daniel?（line 51）

be hard on 对……苛刻/严厉=be strict with sb./in sth.

e.g. 我妈妈对我很严厉。＿＿＿＿＿＿＿＿＿＿＿＿＿

8. Maybe, but＿＿＿＿＿he has been so rude to us，I feel like we have to punish him or he won't respect us.（lines 54-55）

now that 既然

e.g.＿＿＿＿＿＿＿＿＿＿＿＿＿＿，I think it unnecessary to discuss it again. 既然你知道这件事，就没必要再讨论了。

（四）学生以自主、合作的方式，学习重要新句型，完成精编练习，总结该句型的用法

Task 4　Learn the uses of the important new sentence patterns

1. Mom and Dad arrive back from vacation a day earlier＿＿＿＿＿＿．（line 2）

than expected 比预期的，比预料的，是一种省略结构

你比预料的考得好。＿＿＿＿＿＿＿＿＿＿＿＿＿＿＿＿

他爸爸比预料的晚回家。＿＿＿＿＿＿＿＿＿＿＿＿＿＿

常用结构：expect + n./pron./to do sth/that

也常用于复合结构 expect sb. to do sth. /there to be

2. Eric runs in after it，followed by a big dog，walking very slowly.（lines 6—7）

Prices of daily goods bought through a computer（=＿＿＿＿＿＿＿＿＿＿）can be lower than store prices.

The Olympic Games，first played in 776 B.C.（=＿＿＿＿＿＿＿＿＿＿），did not include women players until 1912.

Do you know the boy standing at the door?

= Do you know the boy＿＿＿＿＿＿＿＿＿?

The workers＿＿＿＿＿＿＿＿＿（在那个工厂工作）are well-paid.

3. The room is in a mess，with pizza boxes on the floor and dirty dishes in the sink.

结构：with +O.（宾语）+ O.C.（宾语补足语）

The teacher came into the classroom ＿＿＿＿＿＿＿＿．（手里拿着一本书）

The family went out for a walk _____.（让灯亮着）

He often sleeps_____.（让门开着）

_____, it will become more and more important to have a good knowledge of English.

有这么多的人每天用英语交流，精通英语将变得越来越重要。

All the afternoon, he worked _____. 整个下午，他都锁着门工作。

Lu Xun fought against the enemy _____ — his only weapon. 鲁迅用他唯一的武器——笔，同敌人作斗争。

_____, I have to work really hard this weekend.

由于有两门考试担心通不过，这个周末我得真的用功了。

The living room is clean and tidy, with a dining table already _____ for a meal to be cooked.

  A. laid   B. laying   C. to lay   D. being laid

4. Daniel _____ and looks upset.（line 35）

has his arms crossed 是 have sth. done 的结构，表示"让/叫/使……做某事"。

We _____（请人修自行车）just now.

He has_____.（请人剪头发）

have sb. do sth. 意为"让/叫/使某人做某事"。

have sb./sth. doing 意为"叫/让/使某人做某事或让某种情况发生"，表示宾语与现在分词表示的动作之间为主动关系，且动作正在进行。

用括号内所给动词的适当形式填空。

（1）A computer does only what thinking people have it_____（do）.

（2）Who did you have_____（paint）the wall yesterday?

（3）I'm sorry I can't help you because I have a lot of letters_____（answer）.

（4）The villagers are going to have a new bridge_____（build）over the river.

（5）Who had the candle_____（burn）throughout the whole night?

（6）What have they had_____（do）to stop the pollution from the chemical works?

（五）学生运用本课学习的语言点知识，自主、合作并创造性地完成教师的精编综合练习，再总结反思整个学习过程

Task5   Finish the following exercises by using what you have learned from the text

I Fill in the blanks by choosing the following phrases.

be supposed to, do with, in charge of, go out, be hard on,

shout at, instead of, look around, now that, turn up,

1. Upon landing on the island, he stepped out of the plane and _____ to see if anyone was there.

2. _____ it has stopped raining, we can continue right away with our walk.

3. The light in her room _____, which made the old woman very nervous.

4. He had promised that he would come to my party on time, but he didn't _____ until the end of the party.

5. I _____ go back home early because today is a special day.

6. You are wrong to _____ the child. You should explain his mistakes gently to him.

7. They have been playing football all afternoon _____ getting on with their studies.

8. Who is _____ the factory while the manager is away?

（六）学生运用本课学习的语言点知识，自主、合作完成教师精选的高考习题，检测灵活运用语言知识的能力

Task 6   The beautiful scenery of NMET

1. People have different opinions about Karen, but I admire her. _____ she is a great musician.（2004年甘肃）

A. After all   B. As a result   C. In other words   D. As usual

2.– How do you _____ we go to Beijing for our holiday?

– I think we'd better fly there. It's much more comfortable.（2004年福建）

A.insist   B. want   C. suppose   D. suggest

3. – Did you remember to give Mary the money you owed her?

– Yes, I gave it to her _____ I saw her.（2001年北京春季）

A.while   B. the moment   C. suddenly   D. once

4. Is this the reason _____ at the meeting for his carelessness in his work? （2000年上海春季）

  A. he explained   B. what he explained
  C. how he explained   D. why he explained

5. Mr. Smith, _____ of the _____ speech, started to read a novel. （2003年北京春季）

  A. tired; boring   B. tiring; bored
  C. tired; bored   D. tiring; boring

6. – Sorry, Joe. I didn't mean to…
– Don't call me Joe. I am Mr. Parker to you, and _____ you forget it! （2003年全国）

  A. do   B. didn't   C. did   D. don't

7. – I hear they are not pleased with the house you've chosen for them.
– Well, _____ could they live in such comfort? （2003年北京卷）

  A. where else   B. what else   C. how   D. where

8. The English play _____ my students acted at he New Year's Party was a great success. （2004年全国）

  A. for which   B. at which   C. in which   D. on which

9. – How about eight o'clock outside the cinema?
– That _____ me fine. （2004年全国）

  A. fits   B. meets   C. satisfies   D. suits

10. – There's coffee and tea; you can have_____.
– Thanks. （2003年全国）

  A. either   B. each   C. one   D. it

11. There at the door stood a girl about the same height _____. （2004年北京）

  A. as me   B. as mine   C. with mine   D. with me

12. He paid the boy $10 for washing the windows, most of _____ hadn't been cleaned for at least a year. （1990年全国）

  A. those   B. these   C. that   D. which

13. In the dark street, there wasn't a single person _____ she could turn for help. （1992年全国）

A. That   B. who   C. from whom   D. to whom

14. Recently I bought an ancient Chinese vase, _____ were reasonable. （2000年上海）

A. which price   B. the price of which

C. its price   D. the price of whose

Translate the following sentences into English

1. 天气非常热，我非常想喝些水。（feel like）

_____

2. 我无法忍受他对我如此冷漠。（tolerate）

_____

3. 老师对学生不要苛刻，但学习上要严格。（hard）

_____

4. 这些士兵的职责就是保护他们的国家，抗击敌人。（defend）

_____

5. 那家商店是我妻子经营的。（charge）

_____

6. 他是一个明智的人，他总能做出很好的决定。（decision）

_____

Task 7　Writing

以 My growing pains 为题，写一篇幅120词以上的短文。注意：要尽可能多地运用本课学到的语言点；要用具体的事例来记叙你成长的烦恼；不能使用真实姓名和学校名称。

这种语言点教学模式提高了课堂教学效率，学生的自主学习能力、观察探究语言知识的能力和运用语言知识的能力也不断得到提高。

（作者简介：何明辉，湖南省宁乡市教研室英语教研员）

运用语言观察能力以读促写的教学案例

∽ 谭 聪 ∾

一、问题的提出

《普通高中英语课程标准（2017年版）》正式发布，强调培养四种英语学科核心素养，即语言能力、文化意识、思维品质和学习能力。其中，语言能力是英语学科核心素养的基础要素，学习能力是英语学科核心素养的发展条件。

语言观察能力是对语言规律和功能的主动认知能力，是英语学习能力的必要组成。具备语言观察能力的学生，能够主动积极地发现课文中地道、准确的英语词汇、词组和句型。读和写是重要的语言运用技能，是信息输入和信息输出的主要途径，也是高中英语学习的重要平台。

学习者不是通过孤立地学习语法、词汇或其他方面知识而掌握语言，而是在积极参与意义构建的过程中，达到他们对外部语言世界的理解和运用。瑞士心理学家皮亚杰（1972）认为，当学习者能将新知识融入他们已经具备的知识结构中去时，学习才是最有效的。

二、教学依据

阅读教学可以培养学生的语感，提供广泛的写作素材和丰富的语言知识，有利于培养学生的写作技能（刘海、郑友阶，2005）。大量原汁原味的阅读可以让学生不断积累词汇、句型和篇章结构，接触到更多地道的英语表达，避免在写作过程中出现"中式英语"。有了大量的阅读输入，作为英语知识的一种输出过程的写作训练就会水到渠成。

高中英语教材提供了丰富的、不同题材和不同话题的阅读文本，是教师进行以读促写教学的优秀素材。《普通高中英语课程标准（2017年版）》指出："要善于结合教学的实际需要，灵活地和有创造性地使用教材，对教材的内容、编排顺序和教学方法等方面进行适当的取舍和调整。"人教版高中英语教材中，有很多单元内容是相关的，教师可以按不同话题进行分类整理，如，人际关系类、人物传记类、人文地理类、自然灾害类等。下面，笔者以自然灾害类话题为例，探究运用语言观察能力以读促写的课堂教学策略。

三、教学案例

（一）教学思路

涉及自然灾害类话题的两个单元分别通过介绍地震和火山爆发给人们带来的危害，呼吁大家热爱自然、保护环境。针对B1 U4 A Night the Earth Didn't Sleep这篇课文，笔者先设定好本节课的任务Write an e-mail to your penfriend Mike, describing the flood in Ningxiang City during the 2017 summer。该任务的设计想法来源于真实的事件——宁乡市2017年遭遇了60年以来最为严重的自然灾害，给宁乡市造成了巨大的经济损失。笔者设计任务时考虑了任务的真实性，让学生们用英语将它描述给笔友，让笔友了解这次遭遇。首先，引入部分为播放2017年宁乡市洪水的现场素材剪辑视频，还原现场，将学生带入情境中。其次，在阅读过程中涉及两个任务环，一个是通过语言观察发现文章框架，另一个是通过语言观察发现并积累该篇文章中几个主要关键词的语块（lexical chunk）表达形式。最后，通过语言观察搭建的文章框架和语块完成任务。

（二）教学过程

Step 1：Task-preparation

播放2017年宁乡洪灾现场视频，让学生回忆现场，吸引学生的注意力和专注力。视频结束后，让学生齐声朗读了笔友Mike的来信。

Dear Li Hua,

I'm sorry to hear that Ningxiang City suffered massive flood during the 2017 summer. Would you like to describe the flood to me?

Looking forward to your e-mail soon.

Mike

接着提出本堂课的Task：Write an e-mail to your penfriend Mike, describing the flood in Ningxiang City during the 2017 summer.

接受具体写作任务以后，学生开始思考文章结构和行文措辞，为了激发信息差距，笔者提问："Do you have any difficulty in writing the e-mail? Would you like to learn how to write an e-mail to the penfriend?"成功吸引学生的认知和专注力，为下一步教学奠定基础。

Step 2：Task-cycle

（1）Task-cycle 1: Find out the structure of the passage

要求学生浏览文章，画出描述自然灾害文章的框架图。学生使用Skimming的阅读技巧，快速浏览全文，找出文章的主旨所在，很好地落实阅读技能中最主要的略读技巧的操练。学生在阅读后有不同的见解，笔者将学生按学习兴趣小组分组，要求学生分组讨论文章结构图，让学生的学习能力在讨论过程中提升。笔者为学生总结了Part 1的关键词Event，启发学生思考，学生运用语言观察能力，结合集体的智慧总结了Part 2和Part 3的关键词Damage和Thanks，此时学生的自信心得到了极大的鼓舞，为下一步的教学奠定了思想基础和语篇结构基础。

（2）Task-cycle 2: Find out the chunks

任务环1帮助学生建立了语言框架图，任务环2的重点是运用语言观察能力发现语块。任务环2的实施过程，笔者采用了各个击破的语言观察训练，依照文章结构中三个关键词Event，Damage和Thanks，从网络上、微信朋友圈搜集各种类型的相关图片，要求学生对图片中的关键词进行快读反应，找出对应的英文关键词，接着要求学生回到课文中运用语言观察能力发现相关语块，依据图和课文语块完成课文表达到学生习作的"移花接木"。

Part 1 Event

时间：2017年6月30日。

损失：60年以来最为严重的自然灾害，损失巨大。

Part 2 Damage

利用幻灯片引领学生教学语言观察，比如，要求学生从课本里找出表原因的词组来衔接Picture 1和Picture 2；要求学生从课本里找出表达道路或公路状况的句子；要求学生添加表结果的过渡词；要求学生从课本里找出表达汽车和动物受到的影响的句子；要求学生添加做结果状语的非谓语；要求学生从课本里找出表达房子受到破坏的句子；提问学生"哪些房子被冲毁了呢"，要求学生用定语从句形容被冲垮的房子；要求学生用What从句来加强语气。教会学生充分运用语言观察能力来美化句子。

Part 3 Thanks

利用幻灯片引导学生感恩党和政府的援助和关心，在英语教学中渗透情商教育、感恩教育。Part 3的关键词有 the great efforts of the government, soldiers and volunteers, 要求学生添加"由于"短语，比如Owing to/Thanks to。要求学生添加"感谢"句型，I would like to express my thanks to those who worked hard to resuce people trapped in the flood and those who helped rebuild homes. /No words are strong enough to express our thanks to those who...最后关于书信开头句式，要求学生总结：I'm sorry to tell you that...；书信结尾要求学生归纳：Looking forward to your reply soon. /Welcome to Ningxiang city.

在Part 2和Part 3实施过程中，引入竞争机制，鼓励学生积极主动地完成语言观察和语言输出，培养自信、热情、开朗的高中生，为学生终身学习素养的培养奠定基础。

语言观察能力是语言能力的一项重要内容，能灵活运用语言观察能力达到语言的输出更是一种很强的学习能力。要实现从文本到学生习作的"移花接木"，首先，必须先落实文章结构图的移花接木；其次，语块的获得必须借助语言观察能力的帮助达到正迁移，为学生的语言输出铺平道路，实现良好的以读促写的课堂实施。

Step 3: Task

利用文章框架图和所准备的语块完成写作任务，然后要求学生相互改进习作，用波浪线画记运用得好的语块，修正错误，写好评语。

学生在前面阶段经过语言观察、相互交流、小组合作，积累了写作所需要的语言素材，此时给出写作任务，学生不会无从下手或无话可写。设计和"洪水"有关的写作任务，激发学生对写作的兴趣和热情，让其能充分借鉴文章中的优美词句和相关洪水知识。这一环节将话题阅读和写作训练有效地结合起来，实现了语言输入和输出。本堂课从始至终贯彻了学生积极主动学习的原则，运用了语言观察能力，将"移花接木"术在这次的以读促写课型中运用得恰到好处。

四、教学反思

以读促写的教学思想要求教师将教学理念、学生能力、社会时事热点结合起来考虑教学设计。本堂课最后产出部分还可以结合2018年9月的"山竹"台风，要求学生根据台风"山竹"视频描述台风的影响，进一步提高灾害话题的写作能力。

五、结语

阅读与写作是相辅相成的，教师应分析和取舍教材中的阅读材料，归纳整合教材中的同类话题，设计有目的性、有创造性的真实情境的写作任务，指导学生借助语言观察能力，发现语篇结构和话题相关语块，再灵活运用相关语篇结构和语块进行写作练习，让学生一课一得或者一课多得，充分调动学生的写作热情和兴趣，大大提高课堂的实效性。总之，在语言观察能力的帮助下，让学生从阅读中学习写作技巧，从阅读中走进写作。教师长期坚持以读促写教学，一定会让学生爱上阅读，爱上写作，实现英语读写教学中的"移花接木"。

参考文献

［1］中华人民共和国教育部.普通高中英语课程标准（2017年版）［S］.北京：人民教育出版社，2018.

［2］Pieget, Jean. To Understand is to Invent［M］.New York：Grossman，1972.

［3］黄远振.论合作学习的定位、实施与意义［J］.基础教育外语教学研究，2004.

［4］Ellis, R. Understanding Second Language Acquisition［M］.Oxford: OUP, 1994.

［5］刘海，郑友阶.英语阅读与写作的关系［J］.文教资料，2005（25）.

［6］熊艳.高中英语复习课以读促写探究［J］.英语教师，2015.

［7］冯克诚.中学英语课堂教学方法实用全书［M］.呼和浩特：内蒙古大学出版社，1999.

（作者简介：谭聪，湖南省宁乡市第一高级中学教师）

高中英语语法课任务型教学模式设计教学案例分析

◎ 蒋 敏 ◎

新《普通高中英语课程标准（2017年版）》（以下简称新《课标》）提出：英语课程应该把对主题意义的探究视为教与学的核心任务，在以主题意义为引领的课堂上，教师要通过创设与主题意义密切相关的语境；在主题探究活动的设计上，要注意激发学生参与活动的兴趣，调动其已有的基于该主题的经验，帮助学生建构和完善新的知识结构，深化对该主题的理解和认识。笔者认为，在英语语法课的教学上，我们更应该摒弃以往的以讲授为主的教学模式，更多地运用任务型教学法，创设较为真实的语言情境，更多地体现英语语言作为工具的交际作用。

一、课型

语法复习课。

二、教材分析

教学内容：there be 句型总结复习。

教材处理：这是一堂笔者根据新的课程标准，结合本人对语法教学方法的实践积累和思考而设计的一堂语法复习课。该课创造性地对使用频率超高的there be句型进行了整理和补充，改变注重讲授的传统授课方法，采用"任务型"教学模式，对语法课的教学课型进行了一次实验和探究。

该课的中心任务是"向外国友人介绍你的家乡——宁乡"，目的是在帮助学生进一步学习和运用there be结构的基础上培养学生对本土文化的热爱，启发学生去思考自我梳理知识和自主学习的模式，同时提供一次实际运用英语表达交流的机会，培养学生跨文化交流能力并增强使用英语的信心。

三、学情分析

本堂课的授课对象为高二的学生，学生的智力发展趋于成熟，思维活跃，学习热情高，表现欲望强，合作精神也都不错。笔者在课堂上要注重提高学生用英语进行思维和表达的能力，使学生形成自己的学习技能和策略，学会把语言学习与现实生活联系起来，培养他们跨文化交流的能力，充分体会英语语言的工具性和人文性相融合的特点。因此，如何对学生今后的学习有所思考和帮助也是这节课应该考虑的问题。根据学情，笔者采用任务型教学法，运用鲜活真实的材料吸引学生，提高学生的兴趣，同时便于设题，始终围绕完成任务这一中心设计教学，调动学生的积极性，给学生以足够的操练和素材，在互动中实现教学目标。

四、教学目标

（1）学习并运用there be结构。
（2）能根据已有材料，自主探究、分析、总结，得出语言规律。
（3）坚定文化自信，树立正确的三观，发展跨文化交流的能力。

五、设计理念

新《课标》提出了新的教学方式要求，提到英语课程应该把对主题意义的探究视为教与学的核心任务，在以主题意义为引领的课堂上，教师要通过创设与主题意义密切相关的语境；在主题探究活动的设计上，要注意激发学生参与活动的兴趣，调动其已有的基于该主题的经验，帮助学生建构和完善新的知识结构，深化对该主题的理解和认识。新《课标》还要求语言技能教学中要将专项训练与综合训练结合起来，课内与课外训练相结合。

本课的设计围绕学生对there be句型的学习创设了一个向外国友人介绍宁乡的任务，在学生对家乡已有了解的基础上设计了一系列活动，旨在将句型的学习融入主题情境中，激发学生参与活动的兴趣，构建完善的知识结构，且能将所学知识应用于平时的交际中。此外，整个学习的过程还能使学生对家乡的历史文化更加了解，从而使其坚定文化自信，使学习更加具有现实意义。

六、教学手段

多媒体辅助教学。

七、教学过程

Ⅰ. Task presentation: Choose one group as the guides of the foreign friends

设计说明：以一张外国友人的图片引入，提出本节课要学习的知识是there be句型，需要完成的任务是选出一组学生作为即将来访的外国朋友的导游，向他们介绍自己的家乡——宁乡。

Ⅱ. Task preparation

设计说明：新《课标》强调从学生的学习兴趣、生活经验和认知水平出发来设计教学步骤，让学生在体验、实践、参与和交流中发展语言运用能力。以任务为主线，能够激起学生的表现欲和求知欲。

既然已经提出了任务，为了完成任务，就要做准备。准备包含两个方面：学习there be 句型和了解宁乡。

第一个准备是学习there be 句型。

1. Basic usages of "there be"

设计说明：微课引入there be句型，将最基本的用法用一个4分钟的微课视频展示。微课结尾留下问题导入下一步：这个句型还有其他的用法吗？

2. Other forms of "there be"

Observation 1:

（1）There may be a cigarette in that box.

（2）There must be something wrong with his car.

（3）There should be some steps to prevent the air pollution.

（4）There might be snow at night.

（5）There ought not to be so many mistakes.

（Draw conclusion 1）

Observation 2:

（1）There stands a tree at the top of the hill.

（2）Then there came a noise outside.

（3）Long long ago, there lived a fairy in the forest.

（4）There followed a terrible scream.

（5）Suddenly, there entered a strange man.

（Draw conclusion 2）

Observation 3:

（1）There seemed to be something wrong with my computer.

（2）There appeared to be a terrible accident.（似乎有）

（3）There used to be dinosaurs on the earth.（曾经有）

（4）There happened to be a doctor on the train and the patient was saved.（碰巧有）

（5）There is likely to be a storm tonight.（可能有）

（Draw conclusion 3）

Observation 4:

（1）There is a teacher giving a lesson in the classroom.

（2）There are some students listening to the teacher carefully.

（3）There is a dog tied to a tree.

（4）There is a lot of homework to do.

（Draw conclusion4）

Observation 5:

（1）There is no doubt that we did the right thing.（毫无疑问）

（2）There is a chance/possibility that he will come back in time.（有可能）

（3）There is a（/no）need/necessity for you to do that.（有/没有必要）

（4）There is no sense/point in arguing with him.（没有意义）

（5）There is no good/use going there.（没有好处/用处）

（Draw conclusion 5）

设计说明：实施自主探究学习。分五种类型给出若干个包含there be句型的句子，请学生观察、分析并自行总结用法。每一种用法在学生得出结论后配几个练习，每个练习都以宁乡的历史文化为主题，题型包括填空、改错、造句等。

3. Competition

设计说明：引入竞争机制。设计一个以组为单位的游戏，以整体巩固句型用法，仍然以宁乡为背景设计出题。

4.Watch a video to know more about Ningxiang

设计说明：第二个准备其实在第一个准备中已经渗透了一部分，为了更加了解家乡，以便在介绍的过程中有更多的素材可用，播放一个剪辑过并且已经配好英文解说的宁乡宣传片，提供更多的信息。

Ⅲ．Production: Group work

Tips: The introduction of Ningxiang should include at least two "there be" sentences.

设计说明：准备工作完成，正式开始任务展示。每一组在经过10分钟的组内准备之后选派一人作为代表展示本组的成果。解说中必须包含至少两个there be句型，此为重要评分依据。

提出学习策略具有迁移性，有助于促进学生终身学习能力的发展，学习策略应包括元认知策略、认知策略、交际策略和情感策略等。本课通过以上的准备工作和展示将这些策略较好的组合运用，以期解决本堂课及以后学习中较复杂的问题。

Ⅳ．Homework

Read and collect more materials of Ningxiang. Exchange it with your classmates next week.

设计说明：文化知识的教学是一个内化于心、外化于行的过程，涉及几个步骤的演进和融合，即感知文化知识——分析与比较；认同优秀文化——赏析与汲取；加深文化理解——认知与内化；形成文明素养——行为与表征。

通过本课的教学，学生自然对家乡的文化有了一定的认同，课后让其收集更多的关于宁乡的资料，以加深理解，使其更加热爱家乡乃至形成文明素养。

八、课后反思

本堂课笔者运用了任务型教学法，一开始就提出本课的中心任务：根据各组的presentation选导游，且此presentation必须与there be句型有关。这个任务就是整堂课的中心，为此，任务环（即任务准备）围绕学习there be句型和宁乡的历史文化背景、著名景点而创设，为整堂课的教学互动提供了一个载体。每个人对于自己的家乡都多少是有些了解的，但肯定也不是全部都了解，这就有了信息差。一堂一开始就创造了信息差的课，自然会引起学生学习的兴趣，使学生的注意力集中和思维活跃。

新《课标》强调关注信息化环境下的教学改革，着力发展学生的核心素养。本课的主线是对宁乡这个历史悠久的城市的介绍，将语法教学渗透到对本土文化的了解中。学生在教师的指导下，通过微课、图片和视频等信息化教育手段感知本土文化，参与和合作作品展示，从而实现和完成任务目标。

英语课程作为一门学习及运用英语语言的课程，旨在为学生继续学习英语和终身发展打下良好基础。强调对学生语言能力、文化意识、思维品质和学习能力的综合培养，具有工具性和人文性融合统一的特点。在本堂课的设计中，笔者巧妙地融合了英语语言的工具性和人文性，任务的设置也有一定的真实性，学生们乐于参与，表现出很高的热情和积极性，课堂气氛活跃，学生们的presentation更是本堂课的闪光点，也体现了"以学生为主体"的教学理念。

在知识获取阶段，学生通过自己的观察分析，总结语言规律，形成自我思考和探究的学习习惯，使之具有终身学习的能力，"授人以鱼不如授人以渔"，这对每个学生来说无疑是非常重要的。

参考文献

[1] 彭建伦. 巧设任务进行英语教学［J］. 湖南教育·综合版，2004（2）：39.

[2] 张文武. 初中英语教学"主线"设计及实践研究［J］. 宁波教育学院学报，2012（3）：120-122.

[3] 中华人民共和国教育部. 普通高中英语课程标准（2017年版）［S］. 北京：人民教育出版社，2018.

（作者简介：蒋敏，湖南省宁乡市第一高级中学教师）